U0676850

INCLUSIVE FINANCE:
CHINA'S PRACTICE AND PROSPECT

普惠金融：
中国实践与展望

祝红梅　著

中国金融出版社

责任编辑：李　融　李林子
责任校对：刘　明
责任印制：陈晓川

图书在版编目（CIP）数据

普惠金融：中国实践与展望/祝红梅著．—北京：中国金融出版社，2023.6

ISBN 978－7－5220－2055－6

Ⅰ.①普…　Ⅱ.①祝…　Ⅲ.①金融事业—经济发展—研究—中国　Ⅳ.①F832

中国国家版本馆CIP数据核字（2023）第107794号

普惠金融：中国实践与展望
PUHUI JINRONG：ZHONGGUO SHIJIAN YU ZHANWANG

出版发行　中国金融出版社
社址　北京市丰台区益泽路2号
市场开发部　(010)66024766，63805472，63439533（传真）
网上书店　www.cfph.cn
　(010)66024766，63372837（传真）
读者服务部　(010)66070833，62568380
邮编　100071
经销　新华书店
印刷　保利达印务有限公司
尺寸　169毫米×239毫米
印张　16.75
字数　230千
版次　2023年6月第1版
印次　2023年6月第1次印刷
定价　68.00元
ISBN 978－7－5220－2055－6

序

普惠金融无疑是过去10年间我国金融体系中政策、产品和服务创新最活跃的领域。从2013年党的十八届三中全会通过《中共中央关于全面深化改革若干重大问题的决定》正式提出“发展普惠金融”，到2022年党的二十大报告要求“健全农村金融服务体系”，提高对“三农”、小微企业等群体的金融服务水平，增强金融服务的普惠性一直是党中央、国务院关注的重点。实际上，从1993年小额信贷模式引入国内开始，我国的普惠金融就开始在实践中探索发展，到今年已有30年历史。在这一发展过程中，普惠金融的政策框架逐步清晰，服务体系不断完善，基础设施更加健全，金融科技等技术手段广泛应用，创新性产品和服务方式日益丰富，形成了具有中国特色的普惠金融发展模式。在全面建设社会主义现代化国家的新时期，全面总结思考我国普惠金融发展实践对于推动普惠金融高质量发展，更好服务中国式现代化建设，是一项有意义的工作。

本书作者是我在人民银行研究部门工作时期的同事，长期从事普惠金融及绿色金融等方面的研究，其研究工作的一个鲜明特点是侧重业务实践及贴近政策制定。本书在对我国普惠金融的政策措施和实践创新进行全面总结的基础上，分析我国普惠金融发展的成效与不足并对未来发展方向做了展望。在我看来，本书有三个特点：

一是视野全面。作者不仅对我国的普惠金融实践进行了全面的总结梳理，包括发展历程、政策框架、组织体系、金融基础设施建设、产品服务创新、数字普惠金融发展以及普惠金融改革试点等，还对普惠金融与共同富裕、中小银行治理与普惠金融可持续发展、普惠金融风险分担机制建设等该领域重点问题进行了理论思考。研究视角上，本书不仅关注国内，还有国际视角的比较研究。基于世界银行 Global Findex 数据的国际比较研究发现，我国的金融排斥主要体现在低收入和低教育水平群体，性别差距已经很小，这与印度、巴西等国有明显区别。关于格莱珉模式的研究有助于理解我国复制格莱珉模式的实践为什么并不成功。

二是资料丰富。得益于作者曾长期在金融管理部门从事普惠金融政策研究的工作经历，本书为关注普惠金融的读者提供了丰富的研究资料。如第三章对我国普惠金融政策框架进行了全面细致的总结，特别是对很多政策措施的历史演进过程进行了梳理，对于希望了解相关细节的读者很有帮助。定向降准政策从 2014 年开始实施，此后实施对象、考核标准、降准幅度等都进行过调整，2008 年开始实施的农村金融机构定向费用补贴和涉农贷款增量奖励两项政策也发生了变化，对此书中都有详细的介绍。

三是可读性强。本书实践与理论相结合，国内与国际相结合，素材丰富，通俗易懂。书中还穿插了若干专栏对我国普惠金融实践中的一些创新性组织、政策工具、产品、典型案例等做了介绍。

近年来，关于普惠金融的研究成果很多，本书进一步丰富了这一领域的研究和讨论。正如本书所总结的，我国普惠金融发展取得了举世瞩目的成效，但也面临一些挑战，还有很多问题值得学界和业界深入研究。我期待作者在这一领域不断有新的研究成果出现。

张健华
2023 年 5 月

前　言

根据世界银行最新调查，全球约有 14 亿成年人无法享受基础金融服务。即使在金融体系健全的发达经济体，也存在对低收入群体、低教育水平群体、女性群体等弱势群体的金融排斥。2005 年，联合国提出普惠金融概念，强调通过完善金融基础设施，以可负担的成本将金融服务扩展至欠发达地区和社会低收入人群，提供价格合理、方便快捷的金融服务。2015 年，联合国通过《2030 可持续发展议程》（*Transforming Our World*：*The 2030 Agenda for Sustainable Development*），普惠金融成为实现可持续发展的重要着力点。大力发展普惠金融，已成为全球共识。

普惠金融理念与“以人民为中心”的发展思想和共享发展理念高度契合。自党的十八届三中全会作出“发展普惠金融”战略部署以来，在《推进普惠金融发展规划（2016—2020 年）》引导下，中国坚持借鉴国际经验与体现中国特色相结合、政府引导与市场主导相结合、完善基础金融服务与改进重点领域金融服务相结合，通过政策引导和金融部门积极实践，逐渐形成独具特色的普惠金融发展模式，取得了显著成效。金融服务覆盖面、可得性、便利性大幅提升，有效助力脱贫攻坚，应对疫情和服务民生。2021 年，中国 89% 的成年人拥有金融账户，分别比全球和发展中经济体平均水平高 13 个百分点、18 个百分点。特别是，中国数字普惠金融的发展在全球处于领先地位，2017 年中国有 5 项案例入选《G20 数字普惠金融新兴政策与方法》（*The G20 Report on Digital Financial Inclusion*：*Emerging Policy Approaches*）。

站在两个一百年奋斗目标的历史交汇期，对我国普惠金融的政策实践进行总结思考，有助于推动普惠金融高质量发展，更好服务乡村振兴和共同富裕目标。

从全球范围看，每个普惠金融的“成功模式”，都反映了一国或地区特定的历史、文化、政治和金融背景。中国普惠金融模式的特点：一是采取多管齐下的方法（包括建设零售支付系统和助农取款服务网络、培育新型农村金融服务提供者、鼓励商业银行下沉服务等）实现了高水平的金融服务可得性。二是政府主导建立强大且全面的金融基础设施系统，并且在财政、货币、监管等方面给予普惠金融有力的政策支持。三是充分发挥数字技术等科技手段的作用，极大提升了金融服务的覆盖面和便利性。四是与金融深化和金融创新同步推进消费者保护。中国普惠金融发展也面临一些挑战。一些中小型金融服务提供者在实现普惠金融的商业可持续性方面，仍然存在很多障碍。数字金融的快速发展带来了监管挑战和数字鸿沟。金融消费者保护法律法规框架还需进一步完善，金融消费者能力也有待进一步提升。

2022 年 2 月，中央全面深化改革委员会第二十四次会议审议通过了《推进普惠金融高质量发展的实施意见》，提出要深化金融供给侧结构性改革，把更多金融资源配置到重点领域和薄弱环节，加快补齐县域、小微企业、新型农业经营主体等金融服务短板，促进普惠金融和绿色金融、科创金融等融合发展，有序推进数字普惠金融发展。党的二十大报告提出“健全农村金融服务体系”。展望未来，中国普惠金融将以服务乡村振兴、共同富裕等国家发展战略为目标，不仅将关注发展总量，更将关注发展质量：供给端不仅关注覆盖面，更将关注可持续性；需求端不仅关注可得性，更将关注金融消费者的金融健康和金融韧性。具体来说，未来中国普惠金融发展的重点包括以下方面：一是以普惠金融发展促进乡村振兴与共同富裕；二是普惠金融与绿色金融、科创金融等融合发展；三是推进数字普惠金融健康发展；四是构建普惠金融商业可持续长效机制；五是防范金融风险实现安全发展；六是促进金融健康，增强金融韧性。

本书包括四部分内容：第一部分中国普惠金融政策框架与基础设施（第1～5章），梳理总结了中国普惠金融发展历程、政策框架、组织体系和金融基础设施系统。第二部分中国普惠金融特色实践（第6～8章），总结归纳了中国普惠金融产品服务创新实践、数字普惠金融发展和普惠金融改革试点实践。第三部分普惠金融理论研究（第9～12章），是笔者对该领域相关主题的研究与思考，聚焦四个主题：一是普惠金融与共同富裕目标，研究了普惠金融如何促进共同富裕，有哪些障碍和需要关注的问题；二是中小银行治理与普惠金融可持续发展，研究了如何规制大股东治理风险，促进中小银行健康发展；三是普惠金融风险分担机制建设，研究了我国普惠金融风险分担机制的现状、问题和改进方向；四是国际经验研究，分别对普惠金融经典模式——格莱珉模式和“政策性金融、商业性金融、合作性金融”分工协作的美国农村金融模式进行了研究。第四部分中国普惠金融未来展望（第13～14章），分析了中国普惠金融发展的成效与不足，总结了中国普惠金融模式的特点和经验，对未来发展方向提出思考。

由于笔者能力和水平所限，书中难免存在遗漏和不足，欢迎各界读者批评指正。

目　录

第一部分　中国普惠金融政策框架与基础设施

第二部分　中国普惠金融特色实践

第三部分　普惠金融理论研究

第四部分　中国普惠金融未来展望

第一部分

中国普惠金融政策框架与基础设施

第一章 普惠金融概述

第一节 普惠金融：概念与内涵[①]

一、金融排斥与普惠金融

金融排斥（financial exclusion）与普惠金融（financial inclusion）是一个问题的两个方面，金融排斥揭示了普惠金融问题产生的根源，普惠金融则从正面阐述如何消除金融排斥现象。

金融排斥最早由两位地理学家使用，意指由于银行关闭分支机构而影响了民众对银行服务的可得性（Leyshon and Thrift，1993，1995）。此后研究者开始关注某些特定社会群体无法获得现代金融服务的情况。Conoroy（2005）认为，金融排斥的对象主要是贫困人群和弱势群体，该群体难以获得正规渠道金融服务的现象是金融排斥。欧盟委员会（2008）将金融排斥定义为，人们难以获取或使用主流金融市场的金融服务和产品，而这些产品和服务是满足其需要并确保他们能够过上正常生活所必需的。Kempson和Whyley（1999）认为金融排斥是一个动态化过程，不能以单一原因解释。Mitton（2008）将金融排斥的原因归纳为：地理排斥（如金融机构关闭分支机构）、条件排斥（如最低存款额度要求、不良信用记录、身份验

① 本节部分内容参考张韶华、张晓东：《普惠金融：一个文献的综述》，《比较》2015 年第 1 期。

证要求不符合等）、价格排斥、市场排斥（即低利润客户不是金融服务供给者的目标群体）、自我排斥（如文化或心理上的障碍）。Allen 等（2013）提出了金融排斥存在的两种原因，一是人们因为一些因素（如宗教等）不愿意获得金融服务，二是人们愿意获得金融服务但是因为距离、成本以及信息不对称等因素无法获得该服务。低收入者、妇女、少数族裔等容易成为金融排斥主体。Paramasivan 和 Ganeshkumar（2013）认为，很多社会、文化经济方面的因素阻碍了普惠金融。例如，在需求方面，包括意识和知识的缺乏；在供给方面，包括渠道的缺乏（如低的银行渗透率），银行由于较高的成本不愿从事普惠金融。此外，贫富差距大和历史坏账率较高的地区也是金融排斥的重要因素。Mitton（2008）总结了金融排斥的危害性。第一，无法获得可负担的贷款导致人们转而寻求高利贷，并带来一系列连锁反应。第二，缺乏保险和储蓄导致家庭在金融危机面前十分脆弱，难以抵御意外事件侵扰。如储蓄缺乏还可导致老年贫穷。第三，缺乏银行账户限制了人们的支付方式。在某些情况下，公共事业提供者对其他支付方式收取更高价格。第四，金融排斥还容易带来社会排斥。弱势群体无法利用金融工具扩大生产，增加收入，这也是造成贫富差距的重要原因。

二、普惠金融的概念与内涵

普惠金融的初衷在于应对金融排斥现象。从全球范围看，受各种因素影响，大量民众曾长期被拦在正规金融服务门槛之外。在金融基础设施薄弱的欠发达国家，很多群体没有银行账户，或者即使有账户也难以获得进一步的金融服务。即使在金融体系健全的发达经济体，相对弱势的群体也常常会得不到有效的金融服务。正是为了解决这些问题，普惠金融应运而生。

不同利益相关方对普惠金融给出了不同定义。亚洲开发银行（ADB，2000）认为，普惠金融是指向穷人、低收入家庭及微型企业提供的各类金融服务，包括存款、贷款、支付、汇款及保险。2005 年，联合国在推广“国际小额信贷年”时提出“普惠金融部门”（inclusive financial sector）的概念，强调通过完善金融基础设施，以可负担的成本将金融服务扩展至欠发达地区和社会低收入人群，向他们提供价格合理、方便快捷的金融服务，不断提高金融服务的可获得性。同时，明确了普惠金融体系的四大目标：一是家庭和企业以合理的成本获取较广泛的金融服务，包括开户、存款、支付、信贷、保险等；二是稳健的金融机构，要求内控严密、接受市场监督以及健全的审慎监管；三是金融业实现可持续发展，确保长期提供金融服务；四是增强金融服务的竞争性，为消费者提供多样化的选择。普惠金融全球合作伙伴组织（GPFI，2011）将普惠金融定义为“所有处于工作年龄的成年人（包括目前被金融体系所排斥的人），都能够有效获得正规金融机构提供的以下金融服务：贷款、储蓄（广义概念，包括活期账户）、支付和保险。”同时进一步将“有效获得”定义为“消费者能够以可负担成本获得、提供者能够持续供给的便捷、负责任的金融服务，使那些被排斥在金融服务之外和金融服务不足的消费者能够获得和使用正规金融服务”。中国《推进普惠金融发展规划（2016—2020 年）》提出，“普惠金融是指立足机会平等要求和商业可持续原则，以可负担的成本为有金融服务需求的社会各阶层和群体提供适当、有效的金融服务。”

尽管普惠金融的具体表述定义很多，总结其共性，普惠金融的内涵可以归纳为以下几个方面：一是以弱势群体为主要服务对象，以帮助弱势群体摆脱贫困为重要目的；二是强调金融服务方便快捷，价格合理，对消费者而言具有可得性和可持续性；三是强调金融服务的竞争性，同时确保金融体系稳健运行；四是强调商业可持续，以发挥市场作用为主，配套支持政策为辅。

三、普惠金融的关键要素①

1. 可得性

消费者能否便捷地获得金融产品和服务是普惠金融的关键驱动因素。可得性意味着消费者在物理上能够充分接近各类服务设施（包括分支机构、代理点、自动取款机或其他网点及设备），这样他们就可以便捷地挑选和使用一系列金融产品和服务。物理可得性的缺乏会给金融服务不足群体带来高额的交易成本（如交通费用、时间花费等）。随着技术的发展，远程服务渠道，如手机、计算机等，对于获取和使用金融产品也越来越重要。研究证明，改善金融服务的可得性能增加消费者对金融产品的使用，同时也能带来诸如增加收入、促进生产投资和就业等益处（Burgess and Pande，2005；Bruhn and Love，2014）。

2. 多样且适当的产品

发展普惠金融，必须合理设计一系列金融产品和服务，使之能够满足消费者的需求，特别是满足那些无法获得金融服务和获得服务不足群体的需求。合适的金融产品设计要求识别特定消费者群体的需求，并选择能够以合理的成本满足消费者需求的产品特性。更深入地了解无法获得金融服务和服务不足群体的特征和需求，有助于设计出更合适的产品。金融产品的合适性涉及很多方面，如可负担、便捷、产品匹配、安全、维护客户尊严、保护客户权益等。合适的产品能够推动产品的获取和使用，让更多无法获得金融服务和获得服务不足的人进入正规金融体系。与之相反，不适合的产品不利于产品被普遍接受和长期使用，甚至可能给低收入消费者带来损害。

便利性是金融产品和服务适当性的一个重要考量因素。对于消费者而

① Word Bank and The People's Bank of China：*Toward Universal Financial Inclusion in China：Models, Challenges, and Global Lessons.*

言，便利性既与物理网点和渠道有关，又与金融服务的及时性和效率有关。可负担性是评价产品和服务质量的又一关键因素。对低收入消费者而言，产品成本的重要性不言而喻。

3. 商业可行性和可持续性

从消费者角度来看，可得性、多样和适当的产品是普惠金融的关键要素，但这里还面临一个关键挑战：如何构建和维持一个良好的金融生态系统，使金融服务提供者能以成本节约的方式，长期可持续地提供产品和服务。如果一个金融体系不能以可持续的方式，为原本金融服务不足群体提供服务，那么普惠金融的长远目标最终也难以实现。

一个多元、竞争和创新的市场对普惠金融可持续发展至关重要。在一个公平的环境中，面向不同客户群体或细分市场而采取不同商业模式的各类金融服务提供者，可以共同推动产品设计或交付模式的创新，以及促进金融生态体系在长期内多元化可持续发展。

实现金融服务可持续供给的另外一个重要因素是，具有强大的金融基础设施，能够支持信息和交易在广泛的市场参与者间有效传输。

4. 安全和责任

实现普惠金融的长期发展目标需要负责任地向消费者提供金融产品和服务，也离不开整个金融体系的安全和稳健。在法律和监管环境中，应确保存在一个完备的金融消费者权益保护框架。金融管理部门应当持续评估风险，在不同金融政策目标之间做好权衡取舍。

四、普惠金融与包容性发展

包容性发展倡导机会平等的发展，扩展社会各阶层特别是困难群体获得发展的机会，实现社会和经济协调发展、可持续发展。研究表明，普惠金融对消除贫困和促进经济社会包容性发展有重要意义。

Shaw（1973）较早注意到金融对收入差距的影响，认为金融发展是缩小收入差距十分重要的手段。Banerjee 和 Newman（1993）、Aghion 和 Bolton（1997）认为借贷资金可以用来投资人力资本等关键要素，进而实现发展提高收入水平。King 和 Levine（1993）、Rajan 和 Zingales（2003）认为金融发展能促进经济增长。Hannig 和 Jansen（2010）认为，金融发展不等于包容性金融，金融发展的相关指标反映传统的金融政策目标，侧重于金融深度而不是金融广度，作为政策目标，金融可获得性（包容性）与金融深化之间只有很微弱的替代关系。Maurer 和 Haber（2007）认为，在产权保护不足、法律法规制度不健全的欠发达地区，金融深化及金融自由化并未提高穷人的金融可得性，融资门槛使金融资源不断流向富人及社会关系网络强大的企业。高收入者拥有更多融资渠道，获得高收益回报的方式也更加丰富，穷人和中产阶级利益遭到挤压，收入差距不断拉大。

普惠金融对降低金融门槛，促进包容性发展有重要意义。Beck 等（2009）利用跨国数据分析发现，促进金融包容性能实现收入公平、减少贫困，且金融体系越发达，收入不公平下降和贫困减少的速度越快。

第二节　普惠金融的国际实践历程

20 世纪 70 年代以来，一些发展中国家开始探索小额信贷等实践，形成了现代普惠金融的雏形。孟加拉国、印度、印度尼西亚、菲律宾、巴西、玻利维亚、埃及等国都推出过小额信贷项目，一般认为以孟加拉国的格莱珉银行为先驱。穆罕默德·尤努斯于 1974 年在孟加拉国试验开展小额信贷，并于 1983 年创办格莱珉银行，主要以贫困农户（特别是妇女）为目标客户，以“小组模式”提供小额短期信用贷款。在这一时期，小额信贷被证明在一定条件下具有可持续发展的基础，被许多国家借鉴，并进一步升华为微型金融模式，成为发展中国家金融扶贫的一种普遍做法。

进入 21 世纪，联合国将 2005 年定为“国际小额信贷年”，正式提出了普惠金融的概念，将普惠金融体系定义为“能有效、全方位地为社会所有阶层和群体提供服务的金融体系”，普惠金融理念被越来越多的国家所接受。随着普惠金融理论与实践的发展，其内涵和外延不断丰富，从主要关注小额信贷扩展至提供支付、汇款、存款、贷款、保险、理财等多层次、多样化的金融服务。许多国家认识到普惠金融不仅是一项扶贫工具，而且对经济增长、金融稳定、货币政策、财政政策等也有非常重要的意义。2010 年，二十国集团（G20）领导人首尔峰会核准了《G20 普惠金融行动计划》（*G20 Financial Inclusion Action Plan*，FIAP），并宣布成立普惠金融全球合作伙伴（GPFI），作为 G20 框架下推动普惠金融发展的多边机制。2011 年，世界银行开始在各国开展普惠金融指标调查，形成全球普惠金融数据库，用于定量监测普惠金融发展水平。同年，包括中国在内的普惠金融联盟（AFI）数十个成员国代表齐聚墨西哥，共同发布了《玛雅宣言》，对发展普惠金融作出国际性官方承诺。在这一时期，普惠金融日益得到世界各国的高度重视，各类创新模式在探索中不断涌现，政府在普惠金融发展中逐渐发挥出更加重要的作用。

2015 年，联合国《2030 可持续发展议程》获得通过，提出“不落下任何一个人”的全球可持续发展目标。该发展目标的重点是消除贫困和饥饿，促进经济增长；全面推进社会进步，维护公平正义；加强生态文明建设，促进可持续发展。普惠金融作为实现该目标的重要着力点，国际社会不断加大资源投入力度。2016—2020 年，GPFI 先后推动出台了《G20 数字普惠金融高级原则》（*G20 High – Level Principles for Digital Financial Inclusion*）、《G20 数字普惠金融新兴政策与方法》、《G20 政策指引：数字化与非正规经济》（*G20 Policy Guide*：*Digitisation and informality*）、《G20 普惠金融与老龄化福冈政策倡议》（*G20 Fukuoka Policy Priorities on Aging and Financial Inclusion*）、《G20 青少年、妇女和中小企业数字普惠金融高级政策指引》（*G20 High – Level Policy Guidelines on Digital Financial Inclusion for Youth*，*Women and SMEs*）等高级别指引性文件。在这一时期，大力发展普惠金融成为全球共识，科技创新日益成为加快推进普惠金融发展的重要动能，数字化成为全球普惠金融发展的重点方向。

第三节　普惠金融的主要模式[①]

金融排斥在不同国家、不同时期有多种具体表现形式。例如，在一些边远地区设立分支机构不经济，当地居民因此无法获得基本金融服务；由于信息不对称和缺乏抵押担保等原因，低收入群体和小微企业难以从正规金融机构获得贷款；由于缺乏有效的身份证明文件，许多国家的居民无法在银行开设账户，或出于反洗钱等考虑，很多国家对开设账户要求较高。为解决以上问题，各个国家积极探索，形成了各具特色的普惠金融做法和实践方式。

一、代理银行模式

代理银行模式是指在缺乏银行分支机构的地区，商业银行与药店、邮局、超市等商业实体达成协议，通过其商业网点为当地居民提供部分基础金融服务（如存取款、查询余额等），从而实现金融服务功能的拓展和延伸。这种模式大大降低了银行在偏远地区增设分支机构的经营成本，提高了用户获取金融产品与服务的便利性，有效地提高了金融服务的覆盖率和可得性。

巴西是最早采用代理银行模式的国家。鉴于在边远地区设立银行分支机构固定成本支出大，实现盈利难度高，巴西创造性地采用了代理银行模式，通过将彩票投注站、药店、邮局、超市等发展为银行代理机构来克服

① 本节参考了马绍刚、冯丝卉：《普惠金融国际实践的主要模式比较》，《上海金融》2018年第1期。

以上问题。在代理机构办理业务，不需要客户拥有银行账户，这大大拓宽了可以享受金融服务群体的范围。代理机构的服务范围包括开立储蓄账户、存取款、转账支付、发放政府津贴和养老金、代理申请银行贷款以及收集客户信息等。使用代理机构的商业银行必须对代理机构的经营行为全权负责，但为控制支付结算风险和代理银行运营风险起见，巴西金融监管部门对代理机构从事金融业务的限制经历了一个逐渐放宽的过程，且对不同类别的代理金融服务实行差别化监管。肯尼亚和墨西哥也允许代理机构提供部分基础金融服务。

二、微型金融模式

微型金融机构（MFIs）是专门为贫困、低收入人群和小微企业提供金融产品与金融服务的小额信贷机构（或其他金融机构）。通过设立微型金融机构，可以为目标人群提供包括小额信贷、储蓄、汇款和小额保险等在内的一系列微型金融服务。在发展微型金融领域比较有代表性的有印度尼西亚和孟加拉国，印度尼西亚的微型金融主要依靠政府推动和正规金融机构的参与，而孟加拉国的微型金融则通过以格莱珉银行为代表的小额贷款机构实现。

印度尼西亚拥有超过5万家微型金融机构，包括商业银行、农村银行、合作社、基金会、信用社等。印度尼西亚微型金融的一个特征是政府参与，各级政府都投资成立微型金融机构；另一个特征是正规金融机构的参与。印度尼西亚人民银行（BRI）是印度尼西亚主要国有商业银行之一，该银行从1996年开始在全国建立了4000多家村行（Unit），是印度尼西亚最大的一家可持续发展的微型金融机构。村行设立在乡镇，由熟悉当地风土人情和文化背景的本地人担任经理，负责一定区域范围内的所有贷款业务，专门为农民提供贷款。村行在自然村设立办事处，专门负责吸收储蓄和回收贷款。

孟加拉国的格莱珉银行是当今规模最大、运作最成功的小额贷款金融机构之一，其模式被复制到包括美国在内的40多个国家。2006年，因“从社会底层推动经济和社会发展的努力”，格莱珉银行与其创始人穆罕默德·尤努斯（Muhammad Yunus）共同获得诺贝尔和平奖。

格莱珉银行定位为“穷人的银行”，致力于帮助穷人尤其是农村妇女摆脱贫困。银行主要发放无抵押小额贷款，平均贷款额度在300美元以下，贷款用途涵盖生产、住房、教育、创业等，形成了独特的信贷投放机制和经营模式。至2022年9月末，格莱珉银行累计发放贷款353.5亿美元，贷款回收率高达97%，服务1000多万名会员，覆盖孟加拉国94%的村庄[①]。

三、移动支付模式

移动支付（也称手机支付）是指用户使用手机等移动终端进行转账、缴费，或对所消费的商品、服务进行支付的手段。肯尼亚在移动支付领域取得了较大成就。

肯尼亚是非洲具有代表性的发展中国家，金融服务普及率很低，特别是在偏远贫困地区，大多数居民没有银行账户，而手机的普及率很高。随着经济的发展，人口流动性的增加，国内城乡间的个人汇款需求也逐步增加，但受制于金融服务状况，很多汇款是通过邮局或公交司机等渠道完成，这些方式不但成本高、效率低，而且存在安全隐患。在这种背景下，肯尼亚第一大手机运营商Safaricom于2007年3月推出了手机银行系统M-PESA，该系统将金融应用集成到客户的手机SIM卡中，以实现汇款转账、账户查询等金融服务。依托极为成熟的短消息技术体系，肯尼亚的移动支付不需要用户使用智能手机，也不需要下载移动应用程序（APP），只需要一部手机和Safaricom公司发行的SIM卡就可以完成支付，极大地降低了使

① 资料来源：http：//www.grameen.com。

用移动支付的门槛。

印度政府也鼓励民众使用印度央行和私营银行联合开发的统一支付界面（UPI），通过该界面，用户无须拥有信用卡和网上银行账户，通过手机即可进行转账，有助于解决金融服务的“最后一公里”问题。

四、简易账户模式

出于反洗钱及筛选客户等因素的考虑，在不少国家开设银行账户成本（包括经济成本和时间成本）较高，客户在满足开户条件的情况下不仅需要提供一系列证明文件，还需要保证账户中保有最低存款额，否则就要被收取一定的账户管理费。为进一步改善金融产品与服务供给，降低客户获取金融产品与服务成本，墨西哥等国推出简易账户。

简易账户是指只能实现小额现金存取等基本功能的银行账户，相应地这类账户的开设条件和所需成本也较低。墨西哥政府于 2009 年修改《反洗钱法》，简化客户信息调查及交易信息的监控程序，并在国内大力推广低成本简易账户。此外，墨西哥规定银行必须清晰披露金融服务的各项费用，并要求对开设存款账户和办理工资业务不收取任何费用。与之相似，菲律宾央行也创设了一种包含微型储蓄的微型金融产品（也称小额储蓄存款），该产品免除了客户开立银行账户通常面临的费用和要求；巴西则允许设立简易的现金、储蓄账户。简易账户的创立成功破解了满足反洗钱等限制和金融服务可得性之间的两难选择。为用户提供可实现小额存取等基本功能的账户既大大降低了利用该账户洗钱的风险，又满足了用户的日常金融需要。由于该类账户运营成本和风险较低，金融机构可降低开设此类账户的要求和收费，这在一定程度上消除了低收入群体获取金融服务的障碍。

五、科技应用模式

随着科技的发展和应用，一些造成金融排斥的困难和障碍将更容易解决。利用科技手段降低成本、扩大规模、深化金融服务的范围，已成为促进普惠金融的关键。

印度是利用科技发展普惠金融的典型案例。印度是人口数量世界排名第二的人口大国，自 1947 年独立以来一直没有统一的国民身份证制度，这限制了银行账户的开立，也限制了基础金融服务的普及。利用信息科技，印度为超过 10 亿人口提供了独特的生物识别身份（包括虹膜扫描和十指指纹），并向每个印度居民配发专有的 12 位身份证明编码，有效地解决了缺少身份证明文件的问题。居民通过生物识别身份开立账户后，就能够获得支付、贷款等一系列金融服务。印度还推出“数字锁”和“数字签名”（或电子签名），可实现主体间资料共享和合同签订的数字化和远程化操作。

上述模式的背后都有政府的大力支持，政府推动是普惠金融发展的巨大动力。一方面，政府通过加强顶层设计和制度建设，可以统筹、协调、引导社会各方力量参与普惠金融事业，为普惠金融发展营造良好的发展环境。另一方面，政府可通过加强金融基础设施建设、为公民提供基本银行账户等方式，为普惠金融发展提供坚实基础。墨西哥于 2011 年成立普惠金融全国委员会（CONAIF），专门负责协调、制定并实施国家普惠金融政策及中长期发展目标。菲律宾央行则组成了一个由行长领导的高层次普惠金融指导委员会，负责有关金融包容性的计划、政策的制定及协调工作，并指导、监督金融包容性计划的实施。印度启动了“国民普惠金融使命”计划（PMJDY），为所有年满 10 周岁的印度公民提供基本银行账户。

第四节　普惠金融在中国

中国政府历来高度重视“三农”、小微企业等弱势群体的金融服务，在国际社会提出普惠金融概念之前，中国在这一领域已有大量探索实践。2011 年 9 月，中国加入普惠金融联盟（AFI）。2012 年 6 月 19 日，时任国家主席胡锦涛在出席二十国集团墨西哥峰会时，首次以国家领导人的身份提出了我国发展普惠金融的倡议。2013 年 11 月，党的十八届三中全会正式将“发展普惠金融”作为全面深化改革的重要内容之一，标志着普惠金融上升为国家战略。

2015 年，中国制定发布首个发展普惠金融的国家级战略规划《推进普惠金融发展规划（2016—2020 年）》，确立了推进普惠金融发展的指导思想、基本原则和发展目标，从普惠金融服务机构、产品创新、基础设施、法律法规和教育宣传等方面提出了系列政策措施和保障手段，对推进普惠金融实施、加强领导协调、试点示范工程等方面作出了相关安排。

2017 年全国金融工作会议提出建设普惠金融体系，加强对小微企业、“三农”和偏远地区的金融服务，推动金融精准扶贫的工作要求。2019 年，党的十九届四中全会提出“健全具有高度适应性、竞争力、普惠性的现代金融体系”。2020 年，党的十九届五中全会提出“增强金融普惠性”，赋予了普惠金融更深层次的内涵。2022 年 2 月，中国共产党中央全面深化改革委员会第二十四次会议审议通过了《推进普惠金融高质量发展的实施意见》，提出要深化金融供给侧结构性改革，把更多金融资源配置到重点领域和薄弱环节，加快补齐县域、小微企业、新型农业经营主体等金融服务短板，促进普惠金融和绿色金融、科创金融等融合发展，有序推进数字普惠金融发展。

《推进普惠金融发展规划（2016—2020 年）》实施以来，中国的普惠金融发展取得可喜的成效，金融服务覆盖率、可得性、满意度不断提升，在助力打赢脱贫攻坚战、补齐民生领域短板、统筹疫情防控和经济社会发展等方面发挥了积极作用。下一阶段，普惠金融将积极服务乡村振兴战略和共同富裕目标。

目前，中国普惠金融在微观层面[①]已基本建立多层次的服务组织体系，并形成中央、地方双层监管体系。在中观层面[②]，支付清算、征信、抵押登记、融资担保等基础设施不断完善。在宏观层面[③]形成了货币信贷政策、财政税收政策、差异化监管政策相互配合的支持政策体系。

---

① 微观层面指普惠金融服务的提供者，包括银行类、非银行类金融机构、非正规金融组织等。

② 中观层面指保障微观层面正常运作的金融基础设施和服务，包括保障资金自由流动、安全交易的支付清算系统，帮助机构降低风险的信用管理服务，便利融资活动的抵押登记、担保服务，能够使机构分摊金融基础设施和服务成本的网络支持组织等。

③ 宏观层面指政策和法律环境。主要参与者包括中央银行、财政部门及其他政府部门。

第二章　中国普惠金融发展历程

中国的普惠金融实践始于20世纪90年代，小额信贷作为一种扶贫理念和信贷技术传入中国。适应经济社会发展的需要，先后经历了小额信贷为主、全面改善农村金融服务、服务脱贫攻坚战略、加强小微企业金融服务等四个阶段。

第一节　小额信贷为主阶段

中国的小额信贷实践始于1993年，经历了从模仿到创新的过程。最初，小额信贷组织主要在国际资金和技术援助下，以非政府组织（NGO）形式运行。1993年，中国社会科学院农村发展研究所首先将与国际规范接轨的孟加拉国“格莱珉银行”模式的小额信贷引入了中国，参照这个模式，在河北省的易县、河南省的虞城县和南召县及陕西省的丹凤县成立了“扶贫经济合作社”，开始小额信贷扶贫试验，后来又于2003年和2006年分别在河北省涞水县、四川省金堂县和河南省濮阳市建立了试验基地。从1995年开始，联合国开发计划署（UNDP）和中国国际经济技术交流中心在全国17个省的48个县（市）推行以扶贫等为目标的小额信贷项目。后来，开发计划署还在天津和河南的部分地区开展了针对下岗职工的城市小额信贷项目。随后，还有一些国际组织相继在中国开展了小额信贷项目，这些项目大多以扶贫和妇女、儿童发展为目标。

为实现中国千年扶贫攻坚计划和21世纪扶贫任务，借鉴NGO小额信贷的技术和经验，以国家财政资金和扶贫贴息贷款为资金来源的“政策性小额信贷扶贫项目”自1996年开始发展起来。国务院扶贫办系统、民政部门、残联、妇联等部门先后参与其中。这些项目大多分布在农村地区，也包括面向下岗失业人员和城镇低收入人口的一些城市小额信贷项目。

在中国人民银行支农再贷款支持下，农村信用社分别从1999年和2000年开始发放小额信用贷款和农户联保贷款，这标志着正规金融机构开始介入小额信贷领域。小额信贷的目标，从“扶贫”领域扩展至“为一般农户以及小微企业服务”。此后，商业银行也陆续开展各种小额信贷业务。

目前，小额信贷仍是一类重要的普惠金融产品，不过其贷款对象已从传统农户扩大至农村多种经营主体、个体工商户以及各种微型企业，金额也从最初的2万~5万元逐步提高至30万~50万元。

第二节　全面改善农村金融服务阶段

2003年，以启动农村信用社改革试点为标志，中国全面推进农村金融改革创新。这一时期，政府将农村金融作为金融工作的重点，推动解决农村金融领域的重点难点问题。

一、开展涉农金融机构改革，增强农村金融服务能力

按照“明晰产权关系、强化约束机制、增强服务功能、国家适当支持、地方政府负责”的总体要求，对农村信用社进行了全面改革，化解了系统性风险，巩固农村金融服务主力军地位。推动中国农业银行改革，国家注资1300亿元人民币等值美元，剥离8157亿元账面不良资产，开展“‘三农’金融事业部”试点，探索面向“三农”与商业运作有机结合的新模式。组建中国邮政储蓄银行，通过在农村地区开展以小额贷款为主的微贷业务，在一定程度上推动资金回流农业农村。

二、丰富农村金融服务体系，增加普惠金融供给

2005 年，由民间资本投资的商业性小额信贷机构开始试点。山西、内蒙古、四川、陕西和贵州 5 省（自治区）试点成立第一批小额贷款公司，小额贷款公司只贷不存，贷款小额、分散，贷款对象主要限于农户、个体经营者和微小企业，业务运作坚持立足农村、服务“三农”，以改善农村金融服务为目的。2006 年，放宽农村地区银行业机构的准入条件，允许产业资金和民间资本在农村地区参与新设银行，开办村镇银行、农村资金互助社、贷款公司等新型农村金融机构。

三、全面推进农村金融产品和服务方式创新

针对农村地区金融需求差异大、抵押担保物缺乏等特点，2008 年起，中国人民银行在全国范围内推进农村金融产品和服务方式创新工作。大力发展农户小额信用贷款和农村微型金融。有效扩大抵押担保范围。在银行间债券市场探索发行涉农中小企业集合债券，拓宽涉农小企业的融资渠道。加强涉农信贷与涉农保险合作。鼓励农产品生产经营企业运用期货交易机制规避市场风险。截至 2010 年末，中国期货市场上市了 13 个农产品期货品种，基本形成覆盖粮棉油糖的农产品期货品种体系。2009 年，中国农产品期货成交金额达 62. 18 万亿元，根据美国期货业协会的统计，按照成交量计算，中国当时已成为全球最大的农产品期货市场①。

四、完善农业保险体制

2006 年，我国提出改革发展农业保险制度，建立政策性农业保险与财政补助相结合的农业风险防范与救助机制，完善多层次的农业巨灾风险转

① 资料来源：《中国农村金融服务报告 2010》。

移分担机制，探索建立中央、地方财政支持的农业再保险体系。2007 年，开展政策性农业保险试点，中央财政首次对农业保险给予保费补贴，给予税收优惠政策，目前政策性农业保险已覆盖全国。2012 年，国务院颁布了第一部农业保险法规——《农业保险条例》，以行政法规的形式明确了农业保险发展原则、支持政策、经营规范和监管要求等，为农业保险规范健康发展奠定了法律基础。农业保险实行“政府引导、市场运作、自主自愿、协同推进”的原则，即政府通过保费补贴和税收优惠等支持政策，引导农户投保和鼓励保险机构承保。在财税政策的支持下，政策性农业保险快速发展，覆盖面不断扩大，保险险种不断丰富。到 2010 年，农业保险经办主体从最初的 6 家增加至 19 家，农作物和森林承保面积达 11.6 亿亩①，比 2006 年增长了 18 倍。涉及国计民生的险种从 2007 年的 5 个增加至 14 个，覆盖了所有粮食主产区②。此外，保险业积极拓展县域保险市场，开展小额人身保险试点，将保险服务的地域纵深不断向偏远地区延伸，服务对象向低收入群体拓展。

五、大力推动农村金融基础设施建设

一是建设农村信用体系，改善农村信用环境。通过组建全国统一的企业和个人信用信息基础数据库，为全国 1300 多万户企业和近 6 亿自然人建立信用档案（2010 年数据），逐步扩大征信系统在农村地区的覆盖范围。同时，为配合并推动小额信贷业务的开展，在农村地区持续推进“信用户、信用村、信用乡镇”建设，建立农户信用档案和信用评价体系，便利金融机构发放贷款。二是改善农村地区支付环境。人民银行通过设计灵活多样的接入方式，方便农村信用社、农村商业银行、村镇银行等农村金融机构接入大额、小额支付系统和支票影像交换系统，使农村金融机构资金汇划

① 1 亩≈666.67 平方米。

② 资料来源：《中国农村金融服务报告 2010》。

渠道更加畅通。2005 年试点农民工银行卡特色服务，有效解决了农民工返乡携带大量现金的资金安全问题。2010 年开始建设助农取款服务点，通过银行卡收单机构在农村乡（镇）、村的指定合作商户服务点布放银行卡受理终端，向借记卡持有人提供小额取款、查询、汇款、代理缴费等功能，促进打通金融服务的“最后一公里”。在农村地区推出手机支付、网上支付等新型支付业务。

六、农村金融政策支持体系初步建立

2008 年开始实施涉农贷款增量奖励政策和定向费用补贴政策，对特定农村金融机构或特定农村金融业务实施税收优惠政策。中国人民银行对农村金融机构执行较低的存款准备金率并加大支农再贷款支持力度。免除农村中小金融机构监管费，设立农村网点和涉农金融产品市场准入绿色通道。

七、农村金融监管制度不断完善

2007 年，中国人民银行实施了涉农贷款专项统计制度，2010 年出台了《关于鼓励县域法人金融机构将新增存款一定比例用于当地贷款的考核办法》，为监测和引导涉农贷款投放打下基础。监管部门实施差别化监管政策，有效地调动了金融机构支农服务的积极性。

第三节 服务脱贫攻坚战略阶段

让金融惠及弱势群体，帮助弱势群体摆脱贫困，是普惠金融的重要目标。中国的普惠金融实践始于扶贫领域，并不断创新发展。2015 年，中央对脱贫攻坚战作出全面部署，确保到 2020 年农村贫困人口实现脱贫。这一阶段，为推动实现脱贫攻坚目标，金融部门在扶贫领域开展了很多创新，加大资源投入。

一、设立精准扶贫小额信贷产品

在前期小额信贷产品实践的基础上，2015 年设立推出“扶贫小额信贷”。该产品是针对建档立卡贫困户发放的，用于发展扶贫特色优势产业的信贷产品，额度在 5 万元以下，期限在 3 年以内，免担保免抵押，基准利率放贷，财政贴息，县级政府建立风险补偿金。扶贫小额信贷具有对象特定（18 ~65 岁建档立卡贫困户）、纯信用、全额贴息、专款专用（只能用于贫困户发展生产或能有效带动贫困户脱贫的特色优势产业，不能用于建房、购置家庭用品等非生产性支出）等特点。截至 2020 年末，全国银行业金融机构累计发放扶贫小额信贷 7100 多亿元[①]。

二、创新政策工具

2016 年，人民银行创设扶贫再贷款。发放范围为 1243 个贫困县（832 个国定贫困县，411 个省级扶贫开发工作重点县），发放对象是上述贫困县行政区域内的农村商业银行、农村合作银行、农村信用社和村镇银行等四类地方法人金融机构。扶贫再贷款实行比原来贫困地区支农再贷款更为优惠的利率，实际使用期限最长达到 5 年。要求金融机构将扶贫再贷款优先支持建档立卡贫困户和带动贫困户就业发展的企业、农村合作社。扶贫再贷款是人民银行为支持贫困地区地方法人金融机构扩大信贷投放提供的流动性支持，设立当年余额就达到 1127 亿元[②]。为促进易地扶贫搬迁[③]建设顺利开展，2016 年人民银行设立总额度为 3500 亿元的易地扶贫搬迁专项金融债券，由国家开发银行、农业发展银行在银行间债券市场发行，用于

① 资料来源：《中国农村金融服务报告 2020》。

② 资料来源：《中国农村金融服务报告 2016》。

③ 易地扶贫搬迁是指将生活在自然条件恶劣、生态环境脆弱、自然灾害频发等区域的贫困人口搬迁安置到其他地区，并通过改善安置区的生产生活条件、调整经济结构和拓展增收渠道，帮助搬迁人口逐步脱贫致富。

发放贷款支持各地搬迁工程顺利开展。

三、开发性、政策性银行专设金融扶贫部门

2016 年，国家开发银行、农业发展银行分别设立扶贫金融事业部，作为内设专门机构，专门从事扶贫开发业务，专项管理、单独核算、保本微利。重点支持精准扶贫方略实施和贫困地区基础设施建设等领域，有效提升金融扶贫专业化水平。在服务领域上，国家开发银行重点支持教育医疗以及交通、水利、电力、农村危旧房改造和人居环境整治等贫困地区基础设施建设。农业发展银行突出支持贫困地区粮棉油收储、农业产业化经营和特色产业发展。

四、完善保险保障

发挥保险对贫困地区产业发展和贫困人口生产生活的保障和增信作用，在农业保险基础上，针对建档立卡贫困人口，开发推广贫困户主要劳动力意外伤害、疾病和医疗等扶贫保险产品，提高贫困人口医疗费用报销比例。发挥保险的融资增信功能，发展农业保险保单质押、小额贷款保证保险和保险资金直接投资，为建档立卡贫困户融资提供增信支持，缓解贫困群体贷款难、贷款贵问题。2016 年设立中国保险业产业扶贫投资基金，采取市场化运作方式，专项用于贫困地区资源开发、产业园区建设、新型城镇化发展等，总规模约为 100 亿元。

五、加大资本市场支持力度

支持符合条件贫困地区企业通过绿色通道发行上市①。截至 2018 年

① 证监会对注册地和主要生产经营地均在贫困地区且开展生产经营满 3 年、缴纳所得税满 3 年的企业，或者注册地在贫困地区、最近一年在贫困地区缴纳所得税不低于 2000 万元且承诺上市后 3 年内不变更注册地的企业，申请首次公开发行股票并上市的，适用“即报即审、审过即发”政策。

末，有12家贫困县企业通过绿色通道发行上市，募集资金共计69亿元①。对注册地在贫困地区的企业申请在全国中小企业股份转让系统挂牌的，减免挂牌费用。截至2020年末，全国中小企业股份转让系统累计服务贫困地区挂牌公司305家，171家贫困地区挂牌公司融资205.62亿元②。中国银行间市场交易商协会创新推出扶贫票据，即发行人将一定比例的募集资金用于精准扶贫，且具有专项标识的债务融资工具。首批扶贫票据于2017年3月发行。截至2020年末，累计支持20个省（自治区、直辖市）35家企业发行扶贫票据504.2亿元，募集资金主要用于贫困地区产业发展和基础设施建设等精准扶贫项目，带动100多个贫困县的扶贫工作③。

第四节　加强小微企业金融服务阶段

中国90%的企业是中小微企业，它们贡献了50%以上的税收、60%以上的GDP、70%以上的技术创新、80%以上的城镇劳动就业，在推动经济增长、促进就业增加、激发创新活力等方面发挥着重要作用。2018年以来，全球经济不确定因素增多，中国经济长期积累的风险隐患有所暴露，小微企业“经营难、融资难”问题有所加剧。这一阶段，金融部门着力改善小微企业金融服务能力和水平，推动提升小微企业金融服务覆盖面和可得性。

一、进一步完善普惠金融服务体系

大中型银行设立普惠金融事业部，下沉服务重心。中国农业银行在“三农”金融事业部之外组建普惠金融事业部，主要服务小微企业。工商

① 资料来源：《中国农村金融服务报告2018》。
② 资料来源：《中国农村金融服务报告2020》。
③ 资料来源：《中国农村金融服务报告2020》。

银行、中国银行、建设银行、交通银行组建普惠金融事业部。截至2020年末，全国12家股份制银行均已设立普惠金融事业部或专司普惠金融的业务部门。在资本、资金、人力、财务、信息等内部资源配置中，持续加大对小微业务条线的倾斜。完善信贷管理制度，改进信贷审批流程，健全风险管控机制，在提升小微企业金融服务效率的同时着力降低贷款成本。

二、创新信贷产品服务

针对小微企业可抵押资产不足问题，一方面，进一步拓宽抵（质）押物范围，创新专利权、商标权等知识产权融资产品；另一方面，积极创新信贷模式，更多依托企业良好的信用记录、市场竞争能力、财务状况等，发放无担保、无抵押的信用贷款，降低对抵押担保的依赖。针对小微企业续贷难、“过桥”资金成本高等问题，开发无还本续贷产品，在风险可控的前提下，简化续贷办理流程，支持正常经营的小微企业融资周转无缝衔接。开发性金融机构、政策性银行以提供批发资金转贷形式与地方性中小银行合作，专门用于投放小微企业，将其政策、资金优势与商业银行资源、人力优势相结合，实现优势互补。建设应收账款融资服务平台，开展小微企业应收账款融资专项行动。

三、扩展多元化融资渠道

完善票据市场制度体系，推进小微企业票据产品创新。创设民营企业债券融资支持工具，创新“双创”专项债务融资工具、创投企业债务融资工具、资产支持票据（ABN）等多个专门针对中小微企业融资需求的产品，拓宽中小微企业直接融资渠道。鼓励商业银行发行小微企业专项金融债，募集资金专项用于小微企业贷款。支持银行业金融机构发行微小企业贷款资产支持证券。深化交易所中小板、创业板改革，降低企业准入门槛。发挥全国中小企业股份转让系统（新三板）“小额、快速、灵活、多元”的特点，支持中小微企业直接融资。截至 2020 年末，新三板存量挂牌公司 8187 家，中小企业占比为 94%，总市值为 2.65 万亿元①。创投等私募股权基金投入不断加大。

四、完善政策支持体系

实施定向降准②、加大支小再贷款③支持力度。完善差异化监管指标，降低小微企业贷款资本监管要求，提高小微企业不良贷款容忍度，拓宽小微企业不良资产处置渠道。对金融机构小微企业贷款利息收入免征增值税。对小微企业、创投企业实行普惠性税收减免。加强小微企业贷款统计标准体系建设。

五、建立风险分担和信用增进机制

创新保险服务，为小微企业提供更加灵活的贷款保证保险产品和增信支持。保险业机构与银行业金融机构建立风险共担机制。健全政策性融资担保体系，2018 年设立国家融资担保基金，各地融资担保机构扩面增量。地方政府不断创新风险补偿机制，强化小微企业融资信用增进与风险补偿。持续推进小微企业信用体系建设。

六、强化金融科技运用

金融机构运用现代信息科技手段，加强与第三方互联网公司合作，促

---

① 资料来源：www. neeq. com. cn。

② 定向降准是人民银行针对部分金融机构或特定金融领域所实施的下调存款准备金率的政策。通常是面向中小金融机构或视金融机构对国民经济重点领域的支持情况，对满足考核标准的金融机构下调存款准备金率，更多释放金融机构资金，服务小微企业等薄弱环节。

③ 2014 年，人民银行创设支小再贷款，专项用于符合条件的城市商业银行、农村商业银行、农村合作银行、村镇银行和民营银行等五类地方法人金融机构发放小微企业贷款，优先支持普惠口径小微企业贷款发放。

进金融科技与小微信贷结合，提高信息获取的充分性，改进信用评价模型，创新线上金融产品和服务模式，提升小微企业融资可得性和便利度。推动地方政府依托大数据、云计算等信息技术手段，整合政府部门信息资源，构建金融服务信息共享平台，为金融机构获取客户提供便利。

第三章　中国普惠金融政策框架

在扶贫、支持“三农”、小微企业发展的普惠金融长期实践中，中国逐步建立支持普惠金融发展的政策体系并不断调整优化。目前形成了包括货币信贷政策、财政税收政策、金融监管政策、创新试点政策在内的一整套政策支持体系。

第一节　普惠金融战略规划

2013 年，中国将“发展普惠金融”确立为国家战略①。中国普惠金融发展呈现出服务主体较为多元、服务覆盖面较广、移动互联网支付使用率较高的特点，人均持有银行账户数量、银行网点密度等基础金融服务水平已达到国际中上游水平②。但是，普惠金融发展仍存在服务不均衡、体系不健全、法律法规体系不完善、基础设施建设有待加强、商业可持续性有待提高等问题。需要加强顶层设计，进一步明确发展方向和主要任务，统筹推进普惠金融发展。

为促进普惠金融发展，参照国际标准③，中国制定了《推进普惠金融

---

① 2013 年 11 月 12 日，中国共产党第十八届中央委员会第三次全体会议通过《中共中央关于全面深化改革若干重大问题的决定》，正式提出“发展普惠金融”。

② 截至 2014 年末，全国银行业金融机构网点数量 21.6 万个，ATM 等自助设备总量 124.7 万个，POS 机等数量 1593.5 万个；全国银行网点乡镇覆盖率达 96%，农村基础金融服务点覆盖率达 92%，保险服务乡镇覆盖率达 93%；全国人均拥有移动支付电子账户 0.4 个。

③ 二十国集团（G20）将“构建金融‘一揽子’框架”作为九项行动准则之一，强调要参考国际标准和国内相关领域立法，制定发布普惠金融发展规划。

发展规划（2016—2020 年）》（以下简称《规划》）。《规划》强调，发展普惠金融应坚持借鉴国际经验与体现中国特色相结合、政府引导与市场化主导相结合、完善基础金融服务与改进重点领域金融服务相结合，围绕有效提高金融服务覆盖率、可得性，显著增强人民群众对金融服务的获得感，提出到 2020 年，要建立与全面建成小康社会相适应的普惠金融服务和保障体系，特别是要让农民、小微企业、城镇低收入人群、贫困人群和残疾人、老年人等及时获取价格合理、便捷安全的金融服务。《规划》要求国务院银行业监督管理机构、人民银行牵头建立推进普惠金融发展工作协调机制。地方各级人民政府做好贯彻落实。对拿不准的难点问题，要在小范围先行试点，成熟后再推广。坚持监管和创新并行，提高金融监管有效性。要健全监测评估体系，加强国际交流。《规划》的主要内容如下：

健全多元化、广覆盖、有差异的普惠金融服务体系。充分调动发挥传统和新型、大型和小型、线上和线下金融组织机构的积极性、能动性，引导各类型机构和组织结合自身特点，找准市场定位，完善机制建设，发挥各自优势。

创新金融产品和服务手段。积极引导各类普惠金融服务主体借助互联网等现代信息技术手段，降低金融交易成本，延伸服务半径，拓展普惠金融服务的广度和深度。

加快推进金融基础设施建设。健全普惠金融信用信息体系，推进农村支付环境建设，建立普惠金融统计体系。

完善普惠金融法律法规体系。逐步制定和完善普惠金融相关法律法规，形成系统性的法律框架，明确普惠金融服务供给、需求主体的权利义务，确保普惠金融服务有法可依、有章可循。

发挥政策引导和激励作用。完善货币信贷政策，健全金融监管差异化激励机制，发挥财税政策作用，强化地方政府配套支持，促进金融资源向普惠金融倾斜。

加强普惠金融教育与金融消费者权益保护。深入推进金融知识普及教育，培育公众的金融风险意识，提高金融消费者维权意识和能力，引导公众关心、支持、参与普惠金融实践活动。

第二节　货币信贷政策

一、货币政策

人民银行综合运用存款准备金率、再贷款、再贴现等货币政策工具，持续引导金融机构加大对“三农”、小微企业等普惠金融领域的支持力度。

（一）存款准备金率

存款准备金是指金融机构为保证客户提取存款和资金清算需要而准备的资金，金融机构按规定向中央银行缴纳的存款准备金占其存款总额的比例就是存款准备金率。中央银行通过调整存款准备金率，影响金融机构的信贷资金供应能力。

1. 差别化的存款准备金政策

为发挥存款准备金政策在支持“三农”和小微企业方面的正向激励作用，人民银行对不同类型金融机构执行差别化存款准备金率。对农村信用社、农村商业银行、农村合作银行、村镇银行、农业银行“三农”金融事业部等主要涉农机构执行较为优惠的存款准备金率。2020 年末，农村商业银行、农村合作银行、农村信用社、村镇银行执行 6% 的存款准备金率，比大型商业银行低 5 个百分点①。对农业银行涉农贷款投放较多的县级“三农”金融事业部执行比农业银行低 2 个百分点的存款准备金率。

2. 定向降准

定向降准是中央银行针对部分金融机构或特定金融领域所实施的下调

① 资料来源：《中国农村金融服务报告 2020》。

存款准备金率的政策。

2014 年，人民银行开始对小微企业和“三农”领域实施定向降准政策。2014 年 4 月，对县域农村商业银行和县域农村合作银行的准备金率分别下调 2 个百分点和 0.5 个百分点。6 月对符合审慎经营且“三农”贷款或小微企业贷款达到一定比例①的其他各类型商业银行，下调准备金率 0.5 个百分点。

2017 年 9 月，人民银行将原有对小微企业和“三农”领域实施的定向降准政策拓展和优化为统一对普惠金融领域贷款达到一定标准的金融机构实施定向降准政策。一是考核范围调整为普惠金融领域贷款，包括单户授信小于 500 万元的小型和微型企业贷款②、个体工商户经营性贷款、小微企业主经营性贷款、农户生产经营贷款、创业担保（下岗失业人员）贷款、建档立卡贫困人口消费贷款和助学贷款。二是金融机构范围包括国有商业银行、中国邮政储蓄银行、股份制商业银行、城市商业银行、非县域农村商业银行和外资银行。三是降准的标准包括 0.5 个百分点和 1.5 个百分点两档③。2018 年 1 月，普惠金融定向降准全面实施，惠及全部大中型商业银行、近 80% 的城商行和 90% 的非县域农商行，释放资金约 4500 亿元。

---

① 即上年新增涉农贷款占全部新增贷款比例超过 50%，且上年末涉农贷款余额占全部贷款余额比例超过 30%；或者，上年新增小微贷款占全部新增贷款比例超过 50%，且上年末小微贷款余额占全部贷款余额比例超过 30%。满足此次定向降准标准的机构包括大约 2/3 的城市商业银行、80% 以上的非县域农村商业银行、90% 以上的非县域农村合作银行和数家股份制银行以及外资银行。

② 自 2019 年起，将普惠金融定向降准小型和微型企业贷款考核标准由“单户授信小于 500 万元”调整为“单户授信小于 1000 万元”。

③ 第一档是上年普惠金融领域贷款增量占全部新增人民币贷款比例达到 1.5%，或上年末普惠金融领域贷款余额占全部人民币贷款余额比例达到 1.5%，享受 0.5 个百分点准备金率优惠。这一标准基本适应绝大多数商业银行普惠金融领域贷款的实际投放情况；第二档是上年普惠金融领域贷款增量占全部新增人民币贷款比例达到 10%，或上年末普惠金融领域贷款余额占全部人民币贷款余额比例达到 10%，享受 1.5 个百分点准备金率优惠。这一档标准相对较高，只有在普惠金融领域贷款投放较为突出的商业银行才能达到。

2019 年以来，人民银行逐步构建完善了“三档两优”的存款准备金率政策框架。“三档”是指根据金融机构系统重要性程度、机构性质、服务定位等，将存款准备金率设为三个基准档：第一档是大型银行存款准备金率，2020 年末为 11%。大型银行包括中国工商银行、中国农业银行、中国银行、中国建设银行、交通银行和中国邮政储蓄银行 6 家商业银行。第二档是中型银行存款准备金率，2020 年末为 9%。中型银行主要包括股份制商业银行和城市商业银行。第三档是小型银行存款准备金率，2020 年末为 6%。小型银行包括农村商业银行、农村信用社、农村合作银行和村镇银行。“两优”是指在三个基准档的基础上还有两项优惠：一是第一档和第二档银行达到普惠金融定向降准政策考核标准的，可享受 0.5 个百分点或 1.5 个百分点的存款准备金率优惠；二是服务县域的银行达到新增存款一定比例用于当地贷款考核标准①的，可享受 1 个百分点存款准备金率优惠。

（二）再贷款

再贷款是指中央银行对金融机构的贷款。自 1999 年设立支农再贷款以来，再贷款逐步发展成为人民银行支持普惠金融发展的重要工具。

1. 支农再贷款

支农再贷款是指人民银行为引导地方法人金融机构扩大涉农信贷投放，降低“三农”融资成本，对地方法人金融机构发放的再贷款。1999 年人民银行开始向农村信用社发放支农再贷款，集中用于借款人发放农户贷款，重点解决农民从事种植业、养殖业以及农副产品加工业、储运和农村消费信贷等方面的合理资金需求。1999—2007 年，人民银行共安排支农再贷款额度 1288 亿元，累计发放 1.2 万亿元②。此后，人民银行持续增加支农再贷款额度，改进管理方式，拓宽适用范围。目前，支农再贷款的发放对象包括农村信用社、农村合作银行、农村商业银行和村镇银行，以及人

---

① 这是一项引导金融机构将新增存款用于本地的考核政策，详见下文。

② 资料来源：《中国农村金融服务报告 2008》。

民银行批准的其他地方法人金融机构。支农再贷款的用途由农户贷款扩大至其他涉农贷款。

支农再贷款实行“限额管理、规定用途、设立台账”的原则。“限额管理”指人民银行根据货币政策宏观调控需要确定全国支农再贷款限额，通过分支机构逐级下达。“规定用途”指借款人应将借用的支农再贷款资金全部用于发放涉农贷款，并且所发放的涉农贷款利率应在实际支付的支农再贷款利率基础上加点确定，具体加点幅度由人民银行规定。“设立台账”指借款人应建立运用支农再贷款资金发放涉农贷款的台账，包括发放对象、金额、期限、利率、用途等要素，并按季度将涉农贷款台账报送人民银行。人民银行对支农再贷款资金的投向、用途、发放的涉农贷款利率和金额等进行日常监测和现场核查。

支农再贷款期限分为 3 个月、6 个月和 1 年 3 个档次。可展期两次，期限最长可达 3 年。

2. 支小再贷款

2014 年，人民银行创设支小再贷款，专门用于支持金融机构扩大小微企业信贷投放。支小再贷款的发放对象包括符合条件的小型城市商业银行、农村商业银行、农村合作银行、村镇银行和民营银行。

支小再贷款期限有 3 个月、6 个月、1 年三个档次，可展期两次，期限最长可达 3 年。人民银行加强对借款金融机构资金运用的监测，确保支小再贷款用于支持小微企业。在借用支小再贷款期间，金融机构小微企业贷款增量不得低于人民银行发放的支小再贷款总量。借用支小再贷款发放的小微企业贷款加权平均利率要低于金融机构运用其他资金发放的同期同档次小微企业贷款加权平均利率。

3. 扶贫再贷款

为助力打赢脱贫攻坚战，2016 年人民银行设立扶贫再贷款，专项用于支持贫困地区地方法人金融机构扩大涉农信贷投放。与普通支农再贷款相比，扶贫再贷款主要有两个特点：一是实行比支农再贷款更优惠的利率；

二是累计展期次数最多达到4次，从而使扶贫再贷款的实际使用期限最长达到5年。

扶贫再贷款的发放对象为连片特困地区、国家扶贫开发工作重点县，以及未纳入上述范围的省级扶贫开发工作重点县（共1243个县）辖内的农村商业银行、农村合作银行、农村信用社和村镇银行等四类地方法人金融机构。人民银行要求金融机构将借用的扶贫再贷款资金全部用于发放贫困地区涉农贷款，并结合当地情况，优先支持建档立卡贫困户和带动贫困户就业发展的企业、农村合作社，积极推动贫困地区发展特色产业和贫困人口创业就业，促进贫困人口脱贫致富。要求坚持“保本微利、商业可持续”原则，合理确定运用扶贫再贷款资金发放贷款的利率，切实降低贫困地区融资成本，运用扶贫再贷款资金发放贷款的加权平均利率应低于运用自有资金发放贫困地区贷款的加权平均利率。

2019年，人民银行设立专项扶贫再贷款，支持中国农业发展银行、中国农业银行、中国邮政储蓄银行扩大对“三区三州”[①] 的信贷投放，降低融资成本，促进实现精准扶贫、精准脱贫目标。人民银行根据3家机构最近一个季度“三区三州”贷款余额较上季度末增量的50%，发放专项扶贫再贷款。截至2020年末，全国扶贫再贷款余额为2153亿元，专项扶贫再贷款余额为458亿元[②]。

（三）再贴现

再贴现是中央银行对金融机构持有的未到期已贴现商业汇票予以贴现的行为。1986年，人民银行试点办理再贴现业务，以解决企业之间的货款拖欠问题。1995年末，人民银行开始将再贴现作为货币政策工具体系的组成部分，建立了较为完整的再贴现操作体系，并根据金融宏观调控和结构

---

① “三区三州”是中国的深度贫困地区，自然条件差，经济基础弱。“三区”指西藏自治区，青海、四川、甘肃、云南四省藏区，南疆的和田地区、阿克苏地区、喀什地区、克孜勒苏柯尔克孜自治州四地区；“三州”是指四川凉山州、云南怒江州、甘肃临夏州。

② 资料来源：《中国农村金融服务报告2020》。

调整的需要，不定期公布再贴现优先支持的行业、企业和产品目录。

1998 年以来，适应金融体系多元化和信贷结构调整的需要，人民银行扩大再贴现的对象和范围，把再贴现作为缓解部分中小金融机构短期流动性不足的政策措施，提出对资信情况良好企业签发的商业承兑汇票可以办理再贴现。

2008 年以来，人民银行进一步完善再贴现管理政策，充分发挥再贴现政策引导金融机构优化信贷结构的积极作用，支持涉农信贷投放，扩大中小企业融资。明确要求各分支机构对涉农票据、小微企业持有或收受的票据，以及中小金融机构签发、承兑、持有的票据优先办理再贴现并给予优惠利率支持。

除上述存款准备金率、再贷款、再贴现三种常用货币政策工具外，人民银行还通过抵押补充贷款（Pledged Supplemental Lending，PSL）、定向中期借贷便利（Targeted Medium - term Lending Facility，TMLF）等工具向特定金融机构提供长期稳定的资金来源，引导金融机构增强对社会薄弱环节的支持。

表 3. 1 列示了 2010—2020 年部分年份全国再贷款、再贴现情况。

表 3. 1　　2010—2020 年部分年份全国再贷款、再贴现情况

单位：亿元人民币

年份	支农再贷款余额	支小再贷款余额	扶贫再贷款	再贴现余额
2010	723	—	—	—
2012	1375	—	—	—
2014	2154	524	—	1372
2016	2089	537	1127	1165
2018	2870	2172	1822	3290
2020	4572	9756	2153	5784

数据来源：历年《中国农村金融服务报告》。

（四）完善央行抵押品管理

参照国际经验，为保障央行资产安全，防范道德风险，人民银行通过债权方式提供流动性都应要求金融机构提供足额抵押品。针对中小型银行高等级债券持有量较少、合格抵押品相对不足的问题，人民银行持续完善抵押品管理制度。2014—2016年，人民银行开展信贷资产质押和央行内部评级试点，对地方法人金融机构的部分贷款企业进行央行内部评级，将评级结果符合标准的信贷资产纳入人民银行发放再贷款可接受的合格抵押品范围。2018年，人民银行拓宽再贷款等货币政策工具担保品范围，将不低于AA级的小微、绿色和"三农"金融债，AA+级、AA级公司信用类债券（包括企业债、公司债、中期票据、短期融资券等，优先接受涉及小微企业、绿色经济的债券），以及未经央行评级的正常类普惠小微贷款、民营企业贷款和绿色贷款纳入央行合格担保品范围。

（五）小微企业贷款支持工具

为缓解新冠疫情对小微企业的冲击，2020年6月至2021年12月，人民银行面向地方法人银行[①]实施普惠小微企业贷款延期支持工具和普惠小微企业信用贷款支持计划两项政策。

受疫情影响，中小微企业普遍出现资金周转困难的问题。为缓解中小微企业贷款的还本付息压力，人民银行会同银保监会出台了中小微企业贷款延期还本付息的政策，最长可延期至2021年12月31日。其中普惠小微企业只要在申请延期的同时承诺保持就业岗位基本稳定，银行即对普惠小微企业贷款本息进行延期，做到"应延尽延"。对其他困难企业贷款协商延期。为鼓励地方法人银行对普惠小微企业贷款"应延尽延"，普惠小微企业贷款延期支持工具提供400亿元再贷款资金，通过特定目的工具（SPV）与地方法人银行签订利率互换协议补贴利息的方式，向地方法人银行提供激励，激励资金约为地方法人银行延期贷款本金的1%。截至2021年末，普惠小微企业贷款延期支持工具累计提供激励资金217亿元，直接

① 地方法人银行包括城市商业银行、农村商业银行、农村信用社、农村合作银行、村镇银行、民营银行（包括互联网银行）。

带动地方法人银行对2.17万亿元普惠小微企业贷款实施延期①。

为缓解小微企业缺乏抵押担保的痛点，提高小微企业信用贷款比重，人民银行创设普惠小微企业信用贷款支持计划，向经营状况较好（央行金融机构评级为1~5级）的地方法人银行提供优惠资金，支持发放普惠小微企业信用贷款。该计划提供4000亿元再贷款资金，通过特定目的工具与地方法人银行签订信用贷款支持合同的方式，按地方法人银行实际发放信用贷款本金的40%提供优惠资金，期限为1年。支持计划惠及的普惠小微企业要承诺保持就业岗位基本稳定。截至2021年末，普惠小微企业信用贷款支持计划累计提供优惠资金3740亿元，直接带动地方法人银行发放小微企业信用贷款1.05万亿元②。

2022年起，人民银行将普惠小微企业贷款延期支持工具转换为普惠小微贷款支持工具。金融机构与企业按市场化原则自主协商贷款还本付息。从2022年起至2023年6月末，人民银行按照地方法人银行普惠小微贷款余额增量的1%提供资金，按季度操作，鼓励持续增加普惠小微贷款。普惠小微企业信用贷款支持计划并入支农支小再贷款管理。原来用于支持普惠小微信用贷款的4000亿元再贷款额度可以滚动使用，必要时可再进一步增加再贷款额度。符合条件的地方法人银行发放普惠小微信用贷款，可向人民银行申请支农支小再贷款优惠资金支持。

二、信贷政策

信贷政策是人民银行根据国家宏观调控和产业政策要求，对金融机构信贷总量和投向实施引导、调控和监督，以促进产业结构调整和区域经济协调发展。"三农"、小微企业等普惠金融领域一直是信贷政策的重点，先后出台多项文件引导金融机构加大对这一领域的支持。2011年，

---

① 资料来源：《中国货币政策执行报告》2021年第四季度。

② 资料来源：《中国货币政策执行报告》2021年第四季度。

人民银行开始对金融机构执行涉农、小微信贷政策的情况和效果进行评估，不断完善各项指标评分标准，加强对评估结果的综合运用，推动评估结果与再贷款、再贴现、同业拆借准入和限额调整、债券市场备案等有效结合。

针对农村金融服务力度总体不足、农村地区资金外流长期存在的情况，人民银行、银监会自2010年起在部分地区[①]实施“鼓励新增存款一定比例用于当地贷款”的考核激励政策。考核的实施对象为县域存款类法人金融机构，主要考核指标为“年度新增当地贷款占年度新增可贷资金比例”，其中新增存贷比超过70%的县域法人金融机构为考核达标机构。对达标的县域法人金融机构，其存款准备金率按低于同类金融机构正常标准1个百分点执行，达标且财务健康的县域法人金融机构，可按其新增贷款的一定比例申请再贷款；监管部门优先批准达标县域法人金融机构新设分支机构和开办新业务的申请；地方政府在法律法规允许的范围内也对达标县域法人金融机构实施适当的激励政策。

为引导更多金融资源配置到农村经济社会发展的重点领域和薄弱环节，2021年，人民银行、银保监会将涉农信贷政策导向评估和“鼓励新增存款一定比例用于当地贷款”的考核激励政策整合为“金融机构服务乡村振兴考核评估”，对银行业金融机构服务乡村振兴工作成效进行综合评估，并将评估结果作为履行货币政策工具运用、市场准入管理、金融监管评级、机构审批设立、业务范围调整等宏观调控和金融监管职能的重要参考。

第三节　财政税收政策

财税政策在促进建立商业可持续的普惠金融服务体系中发挥着重要作

① 中部、西部、东北地区的20个省（自治区、直辖市）全部辖区，以及东部地区的国家扶贫开发工作重点县和省级扶贫开发工作重点县。

用。中央财政和税收部门不断完善和优化政策措施，通过实施税收优惠、财政奖补、完善风险分担机制等政策，降低金融机构服务成本，增强服务积极性。

一、财政补贴奖励政策

（一）农村金融机构定向费用补贴政策

针对村镇银行等新型农村金融机构设立时间短、初期财务压力大等困难，2008 年起，中央财政对符合条件的村镇银行、贷款公司和农村资金互助社三类新型农村金融机构，按贷款平均余额的 2% 给予补贴。2010 年又将西部 12 个省（自治区）的 2255 个基础金融服务薄弱乡镇的银行业金融机构网点也纳入补贴范围。补贴资金全部由中央财政负担。2014 年，中央财政在总结政策执行情况的基础上，对政策进行了细化和完善，明确金融机构享受政策的期限，采取中央和地方分担补贴资金的机制，严格政策执行要求，突出支农支小导向①。截至 2014 年末，中央财政累计向 5062 户次农村金融机构拨付补贴资金 103.45 亿元②。

（二）鼓励增加涉农信贷投放的奖励政策

2008 年起，中央财政对试点地区符合条件的县域金融机构③涉农贷款平均余额增长超过 15%（2016 年调整为 13%）的部分，按照 2% 给予奖励，奖励资金由中央和地方财政按比例分担④。2014 年，该项政策已覆盖

---

① 东部、中部、西部地区农村金融机构可享受补贴政策的期限，分别为自该机构开业当年（含）起的 3 年、4 年、5 年内。补贴条件增加了“当年涉农贷款和小微企业贷款平均余额占全部贷款平均余额的比例高于 70%（含）”的要求。补贴资金由中央和地方财政按照规定的比例分担。东部、中部、西部地区的中央与地方财政分担比例分别为 7:3、8:2、9:1（后调整为 3:7、5:5、7:3）。

② 资料来源：《中国农村金融服务报告 2014》。

③ 县域金融机构指县（含县级市，不含县级区）辖区域内具有法人资格的金融机构和其他金融机构（不含农业发展银行）在县及县以下的分支机构。年末不良贷款率高于 3% 且同比上升的县域金融机构，不予奖励。

④ 东部、中部、西部地区，中央与地方财政分担比例分别为 3:7、5:5、7:3。

全国25个省（自治区、直辖市），包括全部粮食主产区和绝大多数中西部地区。从2012年起，中央财政在天津、辽宁、山东、贵州4个省（直辖市）开展试点，对符合条件的小额贷款公司参照执行涉农贷款增量奖励政策。截至2014年末，中央财政累计向试点地区1.74万户次县域金融机构和小额贷款公司拨付奖励资金115.34亿元①。

（三）农业保险保费补贴政策

为推动农业保险发展，建立农业风险分担和保障机制，2007年中央财政开始试点农业保险保费补贴政策，在农户和地方自愿参加的基础上，为投保农户提供一定的保费补贴，引导和支持参加农业保险，试点范围是6省区的5种农作物。此后，中央财政逐步加大支持力度。2016年，补贴品种由最初的5个种植业品种，扩大至种植业、养殖业、林业三大类15个品种②，基本覆盖了关系国计民生和粮食安全的主要大宗农产品；补贴区域由6省区扩大至全国；补贴比例也在逐步提高，并结合区域、险种情况实施了差异化补贴政策③。中央财政补贴资金从2007年的21.33亿元，增加到2016年的158.3亿元④。2018年，将三大粮食作物（水稻、小麦、玉米）制种纳入补贴目录，保费补贴品种扩大至16个。

在16种大宗农产品基础上，针对地方优势特色产业发展较快，保险需求较高的情况，2019年在10个省份试点中央财政对地方优势特色农产品保险的奖补政策，每个地区2个品种。2020年将试点地区扩大至20个省

① 资料来源：《中国农村金融服务报告2014》。

② 水稻、玉米、小麦、棉花、油料作物、马铃薯、天然橡胶、青稞、糖料作物、能繁母猪、奶牛、育肥猪、牦牛、藏系羊、森林。

③ 2007年以来，差异化的补贴政策逐步调整。自2022年起，对于种植业保险的保费，在省级财政平均补贴比例不低于25%的基础上，中央财政对中西部和东北地区补贴45%、对东部地区补贴35%。对于森林保险的保费，中央财政对公益林补贴50%、对商品林补贴30%。对于能繁母猪、育肥猪、奶牛保险的保费，在省级财政平均补贴比例不低于25%的基础上，中央财政对中西部地区补贴50%、对东部地区补贴40%。对于青稞、牦牛、藏系羊保险的保费，中央财政补贴40%。

④ 资料来源：《中国农村金融服务报告2008》《中国农村金融服务报告2016》。

份，保险品种增加到 3 个。在地方财政（省级及省级以下财政）至少补贴 35%的基础上，中央财政对中西部地区和东北地区补贴 30%，对东部地区补贴 25%。2019—2021 年中央财政分别拨付奖补资金 5.77 亿元、13.12 亿元、24.07 亿元①。一批地方特色农产品保险，如广东荔枝、湖南柑橘、湖北小龙虾、宁夏枸杞、内蒙古肉牛、陕西苹果、西藏藏鸡等获得了中央财政奖补政策支持。2022 年，政策扩大至全国范围实施，并对奖补资金分配方法进行调整，根据绩效评价结果，对各地分档奖补。

图 3.1 列示了 2008—2020 年部分年份中央财政农业保险保费补贴情况。

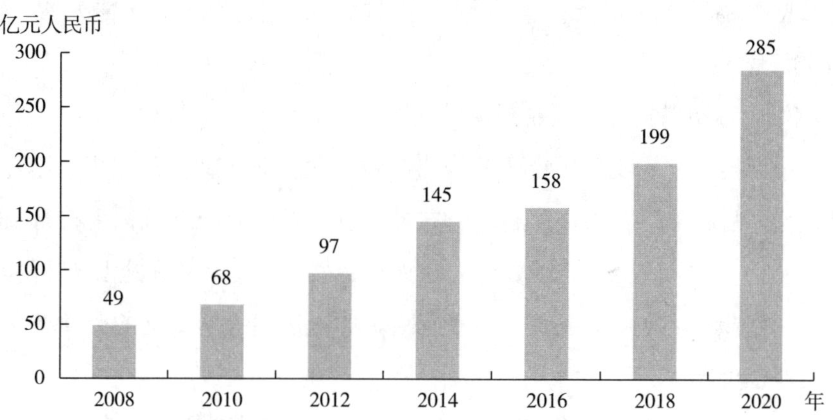

图 3.1　2008—2020 年部分年份中央财政农业保险保费补贴情况

（资料来源：财政部）

（四）贷款贴息政策

1. 扶贫贷款

“银行贷款、财政贴息”的扶贫贴息贷款是政府扶贫的一项重要措施。中央财政自 1998 年起安排扶贫贷款贴息资金，并不断改革和完善扶贫贷款

① 资料来源：《中国农村金融服务报告 2020》《农业农村部对十三届全国人大五次会议第 7847 号建议的答复》。

贴息制度，扩大承贷主体，丰富资金来源。扶贫贴息贷款最初由中国农业银行一家机构发放，主要用于国家扶贫开发工作重点县，支持能够带动低收入贫困人口增加收入的种养业、劳动密集型企业、农产品加工企业和市场流通企业，以及基础设施建设项目。贷款以3%的优惠利率发放，优惠利率与基准利率之间的利差由中央财政贴息。2008年后，扶贫贴息贷款管理体制实行全面改革：管理权限由中央下放至地方政府，发放机构由农业银行一家改为商业银行自愿参与、公平竞争，发放对象为贫困户、贫困地区企业和中小型基建项目并重，贴息方式改为固定贴息利率（到户贷款按年息5%，项目贷款按年息3%给予贴息）。截至2013年末，扶贫专项贴息贷款总额超过900亿元，其中到户贷款和项目贷款占比分别为49.7%和50.3%①。

2. 小额担保贷款和创业担保贷款

小额担保贷款政策开始于2002年，主要通过地方政府设立担保基金提供担保、财政部门提供贷款贴息的方式，引导银行业金融机构为符合条件的国有企业下岗职工、城镇登记失业人员、残疾人等特殊就业困难群体提供小额创业贷款支持。吸收上述就业困难群体达到一定比例的劳动密集型小企业也可申请。

2016年，小额担保贷款政策调整为创业担保贷款政策，贷款对象调整扩大为：城镇登记失业人员、就业困难人员（含残疾人）、复员转业退役军人、刑满释放人员、高校毕业生、化解过剩产能企业职工和失业人员、返乡创业农民工、网络商户、建档立卡贫困人口。对上述群体中的妇女，纳入重点对象范围。2018年，将农村自主创业农民纳入支持范围。2020年进一步将受新冠疫情影响较大的批发零售、住宿餐饮、物流运输、文化旅游等行业的个体工商户，网约车司机、出租车司机等群体纳入支

① 星焱：《改革开放40年中国金融扶贫工具的演化》，《四川师范大学学报（社会科学版）》，2018年第45卷第6期，第36-44页。

持范围。对个人发放的创业担保贷款，最高额度为 20 万元，期限最长为 3 年，财政全额贴息（2021 年以后，全额贴息调整为部分贴息）。对企业发放的创业担保贷款，最高额度为 300 万元，期限最长为 2 年，财政给予 50% 贴息。

（五）普惠金融发展专项资金

2016 年，为更好地发挥财政资金对普惠金融发展的引导和带动作用，中央财政将已有的农村金融机构定向费用补贴、县域金融机构涉农贷款增量奖励、创业担保贷款贴息奖补 3 项专项转移支付资金，以及新增的政府和社会资本合作（PPP）项目以奖代补资金整合，设立了普惠金融发展专项资金。2019 年，专项资金使用方向调整为创业担保贷款贴息及奖补①、财政支持深化民营和小微企业金融服务综合改革试点城市奖励②、农村金融机构定向费用补贴 3 个方向。创业担保贷款贴息及奖补资金、农村定向费用补贴资金由中央和地方财政共担，东部、中部、西部地区中央财政与地方财政的分担比例分别为 3:7、5:5、7:3。

2016—2020 年，中央财政累计拨付普惠金融发展专项资金 467.39 亿元（其中，2020 年拨付 70.24 亿元），累计支持 2.5 万家（次）金融机构，惠及数十万家（次）小微企业和超过 2000 万人（次）就业人员③。

（六）对融资担保机构的奖补

2016 年开始，在全国范围内逐步建立起政策性支持、市场化运作、专注农业、独立运营的农业信贷担保体系。农业信贷担保公司政策性业务实

---

① 除对贷款贴息外，专项资金按各地当年新发放创业担保贷款总额的 1%，奖励创业担保贷款工作成效突出的经办银行、创业担保贷款担保基金运营管理机构等单位，用于其工作经费补助。

② 该政策试点期限为 2019—2021 年，中央财政对东部、中部、西部地区每个试点城市分别给予 3000 万元、4000 万元、5000 万元奖励资金，鼓励试点城市因地制宜、先行先试，完善融资担保资本补充和风险补偿机制，改善民营和小微企业金融服务。2019 年和 2020 年，已推出两批，共 119 个试点城市，安排奖励资金 47.3 亿元。

③ 资料来源：《中国农村金融服务报告 2020》。

行“双控”管理：一是将业务范围限定为农林牧渔生产、农田建设及与农业生产直接相关的产业融合发展等项目。二是限定单户在保余额不得超过1000万元，其中政策性业务占比不得低于70%，将政策性业务单户限额统一为“10万~300万元”。2016—2018年，中央财政每年安排相关资金主要用于各级农担公司的注资。同时，考虑到农担业务地处农村，区域广、规模小、成本高，中央财政对各地政策性担保业务给予持续性支持：一是给予担保费用补助，支持省级公司降低担保费率和农业融资成本。二是进行业务奖补，支持省级公司提高风险代偿能力。

2018—2020年，中央财政每年安排30亿元，对扩大小微企业融资担保业务规模、降低小微企业融资担保费率等政策性引导较强的地方进行奖补激励。

二、税收政策

税收政策通过免税、简易计税、减计收入、准备金税前扣除等多种方式，以农户和小微企业为重点对象，鼓励金融机构和组织加大普惠金融服务力度。

（一）银行类金融机构贷款税收优惠

一是对农村信用社、村镇银行、农村资金互助社、法人机构在县及县以下地区的农村合作银行和农村商业银行，提供金融服务收入适用简易计税方法，按照3%征收率计算缴纳增值税；二是对中国农业银行和中国邮政储蓄银行“三农”金融事业部涉农贷款利息收入适用简易计税方法，按照3%征收率计算缴纳增值税；三是金融机构农户小额贷款[①]利息收入免征增值税，在计算应纳税所得额时，按90%计入收入总额；四是金融机构小

① 农户小额贷款指单笔且该农户贷款余额总额在10万元（含本数）以下的贷款。

微企业及个体工商户小额贷款[①]利息收入免征增值税，金融机构与小型微型企业签订借款合同免征印花税；五是金融机构对其涉农贷款和中小企业贷款按监管标准计提的贷款损失准备金，在计算应纳税所得额时扣除。

（二）农业保险业务税收优惠

一是农牧保险业务免征增值税；二是对保险公司为种植业、养殖业提供保险业务取得的保费收入，在计算应纳税所得额时，按90%计入收入总额；三是农牧业畜类保险合同免征印花税。

（三）小额贷款公司贷款税收优惠

一是小额贷款公司农户小额贷款[②]利息收入免征增值税，在计算应纳税所得额时，按90%计入收入总额；二是小额贷款公司按年末贷款余额的1%计提的贷款损失准备金准予在企业所得税税前扣除。

（四）融资担保及再担保业务税收优惠

一是为农户、小型企业、微型企业及个体工商户借款、发行债券提供融资担保及再担保业务免征增值税；二是符合条件[③]的中小企业融资（信用）担保机构按监管标准计提的贷款损失准备金，在计算应纳税所得额时扣除。

第四节　监管政策

适应普惠金融发展需要，监管部门不断完善差异化监管政策，引导金

① 小额贷款指单户授信小于100万元（含本数）的小型企业、微型企业或个体工商户贷款；没有授信额度的，是指单户贷款合同金额且贷款余额在100万元（含本数）以下的贷款。2018年9月1日至2020年12月31日，单户授信小于1000万元（含本数），利率水平不高于人民银行同期贷款基准利率150%的小型企业、微型企业或个体工商户贷款，免征增值税。

② 农户小额贷款指单笔且该农户贷款余额总额在10万元（含本数）以下的贷款。

③ 以中小企业为主要服务对象，当年中小企业信用担保业务和再担保业务发生额占当年信用担保业务发生总额的70%以上；中小企业融资担保业务的平均年担保费率不超过银行同期贷款基准利率的50%。

融机构下沉服务重心，创新产品和服务，增加普惠金融服务供给。

一、免除监管费用

一是对农村信用社、农村合作银行、农村商业银行、村镇银行、农业银行“三农”金融事业部免收银行业监管费。二是对保险公司经营的农业保险、新型农村合作医疗保险、农村小额人身保险免收保险业务监管费。

二、实施差异化监管

一是提高涉农、小微企业不良贷款容忍度。对商业银行普惠型涉农、精准扶贫贷款、普惠型小微企业贷款不良率高于自身各项贷款不良率3个百分点以内的，可不作为监管部门监管评级和银行内部考核评价的扣分因素。二是对符合条件的普惠金融贷款（农户贷款、小微企业贷款）适用较低的风险权重，降低普惠金融贷款业务的资本占用。三是对金融机构创新涉农业务产品以及在服务薄弱地区设立机构网点，开辟准入绿色通道。

三、加强监督考核

将普惠金融服务情况纳入监管评价体系，对大中型商业银行普惠金融事业部经营情况进行差异化监测和考核，重点关注基础金融服务、信贷投放以及服务的覆盖率、可得性、满意度等。对涉农、小微企业贷款设定考核目标。围绕小微企业、农户等普惠金融重点客户设定增速、户数等监管考核目标。督导金融机构改进内部考核激励机制，完善授信尽职免责制度和容错纠错机制。

第五节　改革试点政策

中国幅员辽阔，地域差异很大，各地普惠金融发展面临的重点和难点有所不同。为探索普惠金融发展的多种路径和模式，中央政府选择部分地区开展普惠金融改革试点，为全国普惠金融发展积累可复制可推广的经验。人民银行、银保监会、农业农村部等部门结合自身的职责和工作重点在部分地区、领域开展试点工作。第八章对相关工作具体情况进行了总结。

第四章　中国普惠金融组织体系

中国的普惠金融服务体系有三个特征：一是多层次，商业性金融、开发性金融、政策性金融、合作性金融分工合作。全国性、区域性金融机构和金融市场错位发展。二是多元化，银行、保险公司、证券公司、小贷公司、融资担保公司、金融科技公司等传统金融机构和新兴业态相互补充。三是广覆盖，普惠金融服务主体通过机构网点、自助机具、代理商、互联网等多种形式使服务触达最广泛的群体。

普惠金融实践之初，小额贷款是普惠金融服务的主要形式，农村信用社和一些非政府组织是主要提供者。在普惠金融政策的引导下，适应“三农”、小微企业等主体的发展需求，农村信用社以外的银行业金融机构，保险公司、融资担保公司等非银行机构，小额贷款公司、金融科技公司等新型组织相继进入普惠金融服务领域，不同类型机构发挥各自优势，分工合作，相互补充，努力提升服务覆盖面和便利性。

银行业机构是普惠金融服务的主体。开发性金融机构、政策性银行、商业银行根据各自的职责和定位，为普惠金融服务对象提供差异化的信贷产品和服务。保险业机构是普惠金融服务体系的重要组成部分，针对普惠金融服务对象需求提供农业保险、人身保险、健康保险、小额信用保证保险等多种保险产品。资本市场服务机构为企业上市、发行债券等直接融资提供服务。小额贷款公司以更灵活的方式提供贷款服务。融资担保公司为融资主体贷款、发行债券等提供增信服务。随着互联网技术的发展，一些金融科技平台和公司依托大数据、云计算等新技术，推动支付、融资、保险等金融服务更加便利，覆盖面更广泛。

第一节　银行业机构

一、中小银行机构

（一）农村信用社（含农村商业银行）

农村信用社是农村信用合作社的简称，在中国已经有近70年的历史。虽然农村信用社的经营模式和管理体制经历过多次变动，对于它是不是“合作制”也有争议[①]，但农村信用社一直是中国农村地区最主要的金融服务提供者。2002年末，全国有农村信用社法人机构2453家，发放的农业贷款余额为5579亿元人民币，占金融机构全部农业贷款余额的81%[②]。针对农村信用社发展中存在的产权关系不清晰、历史包袱沉重、资产质量差、潜在风险大等问题，2003年6月，中央政府对农村信用社产权制度和管理体制进行改革，允许建立股份制或股份合作制，把管理权交给地方政府，目标是把农村信用社逐步办成由农民、农村工商户和各类经济组织入股，为农民、农业和农村经济发展服务的社区性地方金融机构。此后，各地根据自身情况，对农村信用社进行了产权改革，截至2020年末，全国共有农村商业银行1539家，农村信用社641家，农村合作银行27家（见表4.1）。有12个省（直辖市）农村信用社已全部改制为农村商业银行。

农村信用社（农村商业银行）以服务“三农”和小微企业为主业，原则上机构不出县（区）、业务不跨县（区），专注服务本地，下沉服务重心，当年新增可贷资金主要用于当地，主要投向“三农”和小微企业，控

---

① 王曙光等：《普惠金融——中国农村金融重建中的制度创新与法律框架》，北京大学出版社，2013。

② 资料来源：《中国农村金融服务报告2008》。

制大额贷款投向和投放比例。截至2020年末，农村信用社（农村商业银行）发放的涉农贷款余额为11.24万亿元人民币，占全部涉农贷款余额的29%；发放的农户贷款余额为6.2万亿元人民币，占全部农户贷款余额的52%①。

表4.1　2020年农村中小银行机构从业人员、法人机构和营业性网点情况

机构类型	从业人员数（人）	法人机构数（个）	营业性网点（个）
农村信用社	165368	641	14138
农村商业银行	695430	1539	60256
农村合作银行	8320	27	771
村镇银行	107879	1637	4847
合计	976997	3844	80012

注：从业人员是指在岗人员数；机构数是指法人机构数，不统计非法人机构数。

数据来源：中国银保监会，转引自《中国农村金融服务报告2020》。

（二）村镇银行

村镇银行是经金融监管部门批准、在县域及以下地区设立、主要服务“三农”和小微企业的银行业金融机构。为解决农村地区银行业金融机构网点覆盖率低、金融供给不足、竞争不充分等问题，2007年开始鼓励各类资本到农村地区新设主要为当地农户提供金融服务的村镇银行。村镇银行由境内外银行业金融机构发起设立，吸收境内非金融机构企业法人、境内自然人出资，主要为当地农民、农业和农村经济发展提供金融服务。

村镇银行有以下特点：一是准入门槛低。在县（市）设立的村镇银行，注册资本不低于300万元人民币。在乡（镇）设立的村镇银行，注册资本不低于100万元人民币。而设立农村商业银行、城市商业银行的最低注册资本要求分别为5000万元、1亿元人民币。二是股权结构有明确要求。村镇银行最大股东或唯一股东必须是银行业金融机构。最大银行业金

① 资料来源：《中国农村金融服务报告2020》。

融机构股东持股比例不得低于村镇银行股本总额的20%（2012年调整为15%），单个自然人股东及关联方持股比例不得超过村镇银行股本总额的10%，单一非银行金融机构或单一非金融机构企业法人及其关联方持股比例不得超过村镇银行股本总额的10%。三是经营地域严格限制。村镇银行原则上在注册地所在的县（市、旗、区）域内经营。为平衡金融服务覆盖和机构商业可持续问题，2018年实施了“多县一行”政策，在中西部和老少边穷地区经济总量小、人口少、村镇银行可持续发展基础薄弱的相关区域，可在同一省内相邻的多个县（市、旗）中，选择1个县（市、旗）设立1家村镇银行，并在其邻近的县（市、旗）设立支行。四是允许村镇银行根据自身组织形式、发展战略、资产规模、业务复杂程度及社区性银行特点，建立差异化的公司治理结构。

2007年3月，第一家村镇银行在四川成立。2007年12月，第一家由外资银行发起设立的村镇银行——汇丰村镇银行在湖北设立[①]。截至2020年末，全国共组建村镇银行1637家，覆盖了全国70%的县域。其中，中西部地区村镇银行1089家，中西部占比为66%（见图4.1）。村镇银行90%以上贷款投向县域农户和小微企业。

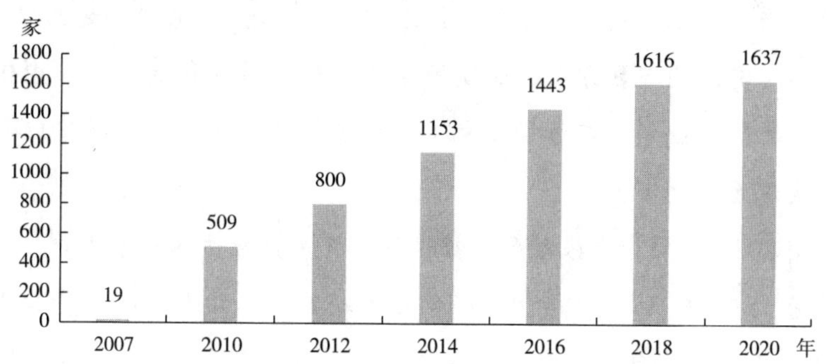

图4.1　2007—2020年中国村镇银行发展情况

（资料来源：《中国农村金融服务报告2020》）

① 《中国农村金融服务报告2016》显示，截至2016年末，有5家外资银行在华共设立了33家村镇银行，地域覆盖北京、河南、湖北、重庆等10个省市。

专栏 4.1

中银富登村镇银行①

中银富登村镇银行是全国机构最多的村镇银行集团。自 2011 年起，中国银行与新加坡淡马锡旗下富登金控合作，在全国批量发起设立村镇银行。中银富登通过批量化、标准化发起设立法人机构，实现规模经济效应，进而降低单位管理成本、科技系统成本和产品研发成本。同时，中银富登还实施集中管控，在政策框架、产品研发、系统平台等方面推进集约化，不仅降低了单位运营成本，而且有效控制了运营风险，增强了协同效应。目前，中银富登村镇银行设立法人机构 126 家，地区分布以中西部金融服务空白或薄弱县域为主。在乡镇设立支行网点 190 多家，形成了覆盖全国 22 个省（市）县域农村的金融服务网络。

中银富登坚守“扎根县域 支农支小”战略定位，专注于服务县域小微企业和“三农”客户。只做存、贷、汇等基本业务，考虑到小微企业和“三农”客户普遍缺乏合格抵押物，且信用信息相对缺失，中银富登创新推出 16 大类、70 多个子类的小微及涉农系列产品，接受包括农村集体土地上的房产、大棚、猪舍、鸡舍等作为“准抵押物”。此外，还为“三农”客户提供了灵活的还款方式、简便的年审流程和差异化的定价。中银富登借鉴国际先进同业的小额信贷技术，设计专门的信贷流程，并借助科技系统全部实现无纸化审批。

截至 2021 年末，中银富登村镇银行存款客户数达 380 余万户、贷款客户数约为 45 万户，户均贷款约为 16 万元。其中，涉农及小微贷款占全部贷款的 90% 以上。自成立以来，累计发放贷款约 2500 亿元，共为超过 70 万客户提供了贷款服务。

---

① 资料来源：中银富登银行网站。

二、大型银行机构

（一）政策性、开发性银行

1994年成立的国家开发银行和中国农业发展银行都是政策性银行。其中国家开发银行主要通过开展中长期信贷与投资等金融业务，为国民经济重大中长期发展战略服务。2015年，国家明确国家开发银行的开发性金融机构的功能定位，主要从事开发性业务，如新型城镇化、保障性安居工程等。在普惠金融领域，国家开发银行发挥中长期投融资优势，支持农村基础设施建设、农房建设、农业产业化龙头企业发展。自2004年起，开办国家助学贷款业务。截至2020年末，国家开发银行累计发放助学贷款2292亿元，覆盖全国27个省（市），2384个县（区），支持家庭经济困难学生1476万人①。截至2021年末，国家开发银行资产总额为171679.41亿元，是世界范围内最大的开发性金融机构。

中国农业发展银行的主要任务是支持农业发展和农村建设。农业发展银行的业务最初主要是发放粮棉油收购贷款，后逐步拓展到为农业产业化经营和农业农村基础设施建设提供中长期信贷支持。2014年以来，农业发展银行的业务进一步聚焦“三农”重点领域、薄弱环节和贫困地区。截至2021年末，中国农业发展银行资产总额为79833.41亿元。2021年，中国农业发展银行普惠小微贷款余额为253.98亿元，较年初增加61.74亿元，增幅为32.12%。有贷款余额的户数为12019户，较年初增加4541户。2021年，各省级分行涉农普惠小微贷款平均利率为3.50%②。

2016年，国家开发银行、农业发展银行设立扶贫金融事业部，专门从事扶贫开发业务，专项管理，单独核算。在服务领域上，国家开发银行重点

---

① 资料来源：国家开发银行网站。

② 资料来源：中国农业发展银行网站。

支持教育医疗以及交通、水利、电力、农村危旧房改造和人居环境整治等贫困地区基础设施建设。农业发展银行突出支持贫困地区粮棉油收储、农业产业化经营和特色产业发展。2016—2020 年，国开行累计发放精准扶贫贷款 1.18 万亿元，农业发展银行累计发放扶贫贷款 2.32 万亿元人民币[①]。

（二）商业银行

1. 中国农业银行

中国农业银行成立于 1955 年，主要服务农业农村建设。20 世纪 70 年代末以来，农业银行相继经历了国家专业银行、国有独资商业银行和国有控股商业银行等不同发展阶段。2009 年 1 月，整体改制为股份有限公司。2010 年 7 月，分别在上海证券交易所和香港联合交易所挂牌上市。农业银行是中国主要的综合性金融服务提供商之一，在 2021 年英国《银行家》杂志全球银行 1000 强排名中，以一级资本计，农业银行位列第三。

为探索大型商业银行服务“三农”有效模式，实现面向“三农”与商业运作的有机结合，农业银行从 2008 年起启动实施了“三农”金融事业部改革。“三农”金融事业部对县域支行实行“六个单独”（单独的资本管理、信贷管理、会计核算、风险拨备与核销、资金平衡、绩效考评）的运行机制，并给予财税优惠、差别化存款准备金率和监管费减免等扶持政策[②]。2015 年，农业银行全部县域支行都纳入“三农”金融事业部管理。农业银行依托“三农”金融事业部，单独安排“三农”和县域业务信贷计划、经济资本、财务费用、固定资产指标、人员工资等，对重点领域配置战略资源，优先保障服务“三农”需要。截至 2020 年末，农业银行县域网点达 12545 个，覆盖全国所有县域。图 4.2 列示了 2008—2020 年部分年

---

① 国家开发银行网站，农业发展银行 2020 年年报。

② 人民银行自 2011 年起对农业银行县事业部进行考核，对达标的县事业部执行比农业银行低 2 个百分点的优惠存款准备金率；县事业部发放的农户贷款、农村企业和农村各类组织贷款取得的利息收入在“营改增”前减按 3% 的税率征收营业税，“营改增”后减按 3% 的税率计算缴纳增值税；监管费比照农村信用社的标准免收业务监管费和机构监管费。

份中国农业银行县域金融业务开展情况。

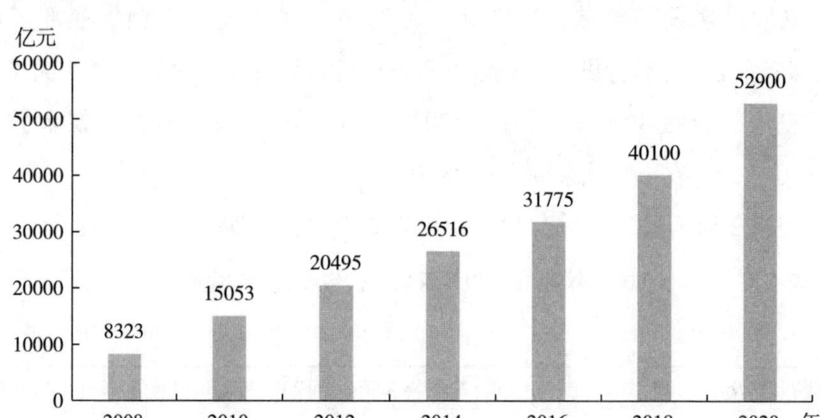

图 4.2　2008—2020 年部分年份中国农业银行县域贷款余额

（资料来源：历年《中国农村金融服务报告》）

2. 中国邮政储蓄银行

2003 年，邮政储蓄资金实现自主运用，邮政储蓄通过优先为农村信用联社等地方性金融机构提供资金支持的方式，将资金返还农村使用。2007 年，邮政储蓄管理体制改革，中国邮政集团以全额出资成立中国邮政储蓄银行，探索按照商业化原则服务农村的有效形式。2012 年，邮储银行改制为股份有限公司，先后于 2016 年 9 月和 2019 年 12 月在香港联合交易所和上海证券交易所挂牌上市。邮储银行定位于服务“三农”、城乡居民和中小企业，拥有近 4 万个营业网点。

邮储银行坚持“支农支小”定位，发展小额贷款和县域小微企业贷款。2007 年开始试点小额贷款业务，截至 2012 年末，累计发放小额贷款 6518.88 亿元，笔均 5.17 万元，其中 71% 投向县及县以下农村地区。累计发放小企业贷款 6770.88 亿元，笔均 36.15 万元①。2106 年，邮储银行开

① 资料来源：《中国农村金融服务报告 2012》。

展“三农”金融事业部试点，加大力度服务农业产业化、农业农村基础设施、新农村建设等领域。2020 年，邮储银行“三农”金融事业部形成“三部六中心”[①] 运行机制。对涉农和扶贫贷款设置专项信贷额度，优先保障“三农”金融业务发展。截至 2020 年末，邮储银行涉农贷款余额为 1.41 万亿元，农户贷款余额为 1.08 万亿元。

表 4.2 列示了 2012—2020 年大型涉农金融机构涉农贷款余额。

表 4.2　　2012—2020 年大型涉农金融机构涉农贷款余额

单位：万亿元

机构名称	2012 年	2013 年	2014 年	2015 年	2016 年	2017 年	2018 年	2019 年	2020 年
农业银行	1.91	2.14	2.38	2.58	2.75	3.08	3.37	3.75	4.29
邮储银行	—	0.39	0.59	0.75	0.91	1.05	1.20	1.26	1.41
农业发展银行	2.15	2.47	2.74	3.39	4.01	4.54	4.83	—	—
国家开发银行	0.77	0.88	1.00	1.10	1.26	1.56	1.69	—	—

资料来源：《中国农村金融服务报告 2018》《中国农村金融服务报告 2020》。

3. 其他银行

为进一步弥补金融服务短板，增加普惠金融供给，2017 年开始，监管部门推动大中型商业银行建立普惠金融事业部，健全普惠金融专业化服务体系，提高普惠金融服务能力。普惠金融事业部特点主要体现在“条线化”（垂直）管理体制和“五专”经营机制。

“条线化”管理体制要求相关银行从总行到分支机构、自上而下搭建普惠金融垂直管理体系，总行设立普惠金融事业部，分支机构科学合理设置普惠金融事业部的前台业务部门和专业化的经营机构，下沉业务重心，下放审批权限，以便更好地服务普惠金融客户。

按照商业可持续原则，普惠金融事业部实现“五专”经营机制：一是建

① “三农”金融事业部总部内设政策与创新部、经营发展部、业务管理部，在相应职能部门成立“三农”风险管理中心、“三农”资产负债管理中心、“三农”财务管理中心、“三农”人力资源管理中心、三农”公司业务中心、三农”授信管理中心六个中心。

立专门的综合服务机制，拓展普惠金融服务的广度和深度，开发多元化、全方位金融服务。制定专门的信贷管理政策，建立专项信贷评审机制。二是建立专门的统计核算机制，真实反映普惠金融事业部的成本、收益和风险状况。三是建立专门的风险管理机制，足额计提减值准备金，覆盖资产减值风险。对普惠金融业务确定合理的风险容忍度，落实授信尽职免责制度。四是建立专门的资源配置机制，专门下达信贷、经济资本、费用、固定资产、用工等资源计划，为普惠金融服务提供强有力的资源保障。五是建立专门的考核评价机制，逐步建立符合普惠金融业务特点的专项绩效考核制度，完善差异化考核指标体系，构建有效的绩效薪酬管理和激励约束机制。

《中国农村金融服务报告 2020》显示，截至 2020 年末，全国 5 家大型商业银行[①]均已设立普惠金融事业部。12 家股份制银行均已设立普惠金融事业部或专司普惠金融的业务部门。全国 133 家城市商业银行中，有 45 家设立了普惠金融事业部，聚焦小微企业、“三农”、创业创新群体和脱贫攻坚等服务领域；4 家设立了“三农”金融事业部，专门聚焦“三农”金融服务。

第二节　保险机构

截至 2021 年末，全国有保险机构 235 家。其中，保险集团/控股公司 13 家，财产险公司 88 家，人身险公司 91 家，再保险公司 7 家，保险资产管理公司 33 家，保险互助社 3 家[②]。

在农业保险方面，自 2007 年开展农业政策性保险以来，在相关政策的引导鼓励下，保险机构参与农业保险的积极不断提高。截至 2018 年末，全国共有 33 家保险机构开展农业保险业务，其中既有综合性保险公司，又有专业性农业保险公司、相互制保险公司和农业互助合作保险组织。多数省

① 5 家大型银行包括：中国工商银行、中国农业银行、中国银行、中国建设银行、交通银行。

② 资料来源：中国保险行业协会。

份已有 3 家以上的经营主体，初步形成适度竞争的市场体系。

保险业积极拓展县域保险市场，开展小额人身保险、小额信用保证保险等，将保险服务不断向偏远地区延伸，服务对象向低收入群体拓展，不断扩大保险覆盖面。保险机构加快涉农服务网点建设。如中国人民保险公司在总公司、省、地市、县四级机构成立“三农”保险部，在中心乡镇设立农村营销服务部，在有条件的行政村设立村级“三农”保险服务点，实现服务触角的村级延伸。农村地区初步形成县支公司、乡镇营销服务部或乡镇代办点、驻村业务员（驻村工作室）的三级农村保险网络，将保险服务触角延伸至农民家门口。截至 2018 年末，农村保险服务网点乡镇覆盖率达 95%，村级覆盖率超过 50%①。

实行脱贫攻坚战略以来，保险机构加大对贫困地区的资源投入，2015—2019 年，扶贫类农业保险保额从 18. 63 亿元增加到 1. 13 万亿元；参保贫困户从 2015 年的 40. 57 万户次，增加到 2019 年的 443. 28 万户次②。

第三节　资本市场及服务机构

中国资本市场创立于 20 世纪 90 年代初期，1990 年相继在上海和深圳成立证券交易所。经过 30 多年的发展，已经初步建立起了由沪深主板、科创板、创业板、北京证券交易所、新三板和区域性股权交易市场共同组成的多层次资本市场体系。

一、证券交易市场

（一）上海证券交易所

上海证券交易所于 1990 年 12 月开业，目前拥有股票、债券、基金、

① 资料来源：《中国农村金融服务报告 2018》。

② 资料来源：中国保险行业协会。

衍生品四大类证券交易品种，市场结构较为完整。2019 年 6 月，上交所设立科创板并试点注册制。科创板定位于面向世界科技前沿、面向国家重大需求，主要服务符合国家战略、突破关键核心技术、市场认可度高的科技创新企业，加速科技成果向现实生产力转化。截至 2021 年末，上交所上市公司 2037 家，总市值为 51 万亿元。其中，科创板上市公司 372 家，市值为 5.5 万亿元；债券市场挂牌 24058 只，挂牌面值 15.3 万亿元①。

（二）深圳证券交易所

深圳证券交易所于 1990 年 12 月开业。2009 年 10 月，深交所设立创业板。深交所主板定位于支持相对成熟的企业融资发展、做优做强；创业板主要服务于成长型创新创业企业。主板企业利润规模普遍较高，股票竞价交易涨跌幅限制比例为 10%，不设投资者适当性门槛。创业板以处于相对快速成长阶段的企业为主，发行上市条件更加多元，设有 10 万元资产的投资者适当性门槛，股票竞价交易涨跌幅限制比例放宽为 20%。截至 2021 年末，深交所共有上市公司 2578 家，总市值约为 40 万亿元；挂牌债券 9853 只，挂牌面值为 2.9 万亿元②。

专栏 4.2

设立科创板便利创新企业融资

科技创新往往具有更新快、培育慢、风险高的特点，尤其需要风险资本和资本市场的支持。2019 年 6 月，上海证券交易所设立科创板，鼓励处于发展期到成熟期各阶段的优质科创企业上市。与主板市场相比，科创板

① 资料来源：上海证券交易所网站。
② 资料来源：深圳证券交易所网站。

有以下特点：

一是上市条件包容多元。科创板制定5套差异化上市标准，综合考虑预计市值、收入、净利润、研发投入、现金流等因素，设置多元包容的上市条件。科创板更加注重企业科技创新能力，允许符合科创板定位、尚未盈利或存在累计未弥补亏损的企业在科创板上市。有利于高成长性的科创型企业可以在初创期、成长期实现融资，以增强企业的科技创新能力和综合实力。

二是实行注册制。科创板借鉴境外成熟市场的有关做法，以注册条件优化、精简为底线性、原则性要求，实现了审核标准、审核程序和问询回复的全过程公开，体现了注册制以信息披露为核心，让投资者进行价值判断的基本特征与总体方向。股票发行的价格、规模、节奏主要通过市场化的方式，由发行人、保荐人、承销商、机构投资者等市场参与主体通过询价、定价、配售等市场机制加以确定，监管部门不设任何行政性限制。

三是设置较高的投资者适当性要求。相较于其他板块，科创板的市场机制更为复杂、市场风险更高，对投资者的风险识别能力和风险承受能力有着更高的要求。针对创新企业的特点，在资产、投资经验、风险承受能力等方面实施投资者适当性管理制度，个人投资者在申请开通科创板股票交易权限时，除了开通前20个交易日证券账户及资金账户内的资产日均不低于50万元，还应当具备24个月以上的股票交易经验。对于暂未达到前述要求的个人投资者，可以通过购买公募基金份额等方式间接参与科创板。

四是更加市场化的交易制度。基于科创板上市公司特点和投资者适当性要求，科创板建立了更加市场化的交易机制。如在新股上市前5个交易日不设涨跌幅限制，此后涨跌幅限制设定为20%。在竞价交易的基础上，条件成熟时引入做市商制度。

截至2021年末，科创板有上市公司372家，市值为5.5万亿元。科创板上市公司集中于集成电路、生物医药、新能源等高新技术产业和战略性新兴产业。2021 年，科创板公司全年合计新增发明专利 7800 余项，平均每家公司拥有发明专利数达到 108 项。

（三）全国中小企业股份转让系统

全国中小企业股份转让系统（也称新三板）是继上交所、深交所之后第三家全国性证券交易场所，2013 年 1 月正式运营。

全国中小企业股份转让系统主要为创新型、创业型、成长型中小企业发展服务，符合条件的股份公司均可通过主办券商申请挂牌，公开转让股份，进行股权融资、债权融资、资产重组等。全国股份转让系统与证券交易所的主要区别在于：一是服务对象不同。全国股份转让系统的定位主要是为创新型、创业型、成长型中小微企业发展服务。这类企业普遍规模较小，尚未形成稳定的盈利模式。在准入条件上，不设财务门槛，申请挂牌的公司可以尚未盈利，股权结构清晰、经营合法规范、公司治理健全、业务明确并履行信息披露义务的股份公司均可以经主办券商推荐申请在全国股份转让系统挂牌。二是投资者群体不同。全国股份转让系统实行了较为严格的投资者适当性制度，是一个以机构投资者为主的市场。三是全国股份转让系统是中小微企业与产业资本的服务媒介，主要是为企业发展、资本投入与退出服务，不是以交易为主要目的。

全国中小企业股份转让系统由于准入端的包容度高，挂牌公司不仅在发展阶段、业务规模、盈利能力等方面存在较大差异，而且在行业特征、企业管理、发展潜力等方面也有很大差别。为有利于投融资的精准对接，实行分层管理，在交易制度、发行制度、信息披露的要求等方面，进行差异化的制度安排。新三板挂牌的公司，划分为基础层和创新层两个层级，符合不同标准的挂牌公司分别纳入不同的层级管理。据中国证监会统计，截至 2019 年 9 月末，累计有 13219 家企业在新三板挂牌，其中中小企业占94%，民营企业占93%，6388家挂牌公司发行股票10516次，融资4911.39亿元。

为提高资本市场服务中小企业和民营经济能力，2019年10月，中国证监会正式启动全面深化新三板改革。一是优化发行融资制度，按照挂牌公司不同发展阶段需求，构建多元化发行机制，改进原有定向发行制度，允许符合条件的创新层企业向不特定合格投资者公开发行股票。二是完善市场分层，设立精选层，配套形成交易、投资者适当性、信息披露、监督管理等差异化制度体系，引入公募基金等长期资金。三是建立挂牌公司转板上市机制，在精选层挂牌一定期限，且符合交易所上市条件和相关规定的企业，可以直接转板上市。四是加强监督管理，实施分类监管，研究提高违法成本，切实提升挂牌公司质量。五是健全市场退出机制，完善摘牌制度，推动市场出清，促进形成良性的市场进退生态，切实保护投资者合法权益。

2020年7月27日，精选层正式设立并开市交易。全国中小企业股份转让系统网站数据显示，截至2020年末，新三板存量挂牌公司8187家，中小企业占94%，总市值为2.65万亿元。

（四）北京证券交易所

为更好支持中小企业创新发展，2021年9月，以现有的新三板精选层为基础组建北京证券交易所，总体平移精选层各项基础制度，并同步试点证券发行注册制。为实现与沪深交易所错位发展，北京证券交易所聚焦服务创新型中小企业，一是市场功能方面，服务对象更早、更小、更新；二是在制度安排方面，制定契合中小企业的制度，坚持向沪深交易所的转板机制；三是在市场运行方面，以合格投资者为主，投资者结构与沪深交易所有差异。

北京证券交易所的发展目标，一是构建一套契合创新型中小企业特点的涵盖发行上市、交易、退市、持续监管、投资者适当性管理等的基础制度安排，提升多层次资本市场发展普惠金融的能力。二是畅通北京证券交易所在多层次资本市场的纽带作用，形成相互补充、相互促进的中小企业直接融资成长路径。三是培育一批优秀的创新型中小企业。据北京证券交易所统计，截至2021年末，北京证券交易所上市公司有162家，总市值为2723亿元。

（五）区域性股权市场

区域性股权市场是近十年发展起来的新兴市场。区域性股权市场为非公开发行证券的发行、转让提供场所和设施，是服务于所在省级行政区域内中小微企业的私募股权市场。区域性股权市场由所在地省级人民政府按规定实施监管，并承担相应风险处置责任。截至2021年末，全国共设立区域性股权市场运营机构35家，基本形成"一省一市场"的格局。

区域性股权市场积极发挥地方资本市场枢纽平台作用，探索服务中小微企业的金融支持路径，通过设立科技创新专板、人才板、乡村振兴板等特色板块，促进金融支持创新体系的资源要素集聚。区域性股权市场与各金融机构、市场中介合作，为中小微企业提供股权、债权、信贷等多样化的融资工具。截至2021年末，区域性股权市场累计实现各类融资16664.63亿元，其中，股权融资3674.39亿元，债券融资4420.31亿元，股权质押融资5951.80亿元，其他融资2589.07亿元[①]。截至2021年末，区域性股权市场共服务中小微企业18.68万家。累计转板沪深交易所上市的有97家，转到新三板挂牌的738家，被上市公司和新三板挂牌公司收购64家[②]。

二、债券市场

中国债券市场是全球第二大债券市场，包括场外市场和场内市场。银

---

① 赵洋：《挂牌公司近4万家 区域性股权市场迈上稳健发展之路》，《金融时报》2022年2月10日。

② 王建平，陈柏峰：《区域性股权市场创新发展》，《中国金融》2022年第4期，第43-46页。

行间债券市场是债券交易规模最大的场外市场，也是中国债券市场的主体，商业银行等金融机构是主要参与者。该市场属于大宗交易市场，采用双边谈判成交模式，逐笔结算。交易所市场是债券交易的场内市场，市场参与者既有机构投资者也有个人投资者，属于批发和零售混合型的市场。该市场属于集中撮合交易的零售市场，实行净额结算。

中国债券市场基础产品种类主要包括政府债券、金融债券、公司信用类债券和资产支持类证券。债券市场服务普惠金融的路径：一是通过产品创新拓宽中小微企业直接融资渠道。如银行间债券市场推出“双创”专项债务融资工具、创投企业债务融资工具、资产支持票据等多个专门针对中小微企业融资需求的产品。二是支持商业银行发行专项金融债，募集资金专项用于普惠金融领域，如“三农”专项债、小微企业贷款。支持商业银行发行微小企业贷款资产支持证券，盘活普惠金融资金来源。

三、期货市场

期货市场的价格发现和风险分散功能，能够帮助农业产业链参与者增强风险管理能力，规避自然灾害和市场波动对生产和收入的不利影响。期货市场与保险、信贷等金融服务协调配合，为普惠金融服务对象提供更全面的金融解决方案。截至 2020 年末，已上市 28 个农产品期货和 6 个农产品期权品种，覆盖了粮、棉、油、糖、副、林等主要大宗农产品领域①。

四、资本市场服务机构

截至 2021 年末，全国有证券公司 140 家，其中外资参股、控股 17 家。在沪深交易所上市的证券公司有 41 家。证券公司总资产为 10. 59 万亿元，

---

① 资料来源：《中国农村金融服务报告 2020》。

国内证券公司资产管理总规模为7.69万亿元。[①]

截至2021年12月末，中国境内共有基金管理公司137家。其中，外商投资基金管理公司45家，内资基金管理公司92家；取得公募基金管理资格的证券公司或证券公司资产管理子公司12家、保险资产管理公司2家。以上机构管理的公募基金资产净值合计为25.56万亿元[②]。截至2021年末，全国有5家期货交易所，150家期货公司。2021年，中国期货市场成交75.14亿手和581.2万亿元[③]。

第四节　其他金融组织

一、小额贷款公司

为引导资金流向农村和欠发达地区，改善农村地区金融服务，2005年，监管部门开始探索发展贴近农民和农村需要、由自然人或企业发起的小额贷款组织的试点工作。山西、内蒙古、四川、陕西和贵州5个省（自治区）设立了第一批小额贷款公司。2008年，试点范围扩大至全国，小额贷款公司出现了较快的发展，2015年达到顶峰（见图4.3）。

小额贷款公司是由自然人、企业法人与其他社会组织投资设立，不吸收公众存款，经营小额贷款业务的有限责任公司或股份有限公司。省级人民政府负责对辖内小额贷款公司进行审批、监管和风险处置。小额贷款公司原则上应当在公司住所所属县级行政区域内开展业务。对于经营管理较好、风控能力较强、监管评价良好的小额贷款公司，经地方金融监管部门同意，可以放宽经营区域限制，但不得超出公司住所所属省级行政区域。

---

① 资料来源：《中国证券业发展报告2022》。

② 资料来源：中国证券投资基金业协会。

③ 资料来源：中国期货业协会。

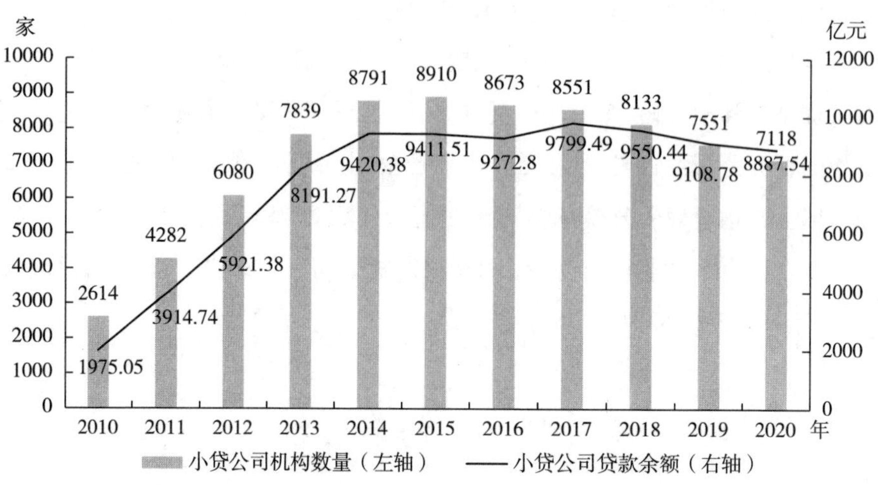

图 4.3　2010—2020 年全国小贷公司机构数量和贷款余额

（数据来源：中国人民银行网站）

小额贷款公司的主要资金来源为股东缴纳的资本金、捐赠资金，经营管理较好、风控能力较强、监管评价良好的小额贷款公司，经地方金融监管部门批准可通过发行债券、资产证券化、银行借款、股东借款等形式适度对外融资①。

小额贷款公司按照市场化原则进行经营，贷款利率上限放开，但不得超过司法部门规定的上限。为引导小额贷款公司践行普惠金融理念，监管规则要求小额贷款公司发放贷款应当遵循小额、分散的原则，根据借款人收入水平、总体负债、资产状况、实际需求等因素，合理确定贷款金额和期限，使借款人还款额不超过其还款能力。小额贷款公司对同一借款人的贷款余额不得超过小额贷款公司净资产的 10%；对同一借款人及其关联方

① 根据《中国银保监会办公厅关于加强小额贷款公司监督管理的通知》（银保监办发〔2020〕86 号），小额贷款公司通过银行借款、股东借款等非标准化融资形式融入资金的余额不得超过其净资产的 1 倍；通过发行债券、资产证券化产品等标准化债权类资产形式融入资金的余额不得超过其净资产的 4 倍。

的贷款余额不得超过小额贷款公司净资产的15%。小额贷款公司应当与借款人明确约定贷款用途，并且按照合同约定监控贷款用途，不得用于股票、金融衍生品等投资，不得用于房地产市场违规融资等。

小额贷款公司投资主体具有多元化特点，外资、国有企业、民营资本都参与其中。从组织形式看，多数小额贷款公司采取的是单独经营模式，一些股东实力较强的小额贷款公司采用连锁经营模式。

一些由 NGO 牵头的小额信贷项目也转型为有业务资质的小额贷款公司。如始于1996 年爱德基金会资助的盐池小额信贷项目于2008 年吸收私人资本，建立了“宁夏东方惠民小额贷款公司”，该公司成为中国第一家转制为小额贷款公司的公益性小额信贷机构。2008 年末，扶贫基金会在世界银行集团下属的国际金融公司的技术援助下，以其小额信贷部为基础，注册成立了“中和农信项目管理有限公司”，授权它管理基金会的小额信贷机构。自 2009 年起，中和农信公司开始独立经营，独立核算，成为全国规模最大的公益性小额信贷机构。2015 年，中和农信开始独资设立小额贷款公司，从而解决了小额信贷业务资质问题。中和农信的客户遍布在全国20 个省的 10 万多个村庄内，77.56%是农户，有 72.25%是女性客户，有18.61%是少数民族，分布在 48 个少数民族中，45 岁以上的客户占37.56%，初中及以下文化水平的客户占 79.80%①。

专栏4.3

外资小额贷款公司在中国

自 2005 年中国开展小额贷款公司试点以来，一些看好中国市场的外资陆续投资设立小额贷款公司。美兴小贷的大股东法国美兴集团、富登小贷

① 中和农信网站，https：//www.chongho.net/。

所属的新加坡淡马锡公司、亚联财小贷的母公司香港亚洲联合财务有限公司等在小额贷款领域都有着丰富的业务经验。

成立于2007年9月的南充美兴小额贷款有限责任公司（总部位于南充市）是中国第一家外资小贷公司。2010年11月，投资方又设立了美兴小额贷款（四川）有限责任公司（总部位于成都市）。两家公司旗下设立52家营业网点，业务范围覆盖四川省15个地级市。美兴小贷的产品包括对个人的消费性贷款（贷款金额为1万~10万元，期限为3~24个月，年化利率10.2%起）和对中小微企业及个体工商户的经营性贷款（贷款金额为5000~150万元，期限为3~24个月，年化利率15.96%起），贷款方式可以是信用贷款、担保贷款或抵押贷款。

亚洲联合财务是香港最大的独立消费金融公司。亚洲联合财务自2007年起在中国境内投资设立专业小额贷款服务机构——亚联财小额贷款。目前是中国最大的外资小额贷款公司，拥有全国性的业务布局，在国内15个省市设有分支机构。

新加坡淡马锡控股公司旗下的富登金融控股私人有限公司于2008年9月在四川成都成立第一家独立法人机构，后相继在重庆、湖北、云南等中国西部地区设立了超过30家分支机构，积极探索“淡马锡微贷模式”本土化，专注于服务年营业额在人民币7000万元以下的小微企业和个体工商户。近年来，富登信贷增加了个人消费信贷的业务板块，并与大数据公司、金融科技公司合作，为消费者提供分期付款产品。

二、融资担保体系

我国的融资担保体系以政府性融资担保为主体，商业性担保和民间互助性担保为两翼，在全国、省、市、县分层组建。从组织形式和运作机制上看，可以分为担保公司、担保基金、互助担保、风险补偿基金、再担保机制等类型。

（一）担保公司

融资担保公司发展经历了国有专业担保公司为主体、民营融资担保公司占据主力、政府性融资担保公司回归主导地位三个阶段。

第一阶段（1993—2002年）：20世纪90年代初，中国民营经济快速发展，为缓解民营企业“融资难”，1999年开始逐步建立以国有专业担保机构为主体，中央、省、地方三层的中小企业信用担保体系。担保机构的服务对象为符合国家产业政策，有产品、有市场、有发展前景，有利于技术进步与创新的技术密集型和扩大城乡就业的劳动密集型各类中小企业。

第二阶段（2003—2012年）：2003年，随着《中华人民共和国中小企业促进法》的颁布实施，融资担保行业进入了高速发展阶段。受政府财力不足和国家鼓励民间投资政策等多因素影响，大批民营融资担保公司蓬勃发展，逐渐形成了以“市场化、盈利性”为方向，民营融资担保公司为主力军的格局。服务对象为抵押物不足但符合国家政策、经营状况及信用良好的小微企业和个人。2010年前后，一方面，受2008年国际金融危机影响，中国经济增速下行，企业经营环境恶化，导致融资担保公司代偿率骤增，风险逐渐累积；另一方面，地方政府普遍监管不足，融资担保公司运营不规范、违规操作、内部管理松弛等问题日渐突出。2011年下半年，民营融资担保公司风险集中爆发，商业银行纷纷退出与民营融资担保公司的业务合作。

第三阶段（2013年以后）：2015年，国家首次明确融资担保是普惠金融体系的重要组成部分，提出“尊重其准公共产品属性，政府给予大力扶持”。2017年，《融资担保公司管理条例》出台，将融资担保行业的发展方向调整为政府主导，明确提出“国家推动建立政府性融资担保体系，发展政府支持的融资担保公司”。政府性融资担保公司资金主要来源于地方财政资金，聚焦服务小微企业和“三农”主体，在放大倍数、担保费率、银担合作风险分担比例等方面有差异化要求。随着融资担保行业“支农支小”职能和准公共产品定位的明确和强化，政府性机构逐步成为行业主体。随着一部分机构退出融资担保业，监管部门对经营不善的机构持续进行清退，全行业法人机构数量从2012年最多时的8590家减少至2021年的4838家。国有控股融资担保机构行业占比从2012年的22.2%上升至55.4%。截至2021年末，融资担保直保余额为4.2万亿元，与2012年的1.8万亿元相比，增长了1.3倍。行业机构进一步聚焦普惠金融主业，小微业务占比为42.2%，涉农业务占比为13.3%①。

（二）担保基金

担保基金通常由地方政府发起，对中小微企业、“三农”、创业创新等融资提供政府增信。有些担保基金完全由政府出资，也有一些由政府与银行合作成立。浙江台州的小微企业信用保证基金是典型代表。

浙江台州的小微企业信用保证基金（以下简称基金）设立于2014年11月，是在学习台湾经验基础上，结合台州实际成立的中国境内首只小微企业信用保证基金。基金由政府出资和金融机构捐资组成，原则上按政府出资及银行捐资8:2的比例设置，初创设立规模为5亿元，到2020年已到位资金近10亿元。基金主要为台州市小微企业、企业股东、个体工商户及农户提供担保增信。

基金的担保方式以间接保证为主，即由合作银行推荐借款人向中心申请担保，中心审核同意后，银行发放贷款。合作银行家数由首期的7家扩展至28家，已涵盖了国有大型商业银行、全国股份制商业银行、城市商业银行、农村商业银行、村镇银行等各种银行类型。基金为小微企业提供的信用担保额度，单个企业最高不超过800万元，小微企业股东及个体工商户最高不超过300万元。担保费率为年化0.75%，远低于市场1.5%~3%

① 《十年沧桑话担保：有序　趋稳　向好——访中国融资担保业协会秘书长殷有祥》，《金融时报》2022年8月15日。

的费率，部分政策类专项产品免收保费。基金提供的担保无须抵押及第三方担保，且不收取保证金及其他任何费用，基金担保贷款的利率上浮不能超过同期央行基准利率的60%，大大减轻了小微企业的融资负担。若担保贷款出险，由基金和贷款银行按比例共同承担。浙江省再担保有限公司为符合要求的业务提供再担保。截至2019年6月末，台州信保基金在保余额为93.58亿元，基金的担保放大倍数达9.67倍，户均在保83.40万元，其中单户担保金额在500万元及以下的融资担保业务在保规模占比为90.91%、在保户数占比为98.9%。累计为受保客户节省保费约6.2亿元、降低贷款利息约10%①。目前，基金做法已复制推广到省内外7个地区。

（三）互助担保

互助担保通常由行业协会或村民组织的会员自愿发起，是以会员出资、服务会员为宗旨而组建起来的信用担保互助机构，在融资担保体系中发挥着补充作用。其资金主要来源为互助保证金，也有部分财政资金和社会捐赠。2012年前后，福建、浙江等地先后发展起村级互助担保组织，对缓解农户贷款难、担保难发挥了积极作用。如福建沙县的村级融资担保基金，农户按每户1万元或2万元加入基金，银行根据信用等级，按其出资额的2～5倍给予授信，最多可贷款10万元。县财政对村级融资担保基金提供资金扶持，每只担保基金成立时一次性注资10万元作为股本金，并引导乡（镇）、村财政注资和村民入股，推动基金扩容增量。截至2018年12月末，沙县已建立120只村级融资担保基金，占全县行政村的89.47%，加入基金农户共1661户，基金规模为3297万元，累计为7173户共6.82亿元贷款提供担保②。2014年，浙江省丽水市花桥村建立第一家村级担保组织"惠农担保合作社"，筹集80万元担保基金，与银行建立担保合作关

① 国家融资担保基金：《台州信用保证基金的做法及启示》，http：//www.ggrdjj.com。

② 课题组：《农村互助担保体系建设的地方实践与思考——基于福建沙县村级融资担保基金模式》，《福建金融》2019年第11期。

系，银行按最高不超过担保金的 10 倍向农户发放贷款。在村级互助担保模式下，办贷时间由普通贷款的 3 天缩短至 1 天；利率比信用贷款、普通担保贷款分别低 35%、30%。截至 2016 年 11 月末，丽水市已实现村级互助担保全覆盖，共组建村级互助担保组织 172 家，筹集担保基金 9982 万元，贷款余额为 3.99 亿元，累计发放 6.85 亿元，惠及农户 6173 户①。

（四）风险补偿基金

风险补偿基金是地方政府部门为支持特定产业、特定行业、特殊客户群体设立的一定额度的基金，用于补偿银行信贷损失，确保业务开展在商业方面的可持续，提升银行信贷投放的积极性，扶持符合政策导向的相关领域发展。其资金来源主要是政府财政出资，也存在与金融机构共同出资的情况。

风险补偿基金通常有两种模式：一是直接发放补偿给金融机构、担保机构和保险机构，以某类贷款（如小微、涉农、绿色、科技贷款）的信贷增量、担保余额、保证保险总额的一定比例进行补偿。二是风险补偿资金池模式，按信贷实际损失的一定比例进行补偿。

（五）再担保机构

北京中小企业融资再担保有限公司是全国首家省级面向中小企业的再担保机构，成立于 2008 年，按照“政策性引导、公司化管理、市场化运作”的原则组建和运行，公司资本金规模为 30.95 亿元。公司提供的再担保涵盖各类担保业务，既包括贷款担保，也包括集合债券担保、集合票据担保、集合信托担保等融资担保，还包括交易履约担保、诉讼保全担保及工程保证担保等非融资担保，能够有效满足不同发展阶段、不同类型的中小微企业和“三农”融资需求。截至 2021 年末，公司累计承保规模超过 5500 亿元，覆盖的中小微企业（农户）超过 13 万户次，累计为 21 家担保

① 孔凝：《互助担保盘活农村贷款》，《中国金融》2017 年第 5 期。

公司550余个代偿项目提供了超过11亿元的补偿[①]。为完善中小企业信用担保体系，各地相继建立再担保机构为政策性担保机构提供增信、分险服务。截至2020年末，全国共有融资再担保机构76家，融资再担保在保余额为5272亿元[②]。

国家层面，2018年设立国家融资担保基金，由中央财政发起，联合有意愿的金融机构共同出资成立。初期注册资本为661亿元，财政部持股比例为45.39%，20家银行、保险等机构持股54.61%。国家融资担保基金坚持政府性融资担保的准公共定位，按照“政策性导向、市场化运作、专业化管理”的运行模式，通过再担保分险、股权投资等形式支持各省（自治区、直辖市）开展融资担保业务，带动各方资金扶持小微企业、“三农”和创业创新。截至2021年末，该基金体系内市县级担保机构达1203家，覆盖2136个县区。融资担保基金累计完成再担保合作业务14631.53亿元，服务各类市场主体118.10万户。2021年支小支农再担保合作业务规模达7449.76亿元，单户500万元及以下支小支农业务规模达到4570.01亿元，规模占比分别为98.78%、60.59%[③]。

（六）全国农业信贷担保体系

基于传统农业补贴方式的效力减弱、农村金融供需失衡、传统金融机构支农动力不足等现实问题和需要，中央政府决定对财政支农方式进行改革和创新，由财政资金出资建立政策性农业信贷担保体系，并通过中央财政进行持续的担保费补助和代偿风险补助维持其政策性属性。

全国农业信贷担保体系由国家农业信贷担保联盟（以下简称国家农担公司）和省级农担公司（以下简称省级公司）组成。国家农业信贷担保联盟成立于2016年，它是全国农业信贷担保体系在国家层面的实体机构，由

① 资料来源：北京市中小企业融资再担保公司网站，https：//www. bjcrg. com。

② 胡萍：《遵循政策导向，再担保机构探索可持续发展》，《金融时报》2021年12月13日。

③ 资料来源：国家融资担保基金网站，http：//www. ggrdjj. com。

中央财政和全国省级农业融资担保机构出资，注册资本为150亿元，中央财政出资30亿元，其余由省级农业融资担保机构出资。国家农业信贷担保联盟主要为省级农业融资担保公司提供再担保、人员培训和经验交流等服务，不开展直接担保业务。省级层面，33家省级公司陆续成立，截至2020年末，共设立专职分支机构924家，同时与地方政府或其他金融机构合作设立660家业务网点，对全国县域业务覆盖率达到94%以上。全国农担体系资本金总额为794亿元。农担业务实行“双控”管理：一是将业务范围限定为农林牧渔生产、农田建设及与农业生产直接相关的产业融合发展等项目。二是限定单户在保余额不得超过1000万元，其中政策性业务占比不得低于70%，将政策性业务单户限额统一为“10万～300万元”。农担公司对农业适度规模经营主体的信贷担保业务占比不得低于总担保规模的70%。

通过降低担保费率和加强银担合作，农担项目综合融资成本基本控制在8%以下，较当地农村综合融资成本下降明显。银行简化贷款手续，缩短审批时间，农业获得银行贷款更容易、更便捷。2017—2020年，全国农担业务规模年均增长91%。截至2020年末，全国农担在保余额为2117.98亿元，放大倍数3.4倍，政策性职能逐步发挥。全国农担平均单笔金额为28.28万元，累计担保133.9万个，在保74.9万个，其中10万～300万元的政策性业务规模占比达90.9%。累计支持国家级、省级脱贫县63.6万个项目，担保金额为1354亿元①。

三、资金互助组织

2006年，为探索和完善财政扶贫资金使用管理新机制，缓解贫困户生产发展资金缺乏、贷款难问题，国务院扶贫办和财政部联合开展了“贫困

① 财政部：《中央财政支持全国农业信贷担保体系发展取得积极成效》。

村互助资金试点”（以下简称互助资金）。中央财政扶贫资金为每个试点村安排15万元，吸收捐赠资金和农民互助资金，建立扶贫互助社，按照“民有、民用、民管、民享、周转使用”的方式，支持村民发展生产。截至2009年末，全国28个省（自治区、直辖市）的940个县的9003个村开展了互助资金试点工作，资金总规模累计17亿元，其中，中央扶贫资金4.6亿元，省级扶贫资金7.8亿元，农户缴纳互助金3.6亿元，其他资金1亿元。约74万个农户加入了互助组织，其中贫困户37万个①。2013年以后，中央财政不再投入资金，改由省级政府自主开展。

为适应农村合作经济需求，2014年以来，监管部门在部分地区（山东省、河北省玉田县、安徽省金寨县和湖南省沅陵县）试点开展农民专业合作社内部信用合作，目的是拓宽农民融资渠道，调剂社员资金余缺，支持合作社主业，提升社员信用和风险意识。信用合作以合作社成员自愿出资入股为主要资金来源，坚持成员制、封闭性，服务对象仅限于合作社成员。截至2020年末，山东省共有210家合作社开展信用互助试点，参与社员1.76万人，累计发生业务10026笔，累计投放资金3.86亿元；河北省玉田县共有3家合作社开展信用互助试点，参与社员2411人，入股资金4821万元，累计投放资金3.07亿元；安徽省金寨县共有18家合作社开展信用互助试点，参与社员9391人，入股资金2.46亿元，累计投放资金6.8亿元；湖南省沅陵县有1家合作社开展信用互助试点，参与社员126人，入股资金400万元，累计投放资金1750万元②。

① 资料来源：《中国农村金融服务报告2010》。

② 资料来源：《中国农村金融服务报告2020》。

第五章　中国普惠金融基础设施

金融基础设施是指为各类金融活动提供基础性公共服务的系统及制度安排，是金融市场稳健高效运行的基础性保障。广义而言，金融基础设施包括金融市场硬件设施以及金融法律法规、会计制度、信息披露原则、社会信用环境等制度安排。中国在发展普惠金融过程中，将基础设施建设置于十分重要的地位。支付清算体系、征信体系、金融消费者教育和保护体系、统计监测体系、法律法规体系的不断完善为普惠金融发展提供了坚实的基础。

第一节　支付体系

一、支付服务组织体系

20 世纪后期，发达国家率先在金融领域广泛应用信息技术，极大地推动了金融服务现代化进程，促进了支付体系建设快速发展。在借鉴发达国家先进经验的基础上，中国人民银行确立了支付体系建设多元化、信息化、市场化的发展路径，逐步形成了以中国人民银行为核心，银行业金融机构、非银行支付机构、支付与市场基础设施运营机构并存的多元支付服务组织体系。此外，支付产业链上的金融科技公司、收单外包服务机构等，共同为支付产业提供专业化服务。

截至 2021 年末，共有银行业金融机构法人 4096 家，合计开立账户

136.64 亿户。非银行支付机构法人合计 224 家、设立分公司 1569 家，从业人员 4.94 万名[①]。基础设施运营机构包括 7 家支付清算系统运营机构[②]、4 家证券登记结算系统运营机构[③]、7 家中央对手类机构[④]。

二、支付工具使用情况

（一）账户和银行卡使用情况[⑤]

开立账户是享受金融服务的起点。截至 2021 年末，全国人均拥有 9.61 个银行账户，人均持有 6.55 张银行卡。农村地区累计开立个人银行结算账户 48.7 亿户，占全国累计开立个人银行结算账户总量的 35.86%。调查显示，九成左右的成年人拥有活跃使用账户。

（二）电子支付使用情况

随着互联网和移动通讯技术的发展，电子支付渠道越来越丰富，摆脱了传统支付方式对营业网点的依赖，有效提高了支付服务的便利性和覆盖面。中国居民电子支付[⑥]使用普及率不断提升，城乡差距逐步缩小（见表 5.1）。

---

① 资料来源：《中国支付产业年报 2021》。

② 中国人民银行清算总中心（运营大额支付系统、小额支付系统、网上支付跨行清算系统、境内外币支付系统）和 6 家特许清算机构：中国银联股份有限公司（运营银行卡跨行支付系统）、城银清算服务有限责任公司（运营城市商业银行汇票处理系统和支付清算系统）、农信银资金清算中心（运营农信银支付清算系统）、跨境银行间支付清算有限责任公司（运营人民币跨境支付系统）、网联清算有限公司（运营非银行支付机构网络支付清算平台）和连通（杭州）技术服务有限公司。

③ 中国证券登记结算有限责任公司、中央国债登记结算有限责任公司、银行间市场清算所股份有限公司和上海票据交易所股份有限公司。

④ 中国证券登记结算有限责任公司、银行间市场清算所股份有限公司、上海期货交易所、上海国际能源交易中心股份有限公司、大连商品交易所、郑州商品交易所和中国金融期货交易所。

⑤ 相关数据来自《中国普惠金融指标分析报告（2021 年）》。活跃使用账户指最近 6 个月内有交易记录的账户，包含银行结算账户和在非银行支付机构开立的支付账户。

⑥ 电子支付指客户通过网上银行、电话银行、手机银行、POS 机、ATM 及其他电子渠道发起的账务变动类业务。

表 5.1　　2021 年银行电子支付业务情况

业务种类	笔数（亿笔）	占比（%）	金额（万亿元）	占比（%）
网上支付	1022.78	37.20	2353.96	79.10
移动支付	1512.28	55.00	526.98	17.71
电话支付	2.73	0.10	11.65	0.39
其他	211.90	7.70	83.63	2.81
合计	2749.69	100.00	2976.22	100.00

资料来源：《中国支付产业年报 2021》。

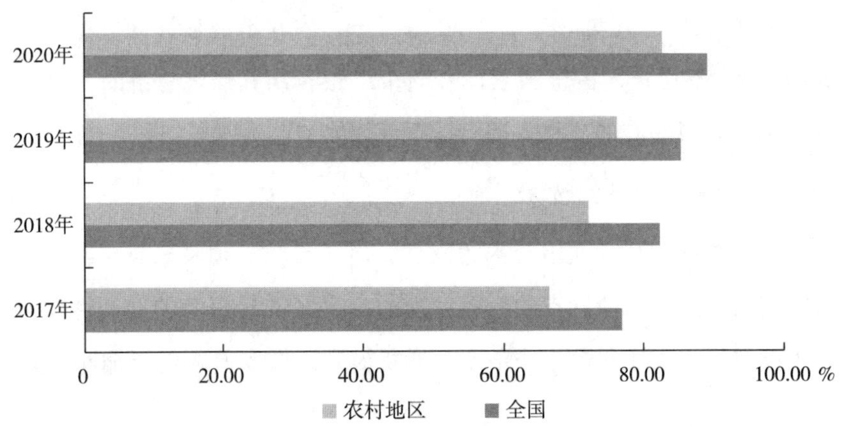

图 5.1　2017—2020 年使用电子支付的成年人比例

（资料来源：历年《中国普惠金融指标分析报告》）

三、增强支付服务普惠性的主要实践

（一）在农村地区大力推广银行卡

在发卡端，通过营销或借助政府资金代理发放等方式扩大发卡量。结合农业农村特点，推出涉农主体专属的特色银行卡，如乡村振兴主题卡（见专栏 5.1）。在受理端，通过推动布放 ATM、POS 机具等形式，改善农村地区银行卡受理环境，推动农村地区结算方式由现金向刷卡支付转变。

截至2021年末，农村地区银行卡数为39.2亿张。农村地区基本实现了人人有卡、家家有账户、补贴能到户。

专栏5.1

乡村振兴主题卡

乡村振兴主题卡是中国银联在中国人民银行的指导下，联合商业银行面向农村地区农户、农产品经纪人、农村合作社等涉农主体发行的特色银行卡产品。乡村振兴主题卡于2019年4月在陕西省铜川市宜君县正式发布，该卡在产品设计上深度融合银行卡产品与移动支付手段，具有以下主要特征：

一是功能丰富。除具备存取款、消费、转账等基本支付功能外，乡村振兴主题卡还提供助农贷款、涉农补贴发放、农产品生产及销售、农民生活服务等特色服务。

二是与现有移动支付服务深度融合。依托中国银行“云闪付”APP服务平台，整合银联合作社产销服务平台、农产品产销对接工具包等创新产品，服务农产品产销两端，解决农产品流通中存在的物流不便、交易结算方式落后、信息服务不全等问题，带动“三农”产品全链条支付服务的升级增效。

三是依托大数据实现贷款增信。基于大数据应用和银行卡交易的“留痕”特征，通过对农民信用信息、生产经营信息、支付信息等各类信息进行整合分析，为商业银行农村信贷决策提供参考，为农户贷款增信，满足农户生活、生产经营短期资金周转需求。同时，乡村振兴主题卡可跟踪贷款资金流向，支持商业银行监测贷款用途、加强风险管理。

四是专属权益。乡村振兴主题卡为持卡人提供免开手续费、免年检费、免跨区域取款手续费、免跨行取款手续费、免短信服务费等五项基础金融权益。结合农村居民生产生活需求，为持卡人提供免费涉农意外保险、法律与医疗咨询、农技指导等基础权益。结合农村地区客群寄送农产品的需求，推动快递公司等第三方机构共同投入，为持卡人提供农产品寄送优惠权益。

截至2020年末，乡村振兴主题卡累计发卡超过2000万张，超过50家银行参与发卡，提供相关授信超过100亿元①。

（二）健全针对特定群体的支付服务体系

一是为解决无银行网点覆盖的偏远地区农民取款难问题，开展银行卡助农取款服务。并以助农取款服务点为依托，鼓励发展村级电子商务服务。二是持续开展农民工银行卡特色服务，有效解决大量农民工返乡取款难问题（见专栏5.2）。

（三）推动银行电子支付应用

推动银行机构立足物理营业网点，大力营销网上银行、手机银行服务。在全国100个主要城市开展移动支付便民示范工程建设，推动实施在公共缴费、餐饮、商超、医疗等便民场景中移动支付的互联互通。2019年，将移动支付服务进一步覆盖至农村地区，选择经济基础较好、产业特色较为突出的地区先行先试，以日常支付服务、农产品分销服务等为切入点，着重解决农村地区支付服务数字鸿沟、金融排斥等问题，提升农村地区支付便利化水平。

（四）推动非银行支付机构的网络支付服务向农村地区转移

微信支付、支付宝等非银行手机支付品牌相继出现并迅速覆盖广大公众，并加速向农村地区拓展。2021年，支付机构完成网络支付业务11399.61亿笔，金额达416.86万亿元。其中，移动电话支付业务9960.03

① 资料来源：《中国农村金融服务报告2020》。

亿笔，金额为359.49万亿元①。

专栏5.2

农民工银行卡特色服务

随着中国城市化的发展和农村劳动力资源流动性的增强，跨区劳务输出日趋频繁。为解决大量进城务工的农民工携带现金不便、回乡取款难等问题，人民银行于2005年组织实施了农民工银行卡特色服务业务，将中国银联网络连接到农村信用社和邮储银行网点，使农村居民手持任何一张借记卡都可在农信社和邮储银行柜台取款。

农民工银行卡特色服务是指农民工在打工地办理银行卡并存入现金后，可以在家乡就近的农村信用社或邮政储蓄银行柜台提取现金的一种金融服务方式。业务特点如下：一是费用较低。取款手续费低于一般的异地跨行取款手续费用。二是方便快捷。农民工只需凭身份证就可申领借记卡，将现金存入卡内。服务网点遍布农村，农民工可在家乡就近的任一网点进行取现或查询交易。农民工银行卡特色服务，有效解决了农民工打工返乡携带大量现金的资金安全问题，使农民工在打工地获得的收入大量回流农村，同时，广大农民工也享受到了方便、快捷、安全的银行卡服务。截至2019年末，农民工特色银行卡累计交易量达9979.42亿笔②。

第二节　征信体系

征信是指依法收集、整理、保存、加工自然人、法人及其他组织的信

① 资料来源：《中国支付产业年报2021》。网络支付业务统计口径包括充值、转账、消费、回提。

② 资料来源：《中国支付清算行业社会责任报告2020》。

用信息，并对外提供信用报告、信用评估、信用信息咨询等服务，帮助客户判断、控制信用风险，进行信用管理的活动。征信系统通过建立有效的信用信息记录和传播机制，有效缓解了金融服务供给者和需求者之间的信息不对称，有助于促进金融服务覆盖面的扩大。征信系统是重要的金融基础设施，在普惠金融发展中发挥着不可替代的作用。

一、征信市场

中国征信市场起步较晚，与发达国家征信业面临完全不同的时代背景和发展环境。一方面，经济体量庞大，金融市场快速发展，征信服务需求旺盛；另一方面，地区和行业差异明显，信息环境有待改善，对征信全覆盖发展形成制约。任由征信市场自发发展或完全由政府部门包揽征信服务都不符合经济社会发展的现实需要。在此背景下，中国征信市场发展采取了“政府+市场”“全国+地方”的双轮双层驱动的发展思路，建立以国家金融信用信息基础数据库为基础，市场化征信机构和地方征信平台为补充，错位发展，功能互补的征信市场体系。

（一）国家金融信用信息基础数据库

为适应经济发展需要，推动信贷市场发展，维护金融稳定，1997 年，人民银行开始筹建银行信贷登记咨询系统（企业征信系统的前身）。2004—2006 年，人民银行组织金融机构建成全国集中统一的企业和个人征信系统——金融信用信息基础数据库。人民银行征信中心负责征信系统的建设、运行和维护。

征信系统建设参考了国际最佳实践，采取全国集中数据库模式，全面采集企业、个人信用信息，既有正面信息，也有负面信息，信息种类以信贷信息为核心，还包括政府部门公共信息、法院信息和公共事业缴费信息等。征信系统已经建设成为国内规模最大、收集信贷信息最全、覆盖范围最广的信用信息基础数据库，基本上为国内每一个有信用活动的企业和个人建立了信用档案，全面、客观记录企业和个人在金融机构借债还钱、遵守合同和遵纪守法情况。截至2020年末，征信系统已经收录了11亿自然人、6092.3万户企业及其他组织的相关信息。其中，有信贷记录的自然人6.1亿人、有信贷记录的企业和其他组织833.4万户①（见表5.2）。

表5.2 征信系统收录信用信息主体情况

年份	收录的企业及其他组织数量（万户）		收录的自然人数量（亿人）	
	总量	有信贷记录	总量	有信贷记录
2010	1697.0	790.9	7.77	2.25
2020	6092.3	833.4	11.00	6.10

资料来源：《中国征信业发展报告2003—2013》《中国征信报告2020》。

征信系统基本覆盖全国信贷市场，已接入的放贷机构种类齐全，基本接入了所有银行业金融机构，还接入了小额贷款公司、融资性担保公司、融资租赁公司、保险公司、证券公司等。截至2020年末，企业和个人征信系统分别接入各类法人机构3712家和1904家②。

征信系统提供的核心产品是企业和个人信用报告，主要用于放贷机构贷款、信用卡审批和贷后管理，也广泛用于政府部门依法履职、个人和企业参与信用活动等方面。征信系统提供多种接入和查询方式，查询量快速增长（见图5.2）。机构用户可通过金融专网直接接入、省级平台接入、互联网接入等多种方式接入系统。信用信息主体可通过柜台、银行线上服务渠道、自助机、互联网等多种形式查询报告。

（二）市场化征信机构

人民银行对企业征信机构实行备案管理。截至2020年末，在人民银行备案的企业征信机构有131家，分布于全国23个省份，主要集中于北京、上海、广东等经济发达地区③。

---

① 资料来源：《中国征信报告2020》。

② 资料来源：《中国征信报告2020》。

③ 资料来源：《中国征信报告2020》。

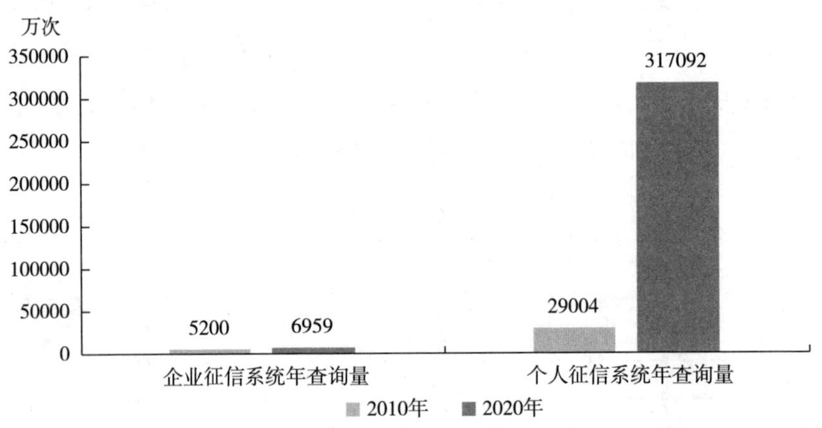

图 5.2　征信系统查询量

（资料来源：《中国征信业发展报告 2003—2013》《中国征信报告 2020》）

企业征信机构通过签署合作协议、网络公开渠道、政府部门及公用事业单位、机构间共享及交换等多种渠道采集企业信息。截至 2020 年末，对于行政管理部门、司法部门、交易所等已公开的市场主体注册登记、行政处罚、专利、上市公司财务等信息，以及市场主体通过互联网等渠道主动公开的信息，企业征信机构已经做到了全覆盖。

企业征信机构提供的服务以企业征信报告、企业调查报告等基础征信服务为主，同时提供企业信用分、企业信用信息认证、征信风控、反欺诈等征信增值服务。主管部门引导征信机构运用市场监管、纳税、生产经营、公用事业缴费等非信贷替代数据，运用区块链、大数据等技术，打造贴合实际、形式多样的服务小微企业融资的征信产品，帮助银行判断小微企业信用状况，提高银行获客效率和风控水平。

由于个人征信关系到个人隐私权和财产权，具有复杂性、敏感性和专业性，主管部门对个人征信机构的审批一直持审慎态度。分别于 2018 年 1 月和 2020 年 12 月批准设立了 2 家市场化个人征信机构：百行征信和朴道征信。

（三）地方征信平台

人民银行推动各地以省级或地市级为单位，建立以小微企业非信贷替代数据为核心的地方征信平台，推动地方政府部门、公用事业单位掌握的公共信用信息开放并在金融领域应用，作为金融信用信息的替代数据，帮助缓解小微企业融资中的信息不对称问题。地方征信平台为金融机构和小微企业提供供需对接、信息查询、信用评价、风险预警及风险分担等综合服务。截至2020年末，全国建成省级平台6家，地市级平台30多家[①]。建设长三角征信链、珠三角征信链、京津冀征信链，实现涉企信用信息跨区域互联互通与共享应用，支持跨区域的企业融资。

专栏5.3

地方征信平台——粤信融

粤信融（广东省中小微企业信用信息和融资对接平台）是人民银行广州分行会同广东省政府有关部门搭建的省级地方征信平台。中小微企业、金融机构、政府部门和人民银行共同参与运作。通过该平台，政府部门共享政务信息，小微企业发布融资需求信息，银行发布信贷产品信息。经企业授权，银行可向“粤信融”数据库查询企业信用信息，支撑银行信贷决策。截至2022年4月末，“粤信融”征信平台共采集数据8.2亿条，涉及1400多万市场主体，基本实现广东省内全覆盖。累计接入207家银行机构的1.3万个网点，发布信贷产品4378个，注册企业155.25万家，提供信用信息查询服务2736万次。2020年以来累计撮合银企融资对接27万笔，金额达7200亿元[②]。

---

① 资料来源：《中国征信报告2020》。

② 粤信融：助力金融服务小微“放心贷”“大胆贷”，https：//finance. sina. com. cn/money/bank/bank_ yhfg/2022 –06 –09/doc – imizmscu5873675. shtml? finpagefr = p_ 115。

二、中小微企业信用体系建设

中小微企业信用体系建设工作始于2006年，人民银行分支机构集中建立中小企业档案库，并开展信用培植、融资对接等工作。2014年以来，逐步形成三个层次的建设方向。

一是汇集多方力量，推动各地搭建中小微企业信用信息系统。采集的数据多为企业登记注册信息、政务信息、公用事业信息等非银行信贷数据，主要对外提供信用报告、信用状况分析等服务。人民银行分支机构以各中小微企业信用信息系统为依托，开展信用信息征集、信用评价和守信企业评选、网上融资对接等活动；推动地方政府部门等指定以信用为基础的激励政策，引导金融机构创新金融产品与服务，根据信用评定等级确定贷款额度和利率水平，降低中小微企业融资成本。截至2020年末，全国共建设有中小微企业信用信息系统200个，有些由地方政府主导建立，有些由人民银行主导建立。

二是推进市场化地方征信平台建设。针对小微企业基本信息分散在地方政府部门这一特点，人民银行推动各地整合非信贷替代数据，建设市场化地方征信平台。相继探索出征信服务小微企业融资的“台州模式”和“苏州模式”，并在全国复制推广。

三是充分发挥市场化企业征信机构作用。人民银行积极引导企业征信机构探索利用非信贷替代数据，运用人工智能、区块链、大数据、云计算等互联网信息技术，打造形式多样的征信产品服务小微企业融资。

三、农村信用体系建设

2009年以来，人民银行会同相关部门，通过建设农村信用体系试验区、搭建农村信用信息平台、开展信用评价、广泛开展宣传等手段推动农村信用体系建设，为改善农村金融服务提供基础。

一是搭建信息平台。结合各地实际，因地制宜推动地方建设农村信用信息服务平台，通过对农户信用信息的采集、整理、评价，推动农村信用信息在地方政府、涉农金融机构间共享。《中国征信报告 2020》显示，截至 2020 年末，全国共建设农户信用信息系统 270 个，全国共为近 1.9 亿农户建立信用档案，其中开展信用评定的农户有 1.33 亿户。

二是强化信用评价结果应用。发挥地方政府及相关部门、金融机构、中介机构的力量，大力推进农村“信用户”“信用村”“信用乡（镇）”的评定与创建，给予授信额度、贷款利率、贷款手续、支农再贷款等金融服务方面的政策倾斜，发挥示范带动效应。

三是广泛开展农村地区信用宣传。结合国民教育、普惠金融宣传、“6·14 信用记录关爱日”等工作，开展信用知识宣传和送征信知识下乡等活动。

四、动产融资登记公示系统

2007 年，人民银行征信中心根据《中华人民共和国物权法》授权，借鉴国际经验，建成应收账款质押登记公示系统，通过互联网对外提供应收账款质押和转让、融资租赁、保证金质押、存货和仓单质押等多种登记与查询服务。2009 年，上线运行融资租赁登记公示系统，对外提供融资租赁登记及查询服务。2021 年 1 月 1 日，动产融资统一登记公示系统正式上线，对生产设备、原材料、半成品、产品抵押，应收账款质押，融资租赁，保理等七大类动产和权利担保进行统一登记。

五、应收账款融资服务平台

为缓解应收账款融资中信息不对称、账款确认难、通知难等问题，促进应收账款融资业务发展，助力缓解中小微企业融资难问题，中国人民银行征信中心于 2013 年建设了服务于应收账款融资的全国性电子化信息服务平台——应收账款融资服务平台。平台定位于金融基础设施，为金融机构和企业开展应收账款融资搭建信息桥梁，通过应收账款数据的自动化、实时传输，助力供应链融资业务的开展效率。截至2020年末，平台累计促成融资金额为13.3万亿元。其中，促成中小微企业融资10.1万亿元，占比为76%（见图5.3）。

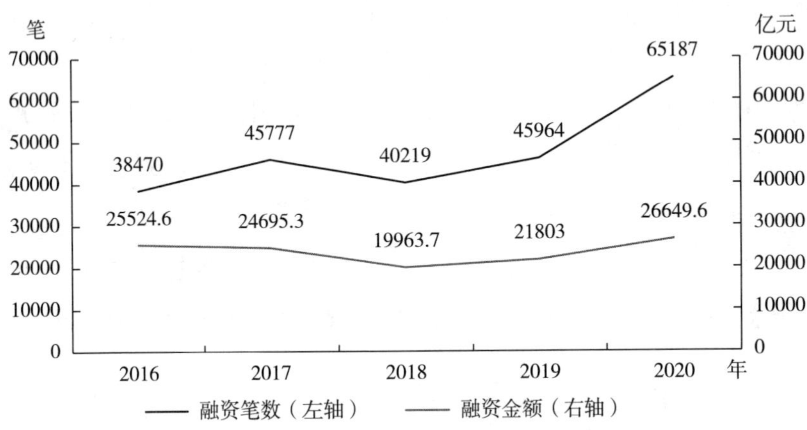

图5.3　应收账款融资服务平台年度促成融资情况（2016—2020年）

（资料来源：《中国征信报告2020》）

第三节　金融消费者教育与保护体系

在大力推动普惠金融发展过程中，中央银行和金融监管部门相继成立专门机构（见表5.3），积极探索金融消费权益保护模式，完善工作机制，结合国情深入推进金融知识普及教育，培育公众的金融风险意识，提高人民群众的维权意识、风险防范意识和自我保护能力。

一、金融消费者保护

（一）建立金融消费者保护制度

2015年11月，国务院办公厅发布《关于加强金融消费者权益保护工作的指导意见》，首次从国家层面对金融消费者权益保护进行具体规定。提出要坚持市场化和法治化原则，坚持审慎监管与行为监管相结合，建立健全金融消费者权益保护监管机制和保障机制，规范金融机构行为，培育公平竞争和诚信的市场环境，切实保护金融消费者合法权益，防范和化解金融风险，促进金融业持续健康发展。要求规范金融机构行为，将保护金融消费者合法权益纳入金融机构公司治理、企业文化建设和经营发展战略中统筹规划，建立金融消费者适当性制度，充分尊重并自觉保障金融消费者的八项权利：财产安全权、知情权、自主选择权、公平交易权、依法求偿权、受教育权、受尊重权、信息安全权。要求金融管理部门依法加强监督检查，建立健全金融消费者投诉处理机制，建立金融消费纠纷多元化解决机制。

表 5.3　　　　金融消费者保护部门主要情况

机构名称		成立时间	主要职责
人民银行	金融消费权益保护局	2012 年	建立并完善金融消费者权益保护机制和保护措施，组织受理、调查和调节金融消费投诉，开展监督检查并查处有关违法违规行为。协调处理跨市场、跨行业的金融产品与服务涉及的消费者保护问题，组织开展金融消费者教育和咨询制度
银监会	银行业消费者权益保护局	2012 年	制定银行业消费者权益保护总体规划、政策法规；协调推动建立完善消费者服务、教育和保护机制，建立完善投诉受理及相关处理的运行机制；组织开展银行业消费者权益保护实施情况的监督检查，依法纠正和处罚不当行为；统筹策划、组织开展银行业消费宣传教育等工作
证监会	投资者保护局	2012 年	负责投资者保护工作的统筹规划、组织指导、监督检查、考核评估；推动建立健全投资者保护相关法规政策体系；推动完善投资者保护的机制建设；推动投资者受侵害权益的依法救济

续表

机构名称		成立时间	主要职责
保监会	保险消费者权益保护局	2011 年	拟定保险消费者权益保护的规章制度及相关政策；研究保护保险消费者权益工作机制；接受保险消费者投诉和咨询，开展保险消费者教育及服务信息体系建设工作；指导开展行业诚信建设工作，督促保险机构信息披露工作

注：2018 年，中国银监会和中国保监会合并为中国银保监会，银行业消费者权益保护局与保险消费者权益保护局合并为中国银保监会消费者权益保护局。

（二）完善消费纠纷化解机制和金融消费者权益保护机制

人民银行建立以“金融消费权益保护信息管理系统”为主干，“www.12363.org”金融消费权益保护互联网站和“12363 金融消费权益保护咨询投诉电话”为两翼的“一体两翼”的金融消费权益保护信息管理平台。人民银行金融消费者投诉受理、处理体系已全面覆盖全国农村地区。人民银行、银保监会深入探索金融消费纠纷非诉解决机制，在上海、广东等 20 多个地区开展省级金融消费纠纷第三方非诉解决机制试点，建立 200 余个纠纷调解组织。

（三）开展监督检查，加强监管约束

人民银行定期组织金融消费权益保护监督检查，检查对象覆盖银行业金融机构和非银行支付机构等，并针对银行卡领域、个人金融信息保护领域开展专项行动。银保监会对银行保险机构消费者权益保护进行监管评价，定期发布银行业、保险业消费投诉情况，督促银行保险业金融机构完善机制、改进工作。

二、金融消费者教育

（一）开展集中性金融知识普及活动

人民银行、银保监会在每年 9 月定期开展“金融知识普及月”“银行

业金融知识宣传服务月”活动，并将农村居民列为金融教育的重点对象。人民银行自2014年起每年在“3·15国际消费者权益日”期间组织开展金融知识宣传教育活动。在各项活动中，结合农村居民在金融素养方面的薄弱环节，创新形式，有针对性地开展宣传教育活动，形成“金融知识进农村”“金融夜校”等系列品牌活动，增强农村居民的金融风险意识和自我保护能力。

（二）建设农村金融教育示范基地

人民银行指导各地建设农村金融教育示范基地，针对农村居民、贫困群体开展形式多样的金融知识普及教育活动，树立普惠金融重点服务对象的信用意识和风险意识，增强他们对普惠金融的理解和对基础金融技能的掌握，提高广大人民群众在金融服务方面的获得感。在农村地区推进金融知识普及站点的建设工作，积极打造金融知识普及志愿者队伍。

（三）推进金融知识纳入国民教育体系

金融管理部门加强和教育部门的沟通协调，向教育部提供中小学金融知识内容要点，在农村地区推进金融知识纳入国民教育体系。山西、福建等较早开展金融知识纳入国民教育体系试点的省份已率先实现全省全覆盖。支持中国金融教育发展基金会拓展“金惠工程”（见专栏5.4），发挥品牌效应，并持续对农村贫困地区的青少年开展金融课堂启蒙教育，帮助青少年及早掌握必需的金融知识，提高摆脱贫困的信心和能力。

（四）开展居民金融素养水平评估

人民银行于2016年正式建立消费者金融素养问卷调查制度，设计包含金融知识、技能、行为和态度在内的金融素养评估指标。2017年开始在全国31个省级行政单位（除港澳台地区）每两年开展一次消费者金融素养问卷调查。

专栏 5.4

农村金融知识普及教育与培训——“金惠工程”项目

中国金融教育发展基金会是民政部注册登记的慈善组织。基金会依靠社会各界尤其是金融系统的支持捐助，开展与金融教育相关的公益活动。2008 年起，基金会面向中国中西部贫困地区开展金融知识普及教育和培训公益项目——“金惠工程”，通过对贫困地区农民群众、农村基层领导干部、农村中学生及农村金融机构从业人员进行金融知识普及教育和培训，帮助他们掌握必要的金融知识和使用金融工具的能力，增强诚信观念和金融风险意识。同时，使农村金融机构树立普惠金融理念，掌握先进的小微贷款技术，提高农村金融服务水平。

在国家相关政策的支持下，自 2015 年起基金会多方筹资，采取多种合作途径，加大“金惠工程”的拓展力度。“金惠工程”项目已深入 24 个省（自治区、直辖市）832 个县，面向农村居民和农村金融消费者的金融教育惠及 1.5 亿人次，实现了国家级深度贫困地区贫困村金融教育普及全覆盖。

第四节　普惠金融统计监测体系

一、涉农贷款统计

2007 年，人民银行、银监会联合建立了涉农贷款专项统计制度，确定了在全口径涉农贷款概念下按照地域、主体和用途三个维度分别反映“三农”贷款的统计框架，建立起银行业金融机构涉农贷款统计体系，按季度编制金融机构全国、省、市、县四个层级的涉农贷款统计报表。

二、小微贷款统计

根据不同时期小微企业发展情况及重点支持方向，小微贷款的统计包括以下三个口径。

（1）小型微型企业贷款：商业银行向小型企业、微型企业发放的贷款以及个人经营性贷款。2011—2013 年，监管部门以此作为考核口径。

（2）全口径小微企业贷款：包括向小型、微型企业发放的贷款，个体工商户贷款以及小微企业主贷款。2013—2017 年，主要以此作为考核口径。

（3）普惠型小微企业贷款：单户授信小于 1000 万元的小型微型企业贷款，个体工商户贷款以及小微企业主贷款。2018 年以来，主要以此作为考核口径。

三、普惠金融指标体系

2016 年末，人民银行建立中国普惠金融指标体系及填报制度。中国普惠金融指标体系注重将国际性、前瞻性和体现中国特色相结合，包含金融服务的使用情况、可得性、质量 3 个维度共 21 类 51 项指标，其中大部分指标数据来源于现有统计系统，有 8 个指标通过问卷调查向消费者采集。2017 年以来，人民银行每年发布《中国普惠金融指标分析报告》。

第二部分

中国普惠金融特色实践

第六章　中国普惠金融产品服务创新

在普惠金融政策引导下，金融机构适应“三农”、小微企业、低收入群体等普惠金融服务对象的特点和需求，不断深化改革创新，利用数字技术等科技手段，打破传统经营模式，提供“量体裁衣”式的产品和服务，扩大金融服务覆盖面，提高服务便利性，涌现出很多有代表性的创新实践。

第一节　多措并举扩大基础金融服务覆盖面

农村地区，特别是偏远山区、贫困地区，是金融服务覆盖的“最后一公里”，2009 年全国有 2945 个金融机构空白乡镇，80% 以上集中在西部欠发达地区。其中，有金融服务的乡镇 2237 个，还有 708 个乡镇没有任何金融服务[①]。2009 年 10 月，中国银监会启动偏远农村地区基础金融服务全覆盖工作，引导金融机构通过在县域增设服务网点、布设金融服务物理机具、开展定点或流动金融服务等方式有效延伸金融服务。中国人民银行自 2010 年起开展银行卡助农取款服务，满足偏远地区基本金融需求（见专栏 6. 1）。2014 年，银监会启动实施基础金融服务“村村通”工程，对没有任何形式金融服务的行政村，优先解决好存取款和转账等基础金融服务问题；已经解决基础金融服务问题的，要积极创造条件，不断丰富服务功

① 资料来源：《中国银监会办公厅关于认真做好金融机构空白乡镇服务工作的指导意见》（银监办发〔2009〕387 号）。

能，逐步充实查询、银行卡、小额贷款申请受理和基础信用信息收集等方面的服务；具有潜在服务需求和业务基础的，进一步增加代理缴费、保险、理财和证券业务。充分利用互联网金融技术，利用固定电话、互联网、移动通讯网等，打通网点、人力无法到达的“最后一公里”制约。截至2020年末，全国乡镇银行业金融机构覆盖率为97.13%；全国行政村基础金融服务覆盖率为99.97%；金融机构空白乡镇从2009年10月的2945个减少至892个[①]（见图6.1）。

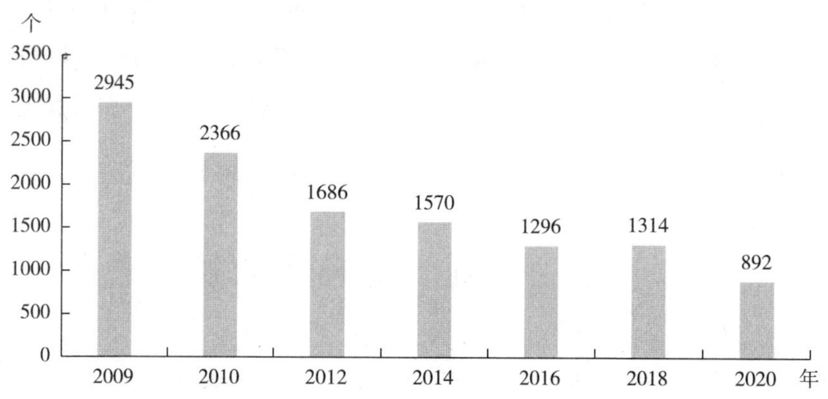

图6.1　2009—2020年全国金融机构空白乡镇数量

（资料来源：历年《中国农村金融服务报告》）

金融机构采取多种措施积极延伸金融服务触角，加快向农村市场下沉，有效扩大农村金融服务覆盖面。以中国农业银行为例，该行通过多种途径提升金融服务普惠化水平。一是网点资源向县域布局倾斜。农业银行共有县域网点1.26万个，在全国全部县域都有网点。2021年，农业银行迁址和新建网点中的65%布局在县域、城乡接合部和乡镇地区[②]。二是大力推进惠农服务点建设。农业银行在农村商店、农资店等设立惠农服务

① 资料来源：《中国农村金融服务报告2020》。

② 徐瀚：《引金融科技活水服务乡村振兴》，《中国金融》2022年第19期。

点，作为物理网点的有效补充，为农村地区提供便捷的查询、转账、消费、取现等基础金融服务。对于更加偏远的地区，农业银行推出了移动金融服务车，为农村客户提供“足不出村”、方便快捷的基础金融服务。三是加强手机银行等线上渠道创新。针对农村地区对手机银行的特色化需求，农业银行设计了更符合农民使用习惯的乡村版手机银行，同时，大力开展“手机银行下乡”活动，采取整村推进模式，建设手机银行示范村，利用移动化的离行设备开展手机银行集中签约，扩大移动金融覆盖面。

专栏 6.1

银行卡助农取款服务

为有效满足偏远农村地区各项支农补贴发放、日常小额取现、余额查询等基本金融需求，2010 年，人民银行在多个省市试点开展银行卡助农取款服务，即通过银行卡收单机构在农村乡（镇）、村的指定合作商户服务点布放受理终端，向借记卡持卡人提供小额取款和余额查询业务。2011 年，在总结试点经验基础上，人民银行将银行卡助农取款服务推向全国。2014 年，针对取款业务单一而农民支付需求多样化日益增强的形势，人民银行进一步明确收单机构可以依托银行卡助农取款服务点加载办理现金汇款、转账汇款、代理缴费等基础支付业务，有效解决了农村尤其是村屯居民的汇款、水电煤气费缴纳不便等问题。2015 年，提出鼓励村级电子商务服务点、助农取款服务点相互依托建设，实现优势互补、资源整合，提高利用效率。

经过十多年的实践，银行卡助农取款服务点数量实现跨越式发展，快速消除了金融服务空白行政村，基本实现行政村全覆盖。截至 2020 年末，农村地区银行卡助农取款服务点达 89. 33 万个，覆盖村级行政区 51. 93 万个。以银行卡助农取款服务为主体的基础支付服务基本实现农村村级行政区全覆盖。农民群众实现了足不出村取款、汇款和代理缴费，解决了长期以来偏远地区农民往返银行网点路远花费高等问题。有20.08万个银行卡助农服务点加载了村级电子商务服务，占服务点总数量的22.48%①。一些经办机构依托助农取款服务网络，因地制宜，并叠加农村电商、金融知识宣传、反假币、代买火车票等服务，进一步发挥了网络价值，满足了农民需求。

第二节　信贷产品创新

一、扩大抵（质）押物范围

缺乏合格抵押品是制约普惠金融融资可得性的一个重要因素。为破解这一难题，在中央政策支持下，金融机构围绕扩大抵（质）押物范围开展了一系列创新。

（一）农村产权融资

由于土地所有权的性质，农地和农村居民住房不能作为抵押物向银行申请贷款。党的十八届三中全会确定开展“两权”（农村土地承包经营权和农民住房财产权）抵押贷款试点。这是中国农村金融制度的一项重要创新，对于盘活农村存量资产、提高农村土地资源利用效率、促进农村经济和农村金融发展具有重要意义。2016年，人民银行会同相关部门在全国确立了232个农地抵押贷款试点县（市、区）和59个农房抵押贷款试点县（市、区），并建立了“两权”抵押贷款专项统计制度。

试点地区通过设立风险补偿基金、成立政府性农业担保公司等方式分

① 资料来源：《中国农村金融服务报告2020》。

担“两权”抵押贷款风险。金融机构推出了“两权+第三方担保”、农村多产权组合抵押、农房小额保证保险贷款等多种信贷产品，满足生产经营主体融资需求。截至2018年9月末，试点地区已有1193家金融机构开办农地抵押贷款业务，330家金融机构开办农房抵押贷款业务。全国农地抵押贷款余额为520亿元，累计发放964亿元。农房抵押贷款余额为292亿元，累计发放516亿元[①]。

（二）动产和权利融资

针对农村经济和小微企业特点和需求，金融机构探索将大型农机具、活体畜禽、农业生产设施、机械设备、存货、应收账款、商标权、专利权等纳入抵（质）押品范围，开发相关信贷产品。依托动产融资登记公示系统、应收账款融资服务平台等基础设施，有效盘活农户和小微企业的动产资源。

截至2020年末，动产融资登记系统已注册全国性银行、农村信用社、村镇银行等各类登记用户3.9万家，累计发生登记861.6万笔。应收账款融资服务平台累计注册用户32.5万家，累计促成融资26.3万笔，金额达13.3万亿元[②]。

二、大力发展信用贷款

借助数字技术的发展应用和农村、小微企业信用体系的不断完善，金融机构逐步弱化对抵押品的依赖，开发“无抵押、无担保”的小额信用贷款。这里介绍几种代表性做法。

（一）扶贫小额信贷

扶贫小额信贷是中国金融扶贫的一项创新产品，自2015年推出以来，

---

① 资料来源：《国务院关于全国农村承包土地的经营权和农民住房财产权抵押贷款试点情况的总结报告》，2018年12月23日第十三届全国人民代表大会常务委员会第七次会议。

② 资料来源：《中国农村金融服务报告2020》。

在解决贫困户贷款难，帮助贫困户发展生产、增收脱贫等方面发挥了积极作用。该产品具有以下特点：一是面广量大。扶贫小额信贷产品适用于全国范围内有贷款需求和一定劳动能力的建档立卡贫困户。对扶贫小额信贷发放，按乡镇明确一家责任银行，由责任银行对建档立卡贫困户实行名单制管理。二是对象特定。贷款发放对象为建档立卡贫困户，必须遵纪守法、诚实守信、无重大不良信用记录，并具有完全民事行为能力；必须通过银行评级授信、有贷款意愿、有必要的技能素质和一定还款能力。三是流程简便。只要是符合条件的建档立卡贫困户，可以直接申请贷款，扶贫小额信贷的申请流程一般为“五步法”（户申请、村初审、乡审核、县复查、银行审定）放贷，不需要担保和抵押。四是贷款优惠。贷款期间财政全额贴息，贷款贫困户到期只需偿还本金。五是专款专用。只能用于贫困户发展生产或能有效带动贫困户脱贫的特色优势产业，不能用于建房、理财、购置家庭用品等非生产性支出。六是风险管控。各级政府拨付风险补偿金，专款专用、封闭运行，明确政府与银行风险分担比例。实践中，一些地区在信用评价、风险防控等关键环节创新探索，促进扶贫小额信贷可持续发展（见专栏6.2）。

专栏6.2

湖南省麻阳县扶贫小额信贷“721”评级授信体系[①]

传统的评级授信方式是银行对贷款人的财务状况、生产运营情况、贷款用途、偿还贷款能力以及贷款收益等项目进行综合考察分析后，对贷款人进行信用等级评定，再根据信用等级进行授信。由于贫困户的经济状况差，根据银行传统的评级授信方法，贫困户无法得到有效的评级授信，银

① 国务院扶贫开发领导小组办公室开发指导司，中国人民银行扶贫办、研究局（所）、金融市场司：《金融助力脱贫攻坚实践成果》，北京：中国金融出版社，2020。

行因此难以确定贷款授信额度，顾虑风险，继而不愿放贷。针对这一问题，湖南省麻阳县以个人信用为基础为贫困户量身定制了“721”评级授信体系，实现了评级授信从重视“家庭资产”向重视“信用资产”转变，将村民对贫困户的个人信用评价转化为银行授信的量化评级指标，有效地解决了贫困户评级授信困难、潜在风险高的问题。

1. 创新“721”评级授信体系

麻阳县根据贫困户的诚信评价、劳动力人数、家庭收入3项指标评定信用等级和授信额度，打造了“7:2:1”评级授信体系。在100分的评级授信机制中，“诚信评价”占70分、“劳动力人数”占20分、“人均纯收入”占10分，3项指标分别量化计分。每项评分均分为A、B、C三档，3项指标分数合计：优秀≥90分，授信额度5万元；80分≤较好<90分，授信额度3万元；70分≤一般<80分，授信额度1万元；70分以下的不予授信。

根据计分标准，一户贫困户即使“劳动力人数”和“人均收入”都不得分，只要“诚信评价”信用好（70分），也能获得1万元的扶贫小额信贷授信额度。

2. 村组代表评级、逐级审核授信

农民个人的信用状况，所在村的村干部、村民邻里最清楚。麻阳县坚持村级“一户一评”，由村组代表和乡村干部、扶贫干部、农商行支行行长等组成“村级评级授信小组”进行初审，县农村商业银行支行、总行审核确定信用等级。

3. 建立风险补偿金、引入保险产品

麻阳县利用县财政配套了风险补偿基金。银行以风险补偿金数额为基数，按照1:10的比例放贷。风险补偿金规模按照银行贷款余额10%的比例弹性增长。麻阳县还引入借款人意外保险和农业保险来分散贷款风险，解决了银行“不敢贷”的问题。

4. 强化清收，建设信用体系

为确保基于信用评级的贷款收得回，麻阳县建立了农村信用信息平台，完善了贫困户信用信息共享机制，成立了金融扶贫服务中心，负责清收不良贷款，确保信贷资金良性运转。麻阳县对年内到期贷款收回率连续3个月低于98%的乡镇、村，停止该项贷款业务，风险补偿后组织清收，合格后继续放贷。严厉打击恶意逃贷、赖贷行为，营造良好的信用环境。

截至2019年末，麻阳全县累计发放扶贫小额信贷5295笔2.558亿元；累计到期贷款3024笔14555.78万元；收回到期贷款3024笔14555.78万元，贷款没有出现逾期，到期贷款收回率达100%；帮助5295户贫困户发展特色种植产业30万多亩，养殖产业30多万羽（头），户均增收1.6万元。

（二）农户小额普惠贷款

针对农户缺乏抵押担保、难贷款问题，一些地区创新推出纯信用、广覆盖、低门槛的小额普惠贷款。如浙江省已实现农村普惠授信全覆盖。金融机构通过采集农户姓名、身份证号、联系方式等基本身份信息，农户无须提供材料、无须填各类表格，就能方便快捷获得3万元以上的基础授信额度。对不良社会行为负面清单人员，取消基础授信。线上依托大数据中心、承包地确权、林权、房地信息系统等平台，通过实施标准化信息采集和建立初评授信数据模型，根据测算结果给予农户精准增信提额。农户现有授信额度无法满足其用款需求的，可随时通过线上线下渠道完成提额申请，最高额度可达30万元。通过手机APP，实现农户信息采集、授信完成、贷前签约、按需用款等流程全部网上办理。利用银行大数据系统持续关注农户贷还款情况，并与公检法系统数据定期进行信息比对，如授信农户有故意拖欠贷款、违法犯罪等不良行为，及时清零授信额度，列入失信黑名单。截至2020年末，全省已有用信农户299万户，占授信户数的

33%，总用信额度为5896亿元①。

（三）小微企业信用贷款

为缓解小微企业因缺乏抵押担保带来的融资困境，多家商业银行研发了纯信用、纯线上的金融产品，通过引入税务、海关、电力等外部数据，实现了全流程线上化。例如，工商银行利用大数据和互联网技术，通过挖掘交易、结算、税务、资产、征信等多维数据，为小微企业精准画像，推出纯信用、全线上和广覆盖的信用类普惠贷款——“经营快贷”系列产品，涵盖抗疫、开工等300多个场景，截至2020年末累计为超过110万家小微企业提供信用类授信超过8500亿元，余额超过1000亿元②。

三、供应链融资

供应链融资从供应链产业链整体出发，运用金融科技手段，整合物流、资金流、信息流等信息，在真实交易背景下，构建供应链中占主导地位的核心企业与上下游企业一体化的金融供给体系和风险评估体系，提供系统性的融资解决方案，降低企业成本，提升产业链各方价值。商业银行运用互联网、物联网、大数据、云计算等技术，创新供应链金融服务。中国工商银行利用区块链、物联网等技术，形成垂直链、交易链、数据链三大场景数字供应链产品体系，落地数字供应链1700余条。中国建设银行依托科技赋能，提供零接触、零距离的供应链在线金融服务。2020年当年累计为近3700家核心企业的超过6.5万家链条企业提供了超过5600亿元的供应链融资支持，其中小微企业占比为90%③。具体做法如下：一是构建开放平台，广泛连接数据，全面共享物流、资金流、信息流信息，为核心企业及其链条企业提供一站式综合服务。二是通过互联网在线服务模式，

① 资料来源：《中国农村金融服务报告2020》。

② 资料来源：《中国小微企业金融服务报告2019—2020》。

③ 资料来源：《中国小微企业金融服务报告2019—2020》。

全程在线，方便快捷。三是结合不同产业链特点，量身定制全链条、全场景金融服务方案。四是运用大数据、AI 等技术智能风控，实现数字风险研判、数字风险预警。

第三节　直接融资产品创新

股票市场通过主板、科创板、新三板和区域性股权交易市场为不同规模、类型企业提供多层次上市融资服务。债券市场通过企业债券、公司债券、各类债务融资工具（中期票据、短期融资券、超短期融资券等）为涉农企业和各类中小微企业提供债务融资渠道。直接融资产品的创新实践，有的直接面向融资主体（如双创债券），有的面向商业银行（如专项金融债券、贷款资产支持证券），通过拓宽资金来源提升其普惠金融服务能力。

一、“双创”（创新创业）专项债务融资工具

“双创”专项债务融资工具是银行间市场支持双创企业发展、创新金融服务模式的新探索。2017 年 4 月 25 日，首批“双创”专项债务融资工具在中国银行间市场交易商协会成功注册。《中国小微企业金融服务报告 2019—2020》显示，截至 2020 年末，“双创”专项债务融资工具累计发行 644. 7 亿元，为 340 家民营及中小微科技创新企业提供资金支持。

“双创”专项债务融资工具主要满足科技创新企业的融资需求，其发行主体大多是具备良好盈利能力及偿债能力的园区经营企业、实体产业集团、国有资本投资运营公司、企业示范基地、开展股权投资或资产管理业务的其他企业。募集资金以“投债联动”模式直接用于支持科技创新型企业发展，可以用于偿还银行贷款、园区基础设施建设等常规用途，同时也允许募集资金以股权投资的形式支持“双创”企业发展，能够有效降低企业的创业风险和创新成本，多元化支持“双创”企业发展。

二、扶贫票据

中国银行间市场交易商协会组织市场成员探索建立市场化扶贫融资渠道，创新推出扶贫票据，推动脱贫攻坚与乡村振兴有机结合相互促进。扶贫票据是发行人将一定比例的募集资金用于精准扶贫，且具有专项标识的债务融资工具。首批扶贫票据于2017年3月发行落地。截至2020年末，扶贫票据累计支持20个省（自治区、直辖市）35家企业发行扶贫票据504.2亿元①，募集资金主要用于贫困地区产业发展和基础设施建设等精准扶贫项目，带动100多个贫困县的扶贫工作。

三、专项金融债券

为增强商业银行投放普惠贷款的能力，拓展信贷资金来源渠道，监管部门鼓励符合条件的商业银行在全国银行间债券市场发行债券，募集资金专项用于发放“三农”、小微企业贷款。

（一）“三农”专项金融债

商业银行发行“三农”专项金融债，所募集资金专项用于发放涉农贷款。2013年9月，银监会明确商业银行申请发行“三农”专项金融债的准入要求和监管措施。2014年9月30日，首只“三农”专项金融债发行，苏州银行在银行间债券市场成功募集20亿元资金。其中3年期债券10亿元，发行利率为5.20%；5年期债券10亿元，发行利率为5.43%。“三农”专项金融债的发行主体主要是农村商业银行和一部分城市商业银行。

（二）小微企业专项金融债

小微企业专项金融债是商业银行发行的，以小微型企业以及贫困或中

① 资料来源：《中国农村金融服务报告2020》。

低收入群体为特定目标客户，募集资金专项用于发放小微企业贷款。小微企业专项金融债不需要抵押物，发行主体可以自主决定融资时点，发行方式较为灵活，自2011年推出以来在拓宽小微企业融资渠道方面发挥着重要作用。截至2018年末，小微企业专项金融债累计发行7190亿元。为应对新冠疫情冲击，2020年小微企业专项金融债券发行提速，全年共有40家银行合计发行51单小微金融债券，发行规模达3732.8亿元，同比增长82%[①]。

发行小微金融债券一方面拓宽了银行资金的补充渠道，积极为小微企业纾困；另一方面缓解了银行的资金压力，降低了存款揽储的资金成本。城商行发行小微企业专项金融债能够解决负债来源单一、小微客户派生存款能力不强等问题，有效缓解资产负债业务期限不匹配等问题，有利于提升城商行资产负债管理能力。以浙江民泰银行为例，该行2013—2018年累计在银行间市场发行小微企业专项金融债105亿元，募集资金全部用于小微企业信贷投放，全行小微企业户均贷款余额为35万元，小微企业贷款余额占全部贷款余额的65%以上，小微企业专营支行和社区支行占比超过50%，小微企业贷款申请通过率达到90%，小额贷款周转业务1天内完成，新增业务只需3~5天办完[②]。

四、政府投资基金

政府投资基金，是指由各级政府通过预算安排，以单独出资或与社会资本共同出资设立，采用股权投资等市场化方式，引导社会各类资本投资经济社会发展的重点领域和薄弱环节，支持相关产业和领域发展的资金。近年来，各级政府批准设立的政府投资基金已经形成较大规模，对创新财政资金使用、引导新兴产业发展、撬动社会资本投入发挥了重要作用。

---

① 资料来源：《中国小微企业金融服务报告2018》《中国小微企业金融服务报告2019—2020》。

② 资料来源：《中国小微企业金融服务报告2018》。

（一）国家中小企业发展基金

按照《中华人民共和国中小企业促进法》的有关要求，2020 年中央财政与社会投资人共同发起设立了国家中小企业发展基金有限公司（母基金），注册资本为 357.5 亿元。母基金定位于发挥财政资金的引导作用，吸引带动社会资本共同扩大对中小企业的股权投资规模，促进中小企业创新发展。《中国小微企业金融服务报告 2019—2020》显示，截至 2020 年末，国家中小企业发展基金母子基金总规模为 606.5 亿元。母基金共有 6 只直投子基金对外投资运营。子基金累计完成投资项目 420 个，累计投资金额达 136.6 亿元。引导基金共参股超过 400 只创业投资基金，累计支持 6000 余家创新型企业。

（二）种业发展基金

2013 年，财政部会同农业部、中国农业发展银行、中国中化集团公司发起设立现代种业发展基金，这是中国第一只具有政府背景、市场化运作的种业基金。该基金存续期为 10 年，首期规模为 15 亿元，由财政部、中国农业发展银行、中国中化集团公司各出资 5 亿元，主要对高成长性的种业企业进行股权投资，并为企业提供政策咨询等服务。基金重点支持具有育种能力、市场占有率较高、经营规模较大的种子企业，促进提高种子企业的育种能力、生产加工技术水平、市场营销能力，进一步提升种子企业的整体发展水平。种业基金与大型种业企业、种业及农业上市企业、核心科研院所、金融机构等建立起了紧密的战略合作关系，大力服务科研成果转化，带动其他社会资本 100 多亿元投向种业领域。

第四节　保险产品创新

一、农业保险

中国农业保险发展实行“政府引导、市场运作、自主自愿、协同推进”的原则，即政府通过保费补贴和税收优惠等支持政策，引导农户投保和鼓励保险机构承保。从2007年至2021年，农业保险标的从最初的5种种植业作物增加到种植、养殖和森林等16个大宗农产品和地方优势特色农产品，全国农业保险承保农作物品种超过270个。农林牧渔各个农业生产领域均有产品服务覆盖，并逐步向农村住房、农机具及农业设施等涉农领域扩展。农业保险已覆盖全国所有省份（自治区、直辖市），水稻、小麦、玉米三大主粮覆盖率已接近70%。保险产品以传统的成本保险为基础，陆续推出价格保险、收入保险、指数保险、责任保险、“保险+期货”等创新型产品，农业保险逐步由保灾害、保成本向保价格、保收入转型，由保生产环节向保全产业链条升级。

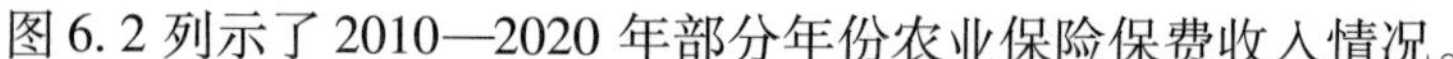

图6.2列示了2010—2020年部分年份农业保险保费收入情况。

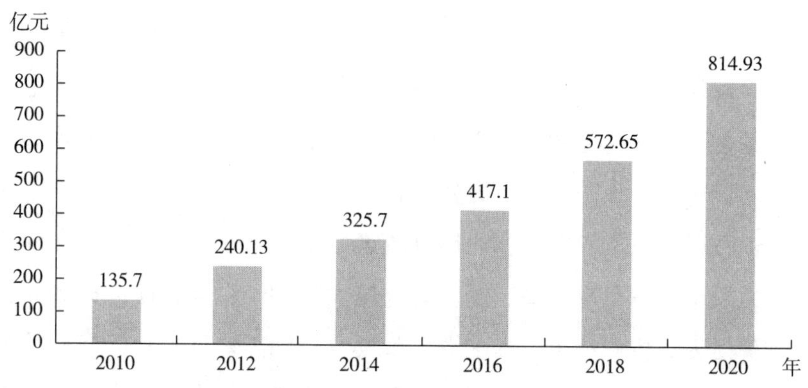

图6.2　2010—2020年全国农业保险保费收入

（资料来源：历年《中国农村金融服务报告》）

专栏6.3

森林保险①

中央财政森林保险保费补贴政策于2009年在3个试点省正式启动，截

① 资料来源：《中国农村金融服务报告2020》。

至2020年末，政策覆盖范围扩展到26个省（自治区、直辖市）。截至2020年末，全国森林保险总面积达24.37亿亩，约是2009年试点启动时的2.03亿亩的12倍，森林保险的风险保障能力从2009年的974亿元增加至15883亿元，增加了15倍，森林保险提供的风险保障占林业产业总产值的比重接近20%。参保主体涵盖了林农、家庭林场、林业合作社、林业企业、森林公园、自然保护区以及国有林场等几乎所有类型的林业生产经营主体。2009—2020年，森林保险累计支付理赔款77.98亿元，灾后补偿作用有效发挥。中国森林保险规模已居全球第一。

随着物联网、区块链、大数据等信息技术的快速发展，森林保险新产品、新技术、新机制不断涌现。一是经济林保险、指数类保险产品日益丰富。湖南省开展了油茶林天气指数保险、茶叶收入保险；广西壮族自治区开展了猕猴桃树保险、板栗树保险、核桃树保险和油茶收入保险；浙江省试点全国首个香榧高温干旱气象指数保险。二是保险内涵不断丰富，向林草全产业链拓展。云南省、西藏自治区在全国率先建立了野生动物肇事补偿制度，实现野生动物肇事公众责任保险全省覆盖。四川省、内蒙古自治区相继开展了地方财政支持的政策性天然草原保险试点项目，为草原旱灾、病虫鼠害、沙尘暴灾害、火灾等提供风险保障。三是保险机构积极将现代化的信息手段和技术应用于森林保险全过程，使服务更为科学、便捷和高效。太保产险研发"e农险"数字化运营管理平台集群，提高大灾理赔速度与定损精度。安华农险应用"遥感+无人机"技术，持续跟踪吉林省松毛虫灾害情况，及时开展查勘理赔工作。

二、人身健康保险

对微弱群体而言，疾病和意外伤害是导致不确定性支出的一个重要原因。在政府部门的指导下，保险公司开发相关产品，帮助微弱群体提高抵御风险能力。

（一）小额人身保险

小额人身保险是一类面向低收入人群提供的人身保险产品的总称，具有保费低廉、保障适度、保单通俗、核保理赔简单等特点。2008 年，部分地区试点农村小额人身保险，鼓励符合条件的保险公司，以农村低收入群体为主要目标市场，推出保险金额在 10000 元至 50000 元之间的人身保险产品。例如，中国人民保险集团按照"保障适度、保费低廉、手续简便"原则，面向广大农民开发了保障意外事故和疾病医疗责任的农村小额人身保险，使老百姓买得起、信得过、用得着。截至 2014 年末，该公司农村小额保险业务已覆盖 20 个省（自治区、直辖市），累计实现保费收入 1.11 亿元，支付赔款 0.35 亿元，累计服务人群超过 600 万人次①。

（二）普惠型医疗保险

这是一种补充医疗保险产品，由地方政府及相关部门指导、保险公司商业运作、与基本医疗保险衔接，具有保费便宜、购买门槛低、保额较高三大特性。2020 年有 23 个省的 82 个地区的 179 个地市推出此类保险项目，累计超过 4000 万人参保，保费收入超过 50 亿元②。各地产品的保额都在百万元人民币以上，多在 100 万～300 万元，报销比例通常在 70%～80%。投保人有基本医疗保险即可投保，通常没有年龄限制，健康告知也比较宽松。保险公司秉持保本微利的态度，保费一般在 100 元左右。这类产品以微弱经济体可负担的成本，为有健康保障需求的群体提供适当的服务，大大拓展了传统商业健康保险的覆盖范围。

三、融资信用保证保险

保证保险可以转嫁被保险人的风险，作为一种保险手段，是分散风

① 资料来源：《中国农村金融服务报告 2014》。

② 贝多广主编《新起点——构建普惠金融生态体系》，北京：中国金融出版社，2022。

险、消化损失的一种经济补偿制度。其中，贷款保证保险可以为普惠金融服务主体提供增信服务，缓解其抵押物缺失、信用不足的问题。2009 年，宁波在全国率先推出了小额贷款保证保险，取得积极成效，其经验在全国推广（见专栏 6.4）。

专栏 6.4

宁波小额贷款保证保险

2009 年 9 月，宁波在全国率先推出了小额贷款保证保险（以下简称小贷险），截至 2022 年 8 月末，小贷险以无抵押无担保方式累计为 11 万多家次小微企业、城乡创业者和农业种植养殖户等提供“无抵押、无担保”的信用贷款 366.9 亿元。

宁波市小贷险主要支持农业种植养殖户（包括农村经济合作社）、小微企业和城乡创业者。贷款所获资金只能用于生产经营性用途，不得用于消费及其他用途。获得贷款的自然人或法人连续 3 个月完全未履行借款合同约定的偿还利息义务，或借款合同到期后 30 日投保人仍未履行偿还贷款本金的义务，保险公司按照保险合同的约定向发放贷款的银行赔偿剩余的贷款本金。借款人为投保人，银行为被保险人。

小贷险是一种融资信用保险，投保人通过向保险公司投保小贷险，无须额外抵押或担保就可以向银行申请小额贷款，若投保人未能按期履行还款义务，保险公司根据相关协议负责向银行赔偿投保人未支付的贷款本金及相应利息。自然人的基础费率为 2.4%，法人的基础费率为 2.5%，2011 年初开始基础费率下调为 1.8%。保险期限最长为 1 年。

小贷险采取了六个方面的风险防范措施。一是控制贷款额度和规模。单户贷款金额根据借款人风险水平初期分为 30 万元、10 万元和 100 万元三档，2011 年调整为 50 万元、100 万元、300 万元，2021 年又调整为不超过500万元。二是银保风险共担和政府超赔基金。初期市政府建立1000万元的风险基金，对保险机构赔付率超过一定比例后的部分进行补偿。银行与保险机构按3:7的比例分摊贷款风险，2021年调整为银行风险分担比例不低于20%。三是核保决定权和贷款风险叫停机制。保险机构拥有放贷的一票否决权，并在贷款逾期率达到10%或赔付率超过150%时，停办此项业务。四是借款人失信惩戒机制和欠款追讨机制。欠款信息和欠款人名单将进入人民银行征信系统。司法机关开辟"绿色通道"，加大打击力度，适用简易程序，优先执行；公安部门及时立案、侦办借款人恶意骗贷行为，依法追究刑事责任。五是由人保、太保宁波分公司共同组建共保体，按照6:4的共保比例共同承担相应的业务责任。共保体成立运营团队，实行专管专营，采取独立核算、封闭运作、统一受理、集中办公的经营方式。六是建立贷后风险跟踪机制。成立风险管理部，采取分级风险监测手段，加强资金运用跟踪，及时防范风险。

小贷险具有鲜明的普惠性特征。一是选择资金需求最迫切、最缺乏融资渠道的小微企业、农业种植养殖户、城乡创业者三类群体作为保障对象，支持贷款金额最高为500万元。二是突出无抵押、无担保和小额低率特色，融资成本为保险费率加贷款利率，年化成本平均约为8%，明显低于企业在小额贷款公司和担保公司等其他渠道的融资成本。三是服务流程方便快捷，符合普惠金融强调的"服务可得性"特点，银行和保险机构在业务受理、尽职调查、风险审核、欠款追偿等环节无缝对接，贷款主体只需向银行或保险机构一次性提出申请，5个工作日内即可获得贷款。

四、综合保险产品

一些保险公司围绕农村社会人员生活、农业产业经营等多个场景，将近百种涉农保险产品进行个性化整合，推出综合保险方案。如中国人民保险公司的“乡村振兴保险综合服务方案”，覆盖农业生产、农村基础设施、农村生活、农业产业经营、农村治安管理、农村金融信贷等多个领域，在投保方式上，呈现给客户的是一个统一的菜单，只需勾选投保条款，填写对应的投保信息，一份投保单即可轻松实现对多个险种的一次性购买，满足“一揽子”保障需求。2021 年，该产品为 2 亿户次农户提供风险保障 47 万亿元①。

第五节　协同创新

一、“保险 + 期货”

“保险 + 期货”模式的基本原理是：保险公司基于期货市场上相应的农产品期货价格（或现货价格），开发农产品价格险；农民或农业企业通过购买保险公司的农产品价格险，确保收益；保险公司通过购买期货公司风险管理子公司的场外期权产品进行再保险，以对冲农产品价格下降可能带来的风险；期货公司风险管理子公司在期货交易所进行相应的套期保值操作，进一步分散风险，最终形成风险分散、各方受益的闭环。

自 2015 年首个“保险 + 期货”试点以来，相关方面都积极参与试点推广，保险公司、期货公司参加数量逐渐增加，试点品种、规模和范围逐年扩大。截至 2020 年 12 月 31 日，累计开展“保险 + 期货”项目 622 个，覆盖玉米、大豆、豆粕、鸡蛋、苹果、棉花、大枣、白糖、天然橡胶等品种，名义本金约为 188.26 亿元②。随着试点的推进，以此为基础的业务模式不断优化，引入产业链上各层面的主体，从单一的价格保险到价格与产

① 张金海：《以科技赋能助推乡村振兴》，《中国金融》2022 年第 19 期。

② 俞勇：《“保险 + 期货”与乡村全面振兴》，《中国金融》2022 年 3 月。

量相结合的收入保险，再到全产业链主体参与的“保险+期货+订单农业”“保险+期货+银行（信贷）”等新模式。

专栏6.5

首单苹果“保险+期货”项目

2017年12月，全球首个鲜果期货——苹果期货产品在郑州商品交易所上市。上市首日，华信期货和人保财险陕西省分公司联合签约运作了全国首单苹果“保险+期货”项目。

项目中，投保农户使用华信期货的补贴向人保财险陕西省分公司购买苹果价格保险；后者通过向华信期货的风险管理公司上海华信物产有限责任公司（以下简称华信物产）购买苹果看跌期权，转移价格风险；华信物产则通过复制期权的方式将风险转移到期货市场。项目采用美式期权设计，在2018年3月9日到期前，投保农户可以随时选择行权，给予投保方较大的自主权。项目为共计100吨苹果提供价格保障，目标价格为8600元/吨，在市场价格低于目标价格的情况下，投保农户能够获得差价赔偿。

该项目上市以来，期价经历短暂冲高后逐步下滑。2018年春节期间，由于苹果产区出货速度慢于往年，市场出现看跌预期。2018年1月19日，陕西省宜君县的26户投保农户选择以7660元/吨的价格结算，2月8日获得合计9.4万元理赔款，每吨苹果规避了940元的价格下跌风险。

二、“银行+保险+担保”

“三农”、小微企业等普惠金融服务对象往往存在信用信息较少、生产经营不稳定、信贷风险相对较高等情况，在一定程度上影响了金融机构的贷款意愿。通过引入担保、保险等产品建立风险分担与信用增进机制，能够有效降低银行信贷的风险和损失，提高普惠融资的可得性。实践中，各地探索出“银行＋保险”“银行＋担保”“银行＋保险＋担保”等多种形式的风险分担机制。如河南兰考县的普惠授信业务建立银行、风险补偿金、保险、担保参与的，分段计算的风险分担机制。即把风险分为2%以下、2%～5%、5%～10%、10%以上四段。不良贷款率≤2%时，损失由主办银行全部自担。超过2%时，由银行、政府成立的风险补偿金、保险公司、担保公司四方承担，政府风险补偿金承担的比例随着不良率上升而递增，银行分担比例随不良率上升而递减。这一机制设计压实了地方政府优化信用环境责任，也解除了银行开展普惠授信的后顾之忧。

专栏6.6

新型农业经营主体信贷直通车

2021年5月，结合党史学习教育“我为群众办实事”，农业农村部按照“主体直报需求、农担公司提供担保、银行信贷支持”的思路，联合农担体系、银行系统共同启动新型农业经营主体信贷直通车活动（以下简称信贷直通车），为破解新型农业经营主体融资难、融资贵难题探索了有效路径，获得了各方普遍欢迎。2022年，在总结经验基础上，农业农村部将这一创新服务由阶段性活动转为常态化推进。

信贷直通车的流程包括主体扫二维码申请、直通车平台自动核验、农担公司审查核保、银行机构审核授信、反馈信贷服务信息等环节。向各金融机构开放信贷直通车平台接入口，提供农业经营主体信息核验和数据共享服务。

信贷直通车的创新之处包括：一是信贷需求直报，解决融资服务供需信息不对称。信贷直通车由政府搭建平台，推动实现农村金融资源“点对点”直达，为有迫切用款需求但获贷困难的主体打通了直连正规金融机构的渠道。支持对象以家庭农场、农民合作社等新型农业经营主体为主，逐步覆盖高素质农民、种养大户、农业社会化服务组织、农业企业（含国有农场）等各类农业经营主体及农村集体经济组织。重点支持10万～300万元额度的适度规模经营贷款需求，对种业企业等农业科创企业支持的贷款规模可适度提高至单笔不超过1000万元的水平。二是便捷高效的担保服务机制，解决农民增信不足难题。针对新型农业经营主体缺乏合格有效的抵（质）押物，金融机构难以直接为其发放信用贷款的问题，信贷直通车活动引入了农业融资担保服务，33家省级农担公司全部参与信贷直通车活动开发配套专项担保产品，优化担保服务流程。三是推动大数据技术有效应用于农村金融服务。依托信贷直通车平台，连接全国家庭农场名录系统、高素质农民数据库、全国农村集体资产监督管理平台、乡村产业监测系统、国家企业信用信息公示系统等，以农村土地承包数据、农业补贴数据、农业保险数据、农产品质量安全追溯和信用信息数据、农业遥感数据等农业农村大数据为基础，整合相关涉农政务数据库，逐步建立健全农业经营主体生产经营信息库。

第七章　中国数字普惠金融发展

通过降低金融交易成本、提高金融服务效率，数字技术的发展在广度与深度两个层面有效提升了普惠金融的发展水平。利用数字技术促进普惠金融发展是中国普惠金融发展战略的重要组成部分，中国在这一领域已经有诸多实践。2017 年 GPFI 发布的《G20 数字普惠金融新兴政策与方法》中，中国有 5 项案例入选①。

第一节　数字技术与普惠金融

一、数字技术应用对普惠金融的价值

借助数据存储、计算和传输等基础信息技术的发展和区块链、人工智能等应用型技术创新，数字化成为新一代普惠金融服务的突出特征。普惠金融强调可负担（affordable）和可持续（sustainable）。如果特别强调公益性和社会性，规模一定做不大，因为在财务上不可持续。如果特别强调商业可持续，又可能导致力度不够。数字普惠金融借助低成本运作和有效的风险控制，有助于缓解“社会性”和“商业性”的矛盾，代表着普惠金融未来的发展方向。

---

① 中国的五项案例包括：出台互联网金融指导意见、分类监管支付账户、成立互联网金融行业自律协会、完善支付基础设施、建立健全征信体系。

一是降低金融服务成本，使用数字技术对物理网点和人力资源进行替代、补充和改进，扩大金融服务覆盖面。受限于机构铺设的高成本，传统金融机构一般将主要资源分布于人口、商业集中的地区，难以渗透至经济落后地区。数字技术的广泛应用，避开了这种弊端，一些地区即便没有银行网点、ATM，客户也能通过电脑、手机等终端工具寻找需要的金融资源，完成非现金交易，金融服务更直接，客户覆盖面更广泛。

二是提高金融服务的效率，改善服务质量。通过互联网技术可以将金融服务渗透至社会的方方面面，客户可以随时、随地、随身获取金融服务，大大提升对现代金融服务的获得感。特别是小额移动支付技术可以实时到账，最大限度地减少了对银行等传统支付结算中介的需求，降低了这一领域进一步融合创新的门槛。

三是促进信用形成价值。征信信息不足和缺乏抵押物造成信息不对称，进一步带来逆向选择和道德风险问题，是传统普惠金融的难题。数字技术可以帮助低收入人群和小微企业通过互联网积累信用，获得信任，从而获得享受金融服务的机会。

四是提高风控水平。在提高整个社会非现金支付水平的基础上，金融机构和 FinTech 公司能够更好更全面地掌握客户的日常交易数据流、现金流、物流等信息，并运用云计算和大数据技术，有效判断客户的信用等级与信用水平，显著提高风险识别能力和授信审批效率，这使向小微企业和低收入群体提供有效金融服务成为可能。

五是实现精准识别，量身定制，提高服务的针对性。依托客户生产、生活、金融交易等多维度信息，利用云计算等先进技术，数字普惠金融能更精准地分析客户的金融服务需求，设计提供适应其需求特点的产品和服务，甚至可以实现量身定制。

二、数字普惠金融高级原则

随着成功的数字普惠金融商业模式，以及新的监管规则和监管手段在世界范围内出现，利用数字技术降低成本、扩大规模、深化金融服务的范围，被认为是促进普惠金融的关键。2016 年，G20 领导人杭州峰会通过了 GPFI 制定的《G20 数字普惠金融高级原则》，鼓励各国根据各自具体国情制定国家行动计划，以发挥数字技术为金融服务带来的巨大潜力。

根据《G20 数字普惠金融高级原则》，“数字普惠金融”是指一切通过使用数字金融服务以促进普惠金融的行动。它包括运用数字技术为无法获得金融服务或缺乏金融服务的群体提供一系列正规金融服务，所提供的金融服务能够满足群体的需求，并且是以负责任的、成本可负担的方式提供，同时对服务提供商而言是可持续的。具体来说，“数字普惠金融”涵盖各类金融产品和服务（如支付、转账、储蓄、信贷、保险、证券、财务规划和银行对账单服务等），通过数字化或电子化技术进行交易，如电子货币（通过线上或者移动电话发起）、支付卡和常规银行账户。

数字普惠金融提出的背景是金融不断发展过程中数字技术与普惠金融理念深度融合，并对经济、社会的包容性发展发挥重要作用，日益受到各国重视。数字普惠金融高级原则是在实践创新的基础上形成，包括 8 项原则、66 条行动建议。内容概述如下：

一是倡导利用数字技术推动普惠金融发展。目前全球有 20 亿[①]成年人无法获得正规金融服务。需要加强各国政府间、政府各部门间以及政府与私人部门间的沟通与合作，重视利用数字技术促进普惠金融发展。

二是平衡好数字普惠金融发展中的创新与风险。强调加强大数据的应用和风险管理，探索创新性数据在征信领域的应用。在监管者和企业之间建立常态化的信息分享机制。明确提出政府转移支付数字化和法定货币数字化对普惠金融发展的作用。

三是构建恰当的法律和监管框架。强调强化行为监管与审慎监管，提高监管能力，对同类产品采用相同的监管标准，使监管力度与风险程度相

① 这是当时的情况。根据世界银行 2021 年的最新调查，这一数据更新为 14 亿。

匹配，降低不必要的合规成本。明确监管者的职责并加强跨部门合作。提升国际数字金融市场准入的透明度。在监管尚不成熟的时候，在可控范围内允许创新性试点。

四是扩展数字金融服务基础设施。向偏远地区延伸电力、通信、宽带等基础设施以及支付系统。完善征信体系和动产抵（质）押系统，支持中小企业金融服务。强调技术标准的统一化与平台的兼容性。探索利用分布式账本（区块链）技术提升金融基础设施的运行效率和安全性。

五是建立尽责的数字金融措施保护消费者。强调加强行为监管和反欺诈，保护客户资金安全。完善个人信息保护，保证个人数据的准确性和安全性。禁止以不公平的方式歧视性区分消费者。建立多元化的投诉解决机制。鼓励出台高于法律法规要求的行业自律标准。

六是重视消费者数字技术知识和金融知识普及。金融服务数字化对消费者金融素养提出了新要求，而大量弱势群体缺乏享受数字化金融服务所必需的数字技术知识。应避免数字技术的使用造成金融服务不平等现象加剧。鼓励开展数字金融知识普及项目。

七是促进数字金融服务的客户身份识别。全球大量低收入人口因为缺乏身份信息而无法获取基础金融服务，而远程生物识别技术的应用有助于解决该问题。强调身份识别系统的保密性、安全性与可负担性。借助有效的身份识别系统加强反洗钱与反恐怖融资工作。

八是监测数字普惠金融进展。设立国家核心绩效指标，建立常态化的数据采集机制，促进指标体系的实际应用。

第二节　中国数字普惠金融快速发展

中国数字金融快速发展得益于完善的基础设施。中国信息基础设施建设规模全球领先，建成全球规模最大的光纤网络和4G网络。行政村通光纤率、贫困村通宽带率、行政村 4G 覆盖率均超过 99%。基本实现城乡网络全覆盖和“同网同速”。中国移动通信用户月均支出 5.94 美元，低于全球 11.36 美元的平均水平①。截至 2021 年 12 月末，中国移动电话基站总数达 996 万个，互联网宽带接入端口数量达 10.18 亿个，光缆线路总长度达 5488 万千米。中国网民规模达 10.32 亿人，互联网普及率达 73.0%，网民使用手机上网的比例为 99.7%②。

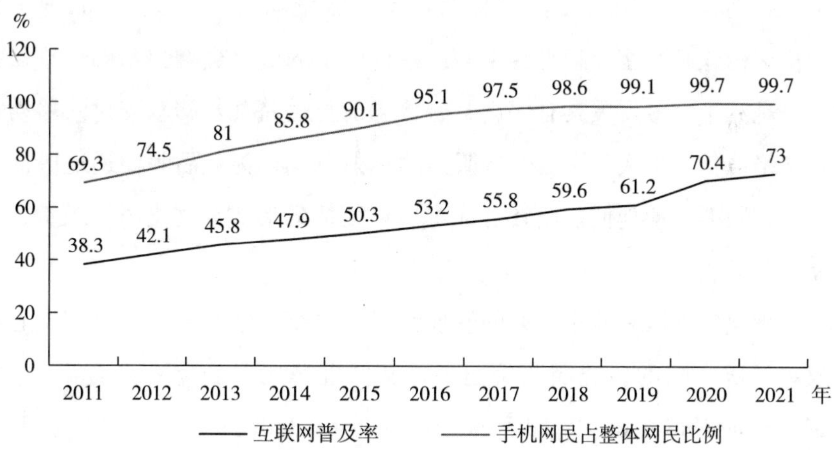

图 7.1　2011—2021 年中国互联网普及情况

（资料来源：中国互联网络信息中心）

中国的数字金融起步于 2004 年支付宝账户体系上线。2013 年，阿里巴巴推出在线货币市场基金余额宝，此后数字金融进入快速发展期。根据毕马威（KMG）与澳大利亚知名金融科技风投机构 H2Ventures 联合发布的金融科技 100 强：世界领先的金融科技创新者（Fintech 100：The World's leading fintech innovators），中国公司蚂蚁金服（Ant Financial）2018 年和 2019 年连续两年位列榜首。前 5 名公司中，2018 年有 3 家中

① 资料来源：工信部副部长刘烈宏在 2021 年世界电信和信息社会日大会上的发言。

② 资料来源：中国互联网络信息中心（CNNIC），第 49 次《中国互联网络发展状况统计报告》。

国公司，2019 年有 2 家中国公司。中国数字金融发展已经走到世界前列。

与美欧相比，中国数字金融发展具有三个特征①：一是中国领先的数字金融业务是移动支付、在线贷款、数字保险和在线投资。出于对洗钱和金融稳定的担忧，几乎没有加密货币和跨境支付业务。二是大型科技公司主导数字金融领域。以“BATJ”② 为代表的互联网巨头进入数字金融领域较早，布局较全，同时凭借自身的技术、流量、用户、数据、品牌等优势，快速构建起数字金融平台生态，各自旗下的数字金融独角兽也日益强大。三是数字金融发展具有促进金融普惠的显著特征。移动支付、移动银行、网络信贷等扩大了中国金融服务的辐射范围，为落后和偏远地区群体提供金融服务，使他们能以较低成本、更便捷的形式享受支付、缴费、存贷款等金融服务。

为衡量中国数字普惠金融的发展情况，北京大学数字金融研究中心和蚂蚁集团研究院的研究团队编制了一套“北京大学数字普惠金融指数”(The Peking University Digital Financial Inclusion Index of China，PKU_ DFIIC)，以反映中国数字普惠金融发展程度③。图 7.2 是 2011—2021 年中国 31 个省的数字普惠金融指数逐年的均值、中位值和增长率。从中可以看出，中国的数字普惠金融业务在 2011—2021 年实现了跨越式发展，指数年平均增长率为 26.9%。

分地区看，上海市、北京市以及数字经济活跃的浙江省，数字普惠金融指数明显比其他地区更高。东北和西部地区的数字普惠金融发展水平明显较低（见图 7.3）。

---

① 黄益平、陶坤玉：《中国的数字金融革命：发展、影响与监管启示》，《国际经济评论》2019 年第 6 期，第 24 - 35 页。

② BATJ 是中国四大互联网公司百度、阿里巴巴、腾讯、京东简称。

③ 该指数来自支付宝生态体系，不包括其他一些非常重要的数字金融服务商以及传统金融内部的数字金融部门，具有局限性。

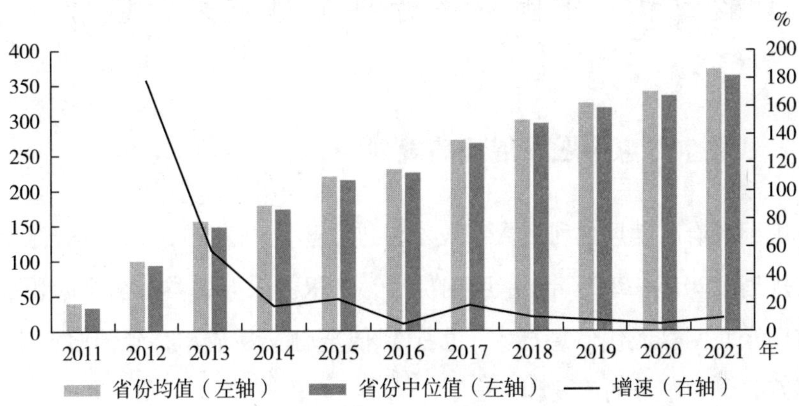

图 7.2 2011—2021 年中国省级数字普惠金融指数及增长情况

（数据来源：北京大学数字普惠金融指数）

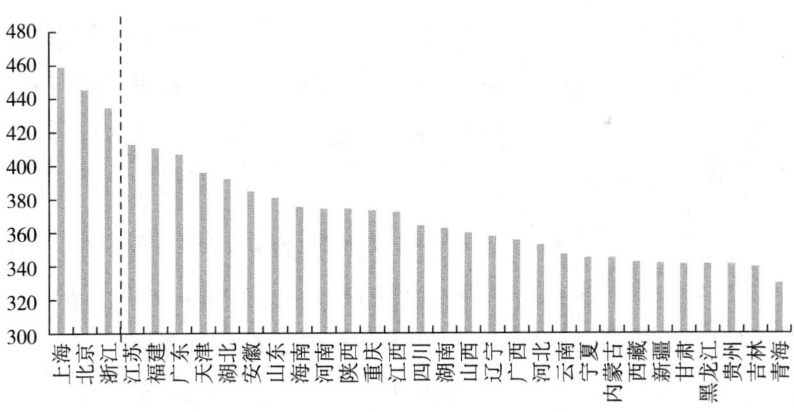

图 7.3 2021 年中国各省数字普惠金融指数

（数据来源：北京大学数字普惠金融指数）

第三节　中国数字普惠金融政策与监管

一、数字普惠金融发展战略规划

中国政府高度重视利用数字技术促进普惠金融发展。《推进普惠金融发展规划（2016—2020 年）》明确提出，“积极引导各类普惠金融服务主体借助互联网等现代信息技术手段，降低金融交易成本，延伸服务半径，拓展普惠金融服务的广度和深度”。

一方面，提升金融机构科技运用水平。鼓励金融机构运用大数据、云计算等新兴信息技术，打造互联网金融服务平台，为客户提供信息、资金、产品等全方位金融服务。鼓励银行业金融机构成立互联网金融专营事业部或独立法人机构。引导金融机构积极发展电子支付手段，逐步构筑电子支付渠道与固定网点相互补充的业务渠道体系，加快以电子银行和自助设备补充、替代固定网点的进度。推广保险移动展业，提高特殊群体金融服务可得性。

另一方面，发挥新兴互联网金融服务商促进普惠金融发展的有益作用。积极鼓励网络支付机构服务电子商务发展，为社会提供小额、快捷、便民支付服务，提升支付效率。发挥网络借贷平台融资便捷、对象广泛的特点，引导缓解小微企业、农户和各类低收入人群的融资难问题。发挥股权众筹融资平台对大众创业、万众创新的支持作用。发挥网络金融产品销售平台门槛低、变现快的特点，满足各消费群体多层次的投资理财需求。

2019 年，中国人民银行印发《金融科技（FinTech）发展规划（2019—2021 年）》，指出金融科技是技术驱动的金融创新，要进一步增强金融业科技应用能力，合理运用金融科技手段丰富服务渠道、完善产品供给、降低服务成本、优化融资服务，提升金融服务质量与效率，明显增强人民群众对数字化、网络化、智能化金融产品和服务的满意度，使金融科技创新成果更好地惠及百姓民生，推动实体经济健康可持续发展。同时，要加强网络安全风险管控和金融信息保护，做好新技术应用风险防范，强化金融科技监管，建立健全监管基本规则体系。

《金融科技（FinTech）发展规划（2019—2021 年）》经过三年落地实施，中国金融科技普惠民生成效日益凸显。在此基础上人民银行印发《金融科技发展规划（2022—2025 年）》，提出要坚持“数字驱动、智慧为民、绿色低碳、公平普惠”的发展原则，把数字元素注入金融服务全流程，合理运用金融科技手段丰富金融市场层次，优化金融产品供给，不断拓展金融服务触达半径和辐射范围，弥合地域、人群、机构间的数字鸿沟，为人民群众提供更加普惠、绿色、人性化的数字金融服务。

二、数字普惠金融监管

作为新生事物，数字普惠金融既需要市场驱动，鼓励创新，也需要将发展普惠金融、鼓励金融创新与完善金融监管协同推进，促进健康发展。随着传统金融机构与互联网企业利用互联网技术和信息通信技术开发的新型金融业务模式不断涌现，监管部门不断完善相关政策。

（一）互联网金融监管

2015 年，人民银行等十部门发布《关于促进互联网金融健康发展的指导意见》，按照“鼓励创新、防范风险、趋利避害、健康发展”的总体要求，提出了一系列鼓励创新、支持互联网金融稳步发展的政策措施，积极鼓励互联网金融平台、产品和服务创新，鼓励从业机构相互合作，拓宽从业机构融资渠道，坚持简政放权和落实、完善财税政策，推动信用基础设施建设和配套服务体系建设。

按照“依法监管、适度监管、分类监管、协同监管、创新监管”的原则，该指导意见确立了互联网支付、网络借贷、股权众筹融资、互联网基金销售、互联网保险、互联网信托和互联网消费金融等互联网金融主要业态的监管职责分工，落实了监管责任，明确了业务边界。目前，由人民银行负责监管互联网支付业务；由银保监会负责监管网络借贷、互联网信托、互联网消费金融和互联网保险业务；由证监会负责监管股权众筹融资业务和互联网基金销售业务。

在互联网行业管理方面，由工业和信息化部负责对互联网金融所涉及的电信业务进行监管，国家互联网信息办公室负责对金融信息服务、互联网信息内容等进行监管。任何组织和个人开设网站从事互联网金融业务时，均应按规定履行网站备案手续。

在消费者权益保护方面，由人民银行、银保监会、证监会共同开展互联网金融消费领域消费者和投资者权益保护工作，构建在线争议解决、现场接待受理、监管部门受理投诉等纠纷解决机制，督促加强互联网金融产品合同内容、免责条款等信息披露。

在反洗钱和防范金融犯罪方面，由人民银行牵头负责对从业机构履行反洗钱义务进行监管，公安部牵头负责打击互联网金融犯罪。

针对互联网金融发展中打着“金融创新”的幌子进行非法集资、金融诈骗等违法犯罪活动，2016 年国务院部署开展“互联网金融风险专项整治”，规范各类互联网金融业态，优化市场竞争环境，扭转互联网金融某些业态偏离正确创新方向的局面，并通过总结治理经验，建立完善长效机制，促进行业良性健康发展。互联网金融领域的风险隐患主要集中在 P2P 网络借贷、股权众筹、互联网保险、第三方支付、通过互联网开展资产管理及跨界从事金融业务、互联网金融领域广告等领域，专项整治坚持问题导向，集中力量对这几个重点领域进行整治。到 2022 年，互联网金融风险的专项整治工作顺利完成，立案查处了非法集资案件 2.5 万起，将互联网平台企业金融业务全部纳入了监管[①]。

（二）金融科技创新监管试点

2019年12月以来，人民银行按照“先试点、后推广”的思路，先后在北京、上海、深圳等9个地区开展金融科技创新监管试点，探索构建包容审慎的中国版“监管沙盒”，运用信息公开、产品公示、共同监督等柔性管理方式，引导持牌金融机构在依法合规、保护消费者权益的前提下，推动金融科技守正创新，赋能金融服务提质增效，营造安全、普惠、开放的金融科技发展环境。

截至2020年末，9个试点地区已公示70个创新项目。全国共105家机构参与试点，其中金融机构68家（占比为65%），科技公司37家（占比为35%）。金融机构中，商业银行54家，支付机构7家，征信机构4家，保险公司2家，清算机构1家。

2021年，金融科技创新监管在全国各地全面推广实施，围绕服务京津冀协同发展、粤港澳大湾区建设、长三角区域一体化发展、成渝地区双城经济圈建设等国家重大发展战略，新增66项创新应用测试运行。截至2021年末，金融科技创新监管工具共公示创新应用136个，成功完成测试出盒的7个。

从技术应用看，试点项目以人工智能、大数据、区块链为主（见图7.4）。从应用场景看，试点项目中融资信贷类场景的占比最高，为36%；其次是支付清算类，占比为21%。其余包括运营管理、供应链金融、征信、保险、跨境金融等场景（见图7.5）。

① 资料来源：中国人民银行副行长陈雨露在2022年5月12日“中国这十年”主题发布会上披露。

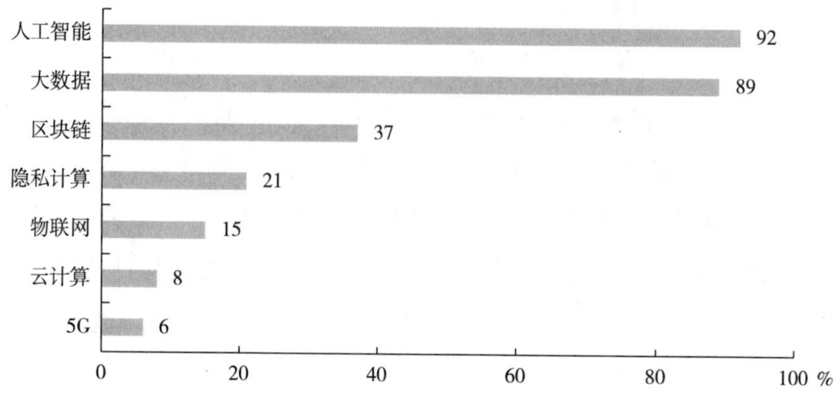

图 7.4　2021 年金融科技创新应用关键技术应用情况

（资料来源：《中国支付产业年报 2022》）

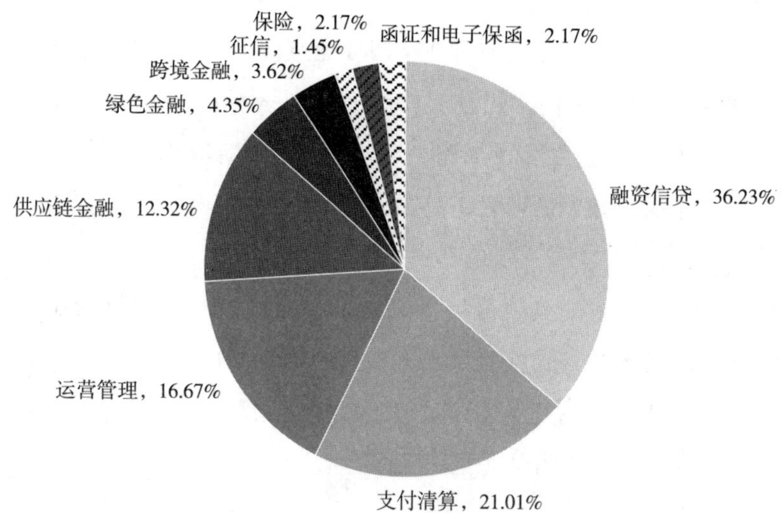

图 7.5　2021 年金融科技创新应用场景

（资料来源：《中国支付产业年报 2022》）

第四节　中国数字普惠金融实践

一、数字普惠金融服务主体

目前，中国已形成了包括各类金融机构、金融科技公司等在内的多层次数字普惠金融供给体系。

根据中国互联网金融协会与 KMPG 的调查（见图 7.6），银行业作为中国金融业的主要组成部分，在推动数字化转型方面也走在前列，银行业在金融科技的应用程度和推进数字化转型的进度方面平均得分高于资管业和保险业。

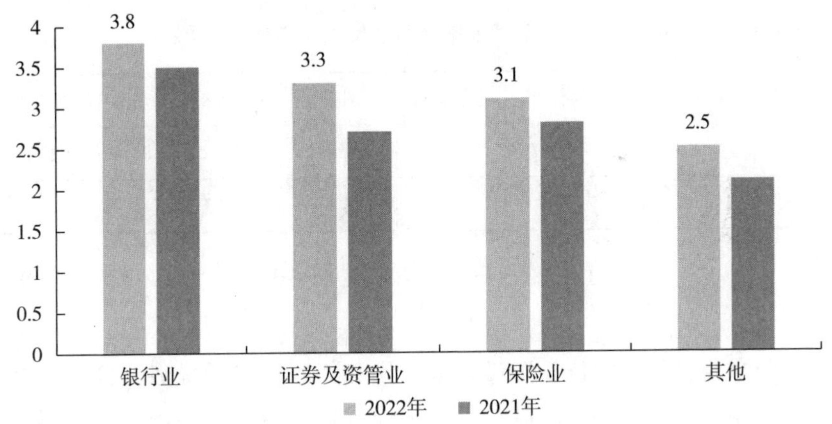

注：数据来自问卷调查，满分为 5 分。调查对象为金融科技企业首席执行官、创始人或金融科技业务负责人。2021 年样本数 214 个，2022 年样本数 251 个。

图 7.6　金融行业推动数字化转型的进度

（资料来源：中国互联网金融协会和 KMPG《2022 中国金融科技企业首席洞察报告》）

银行业金融机构主要从普惠金融的数字化综合平台、服务模式和业务产品等方面切入，延伸服务半径，拓宽服务渠道。根据中国互联网金融协会2018年调查，样本银行业金融机构在普惠金融服务中应用移动互联网、大数据、云计算和生物识别技术的比例分别达到了91.43%、71.43%、48.57%和31.43%①。中国银保监会数据显示，2020年，银行机构的信息科技资金总投入为2078亿元，同比增长20%。表7.1是6家大型商业银行科技投入和人员情况。

数字技术在保险业的应用最初局限于互联网渠道拓展，随着大数据、云计算、人工智能及区块链等技术的进步，保险科技被更多地应用于长尾需求挖掘、产品研发、服务效率提升等方面。一些保险公司将人工智能、无人机航拍、卫星遥感等技术应用在核保、理赔等农业保险的重要环节，推出更为精准化的数字农业保险服务。数字技术在证券及资管行业的应用主要在智能投顾、精准营销、数字化运营等方面。

表7.1　2021年中国大型商业银行科技投入和科技人员情况

项目	工商银行	农业银行	中国银行	建设银行	交通银行	邮储银行
科技投入（亿元人民币）	259.87	205.32	186.18	235.76	87.50	110.30
科技人员占比（%）	8.1	—	3.07	4.03	5.03	2.76

资料来源：孙世选：《从年报看银行金融科技资金投入和人员数量哪家强》，《清华金融评论》2022年4月。

部分金融科技公司依托海量数据积累和互联网渠道优势，自主研发或与金融机构合作推出数字金融产品，不断延伸金融服务的广度和深度。目前中国四家大型科技平台公司均已进入金融市场。一些平台旗下同时拥有银行、证券、保险、基金、支付等多个板块，几乎覆盖零售金融领域的所有场景，覆盖面广，交易规模巨大。蚂蚁集团招股说明书显示，截至2020年6月末，蚂蚁集团与超过350家金融机构就数字金融服务展开合作，总

① 资料来源：《中国农村金融服务报告2018》。

规模达到6.3万亿元。供应链金融、“三农”金融服务、养老金融等普惠金融领域是金融科技企业青睐的业务（见图7.7）。

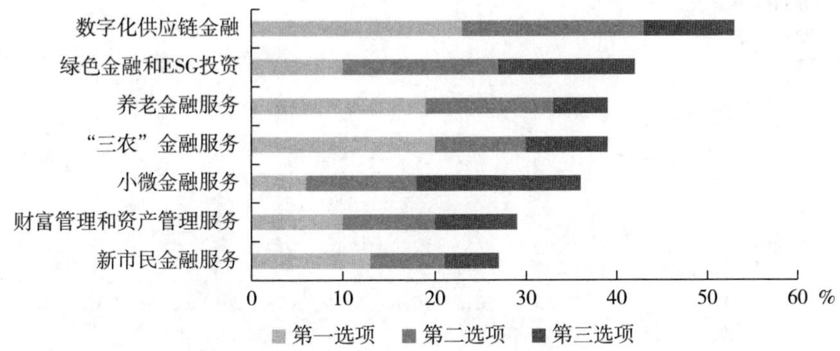

图7.7　未来金融科技发展的蓝海业务领域（多选排序）

（资料来源：中国互联网金融协会和KMPG《2022中国金融科技企业首席洞察报告》）

金融机构与金融科技企业的合作日趋紧密。合作模式从单一的技术合作逐渐向数据、资产、基础设施等层面扩展。根据中国互联网金融协会与KMPG的调查，83%的企业认为金融机构与金融科技企业的合作模式“非常紧密”和“较为紧密”，且“已经有成熟的合作案例”①。

二、网络支付②

中国数字金融最早和最广泛的应用在支付领域。近十年来，伴随移动互联网技术和智能终端的普及、市场主体对各类用户群体的拓展、消费者“非接触式”支付习惯的养成以及新冠疫情对线上支付方式的促进，网络支付用户规模和使用率实现跨越式发展（见图7.8），截至2021年12月末，中国网络支付用户规模达9.04亿人，占网民整体的87.6%。网络支

① 中国互联网金融协会和KMPG：《2021中国金融科技企业首席洞察报告》。

② 根据《非金融机构支付服务管理办法》（中国人民银行令2010年第2号），网络支付是指依托公共网络或专用网络在收付款人之间转移货币资金的行为，包括货币汇兑、互联网支付、移动电话支付、固定电话支付、数字电视支付等。

付已融入电商、餐饮、商超、交通、教育、医疗等经济生活的方方面面。

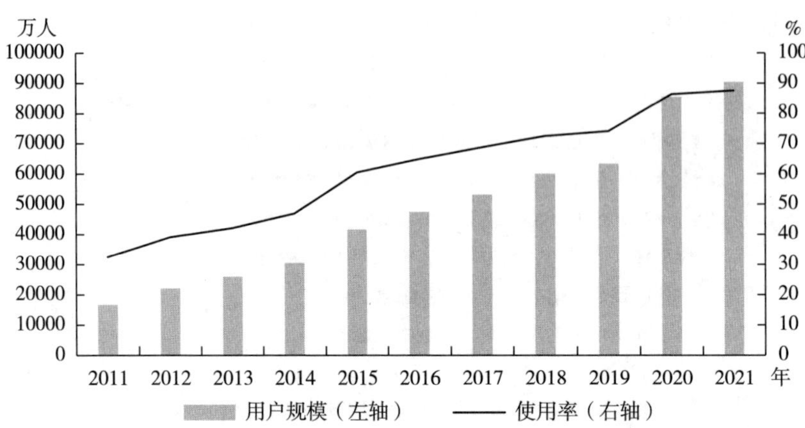

图 7.8 2011—2021 年中国网络支付用户规模和使用率

（资料来源：中国互联网络信息中心）

网络支付业务提供方主要包括商业银行和获得网络支付业务许可的支付机构。截至 2021 年末，持有网络支付业务牌照的支付机构共有 114 家。2017 年，中国人民银行批准成立网联清算有限公司，作为非银行支付机构网络支付清算平台的运营机构。

在网上支付方面，商业银行有明显优势。在移动支付方面，支付机构小额分散的特点突出，覆盖面更广泛，业务规模占比接近一半（见图 7.9）①。以 2021 年业务规模计算，网络支付交易规模在 100 万亿元以上的银行机构有 6 家，其业务量占交易总额的 73%。网络支付交易量在 1 万亿元以上的支付机构有 13 家，其业务量占交易总额的 97%。

① 商业银行网上支付、移动支付业务分别指客户通过网上银行、手机银行从结算账户主动发起的账务变动类业务笔数和金额。支付机构网上支付业务指客户为购买特定商品或服务，通过计算机等设备，依托互联网发起支付指令，实现货币资金转移的行为。支付机构移动支付业务指客户为购买特定商品或服务，使用手机等具备移动通话功能的设备，依托移动通信网络或实体受理终端发起支付指令，实现货币资金转移的行为。

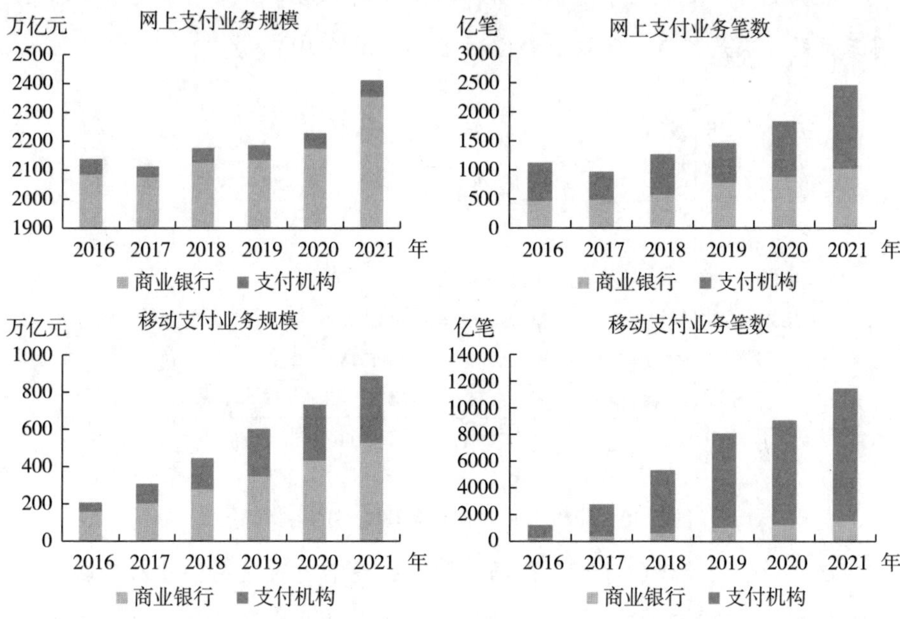

图 7.9　网上支付和移动支付业务规模（2021 年）

（资料来源：《中国支付产业年报 2022》）

专栏 7.1

小额便民的条码支付

条码支付指银行、支付机构应用条码技术，实现收付款人之间货币资金转移的活动。因方便快捷，条码支付是中国用户最常使用的移动支付方式。中国支付清算协会调研显示，2020 年有 95% 的移动支付用户使用条码支付。2020 年，银行与支付机构日均处理条码支付付款业务 2.55 亿笔，笔均金额为 163 元。单笔金额在 0 ~ 500 元（含）的交易笔数为 909.29 亿笔，占总交易笔数的 97%；交易金额为 12.78 万亿元，占总交易金额的 84%。

条码支付广泛应用于超市购物、餐饮和便利店等日常消费场景。排在前三位的依次是超市、餐饮店和便利店（见图 7.10）。

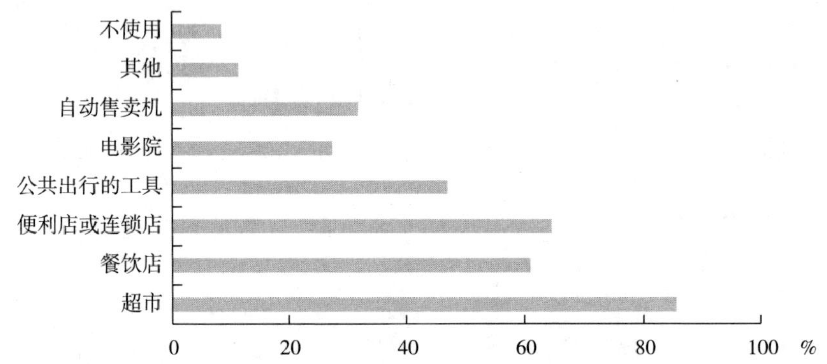

图 7.10　2020 年用户使用条码支付的各类场景

在监管部门推动指导下，条码支付服务逐渐打破壁垒，进入互联互通的新发展阶段。2021 年，以支付宝、微信支付为代表的第三方平台率先向云闪付等支付机构开放。在线下场景中，支付宝、微信支付均与银联云闪付在全国多个城市实现了收款码扫码互认。在线上场景中，美团、拼多多等互联网平台已支持众多主流支付渠道，如微信支付、支付宝、银联云闪付、Apple Pay、Mi Pay、华为 Pay、三星 Pay 等。微信支付已与 12 家银行机构开展了互联互通合作。

三、数字信贷

（一）银行数字信贷业务

商业银行的数字信贷业务可以分为两类：一类是纯线上的互联网贷款。银行运用互联网和移动通信等信息通信技术，基于风险数据和风险模型进行交叉验证和风险管理，线上自动受理贷款申请及开展风险评估，并完成授信审批、合同签订、贷款支付、贷后管理等核心业务环节操作，为符合条件的借款人提供用于消费、日常生产经营周转等的个人贷款和流动资金贷款。这类产品遵循小额、短期、高效和风险可控的原则。按照监管要求，单户用于消费的个人信用贷款授信额度应当不超过人民币20万元，到期一次性还本的，授信期限不超过一年。另一类是更为广义的数字化信贷业务，在多个业务环节中或多或少地运用互联网和移动通信等信息通信技术，包括数字化营销、数字化风控、数字化运营等。

大多数银行都有数字信贷业务。其中，微众银行、网商银行、新网银行等不设物理网点，完全通过互联网开展业务。

2014年开业的微众银行是中国首家互联网银行。微众银行积极运用金融科技构建普惠金融新模式。针对个人客户，微众银行的纯信用贷款产品——“微粒贷”提供7×24小时线上服务，办理手续便捷高效，全部流程都在手机上操作完成，借款可最快40秒到账。截至2021年末，“微粒贷”已辐射全国31个省（自治区、直辖市），逾44%的客户来自三线及以下城市，逾80%的客户为大专及以下学历和非白领从业人员。“微粒贷”笔均贷款约为8000元，约70%的客户单笔借款成本低于100元[①]。

针对小微企业，微众银行提供全线上、纯信用的企业流动资金贷款产品——“微业贷”，通过数字化、无须抵质押、随借随用、便捷续贷等特色功能，有效降低了小微企业获得融资服务的门槛。截至2021年末，“微业贷”深入触达全国29个省（自治区、直辖市），服务逾300个县级以上城市，为超过60%的客户提供企业的首笔银行贷款服务。“微业贷”服务的小微客户，户均授信约为88万元，笔均提款约27万元，约60%的小微客户单笔借款利息支出少于1000元[①]。

网商银行于2015年6月开业，作为一家科技驱动的银行，网商银行借助实践多年的无接触贷款“310”模式（见专栏7.2），为众多普惠金融服务对象提供纯线上的金融服务，让每一部手机都能成为便捷的银行网点。

---

① 资料来源：微众银行年报。

网商银行依靠金融科技的技术优势，不断拓展服务范围，服务群体从最初的线上电商，逐步拓展到线下零售、餐饮、服饰、物流、建筑、制造等众多行业的小微客户。截至2021年末，网商银行数字信贷服务的小微经营者达到4553万户①。2018年，网商银行农村金融业务实现突破。利用数据技术和金融科技优势，运用政府在行政行为和公共服务中产生的涉农数据，网商银行通过构建区域专属授信模型，将“310”贷款模式推广到农村，为涉农经营者提供纯信用、无抵押、免担保的数字信贷产品。截至2021年末，网商银行已与全国1000个（约50%）涉农县区达成数字普惠金融合作①。

专栏7.2

“310”贷款模式

网商银行的“310”贷款模式，即3分钟申请，1秒钟放款，零人工干预，依托低门槛、低成本和广覆盖的能力，有效拓展了普惠金融服务。该模式具有如下优势：

一是强大的技术支持。综合应用大数据、人工智能、卫星遥感、隐私计算等技术，针对行业和场景特点，设计了海量的指标体系。

二是数据画像。根据小微客户在电子商务、线下收单、农业种植等各种生产经营活动中积累的信用及行为数据，对客户的还款能力及还款意愿进行较准确的评估并给与客户授信，简化客户贷款申请过程，大幅降低了信贷成本，提高了放款效率。

三是风控体系。创建了多套预测模型和风控策略，涵盖经营者画像、风险评估、准入授信、定价策略、风险预警和监控等信贷生命周期各环节，形成多层次、完整的大数据风控体系。

---

① 资料来源：网商银行年报。

针对农业种植户，网商银行进一步将卫星遥感技术应用于信贷管理，于2020年开发了“大山雀”系统。其特点如下：

一是高科技辨别农作物。根据卫星照片，通过光谱识别农作物，可以识别出水稻、玉米、小麦、苹果等多种作物。农户在手机圈定自己的地块，网商银行通过了解农户的种植情况和生长趋势，同时结合气候、地理位置、行业景气度等因素，利用风控模型预估产量和产值，给予农户精准的授信的信贷支持。

二是数据连通确认农户信息。农户在手机地图圈出自己的农田后，与农业部门记录的土地信息交叉对比验证，实现农户信息认证。

三是卫星遥感识别受灾情况。卫星遥感除了可以助力农作物识别及产量产值估计，还可以自动识别汛期等灾害下农户的受灾情况，助力金融机构定向扶持。

（二）网络借贷（P2P）

P2P网络借贷以互联网技术作为支撑，实现个体与个体之间的信息互通、资源共享和资金流动，为很多无法从银行和其他借贷机构获取资金的融资者提供了一个新的融资途径。中国的P2P网络借贷起步略晚于英国、美国等国家，但发展迅猛。2007年6月，中国第一家P2P借贷平台——拍拍贷上线运营，截至2014年12月末，全国范围内活跃的P2P网络借贷平台达1942家，累计交易额达3058.2亿元①。中国P2P行业在传统模式基础上衍变出了多种“异化”模式，使其内部风险管理和外部监管变得更加复杂。部分P2P平台偏离信息中介的本质属性，为了获利卷入资金借贷关系或担保关系，出现跑路、倒闭、自融、诈骗、非法集资等问题，给整个行业发展带来不良影响。在2016年“互联网金融风险专项整治”中，P2P

① 中国人民银行金融研究所：《新金融时代》，北京：中信出版集团，2015。

网络借贷领域的整治重点是落实网络借贷机构信息中介定位，禁止网络借贷机构突破信息中介职能定位开展设立资金池、自融自保、发放贷款等违法违规活动。到2022年，近5000家P2P网贷机构已经全部停业[①]。

四、互联网保险和理财

金融科技在保险业的应用最初主要在营销端，保险机构依托互联网拓展业务渠道。截至2020年末，经营互联网保险的机构有134家，互联网保费收入在当年保险业总保费收入中占比为6.4%（见图7.11）。随着技术的发展，金融科技的应用逐渐扩展。在产品方面，通过金融科技的运用，保险公司提升了自身的风险识别、定价和产品管理能力，使过去一些不可保风险变为了可保风险，不断推出新的保险产品。比如网络购物场景下的退货运费险，以平均不到一元钱的保费为用户退换货产生的快递费用提供经济补偿。在服务方面，金融科技的运用消除了物理网点和营业时间的限制，实现理赔线上化，审核自动化，运营智能化，降低了保险服务的门槛和成本，提升了服务效率和客户体验。

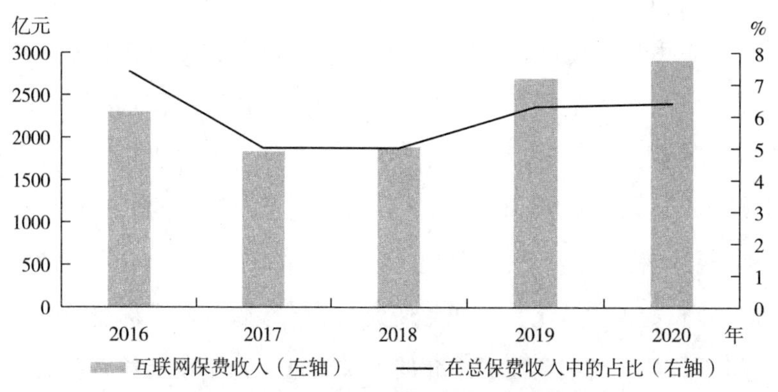

图7.11　2016—2020年互联网保险保费收入

（资料来源：中国保险行业协会）

① 资料来源：中国人民银行副行长陈雨露在2022年5月12日“中国这十年”主题发布会上披露。

2013 年以来，以余额宝为代表的互联网基金的出现使理财投资产品实现普惠化、大众化。传统理财投资产品往往针对富裕人群，并设置一定的门槛和规则。例如，银行理财产品通常需要 3 万元人民币起投，信托产品则要 100 万元人民币起投。2013 年 6 月，阿里巴巴推出在线货币市场基金——余额宝，由天弘基金进行管理。余额宝操作简便、低门槛（1 元起投）、零手续费、可随取随用。除理财功能外，余额宝还可直接用于购物、转账、缴费还款等消费支付。在余额宝的影响下，商业银行纷纷推出类似产品应对挑战，理财投资门槛大幅降低。截至 2021 年末，互联网理财用户将近 2 亿人。

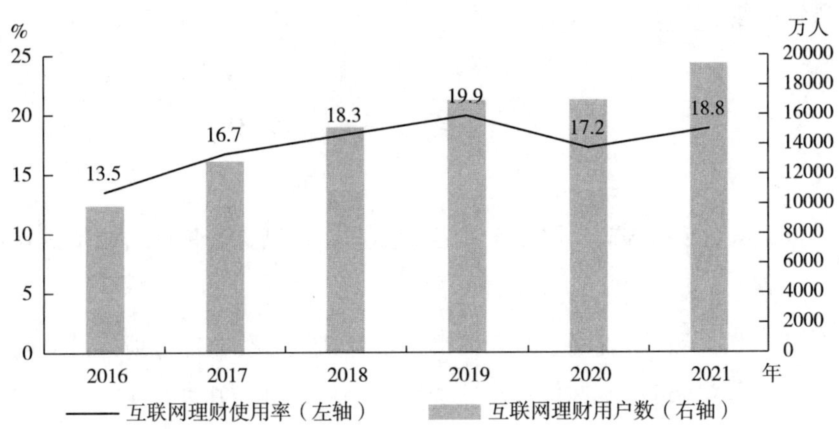

图 7. 12　2016—2021 年全国互联网理财用户数和使用率

（资料来源：中国互联网络信息中心）

第八章　普惠金融改革试点实践

充分利用地方和基层的改革积极性，通过试点，以点带面积累可复制可推广的经验，是中国发展普惠金融的一项重要经验。2012 年以来，涉及农村金融、小微金融等普惠金融主题的试点取得积极成效，形成了很多有代表性的创新实践。

第一节　试点开展情况

根据试点牵头部门、层级、主题的不同，普惠金融领域的改革试点可以大致分为四类。

第一类是经国务院同意，人民银行联合其他部委在部分地区设立的金融改革试验区，试验主题包括小微金融、农村金融、普惠金融、乡村振兴等。2015 年 12 月，国务院批准吉林省为农村金融综合改革试验区，浙江省台州市为小微企业金融服务改革创新试验区。此后，陆续在河南省兰考县等 7 个地区设立普惠金融改革试验区，在山东省临沂市等 3 个地区设立普惠金融服务乡村振兴改革试验区（见表 8.1）。部分试验区已经完成改革任务，顺利结项。各试验区形成了错位发展、各具特色的试点格局。河南省兰考县立足传统农业县实际和中西部欠发达地区县域发展典型特征，试点内容突出“普惠、扶贫、县域”三大主题，着重解决县域经济和农业、农村、农民、农民工问题。福建省宁德市和龙岩市、江西省赣州市和吉安市同属革命老区和欠发达地区，试验区建设的目标是建立与全面建成小康社会相适应的普惠金融发展的保障体系和长效机制，推动革命老区脱贫攻坚和振兴发展，为金融支持贫困地区经济文明和生态文明共同发展探索积累经验。浙江省宁波市地处东部沿海经济发达地区，民营经济发达、小微企业众多，试验区建设侧重探索金融服务民营经济及小微企业发展的有效路径。山东省临沂市是山东省人口最多、面积最大的地级市，是打造乡村振兴齐鲁样板的“主战场”，改革重点在于金融如何有效服务乡村振兴战略。浙江省丽水市立足农业大市、生态大市的区域特点，以探索普惠金融支持乡村振兴为目标。四川省成都市立足“大都市 + 农业农村现代化”的发展要求，试验重点是探索普惠金融支持高水平城乡融合发展的有效途径。陕西省铜川市立足典型资源枯竭型城市的发展实际，以探索普惠金融助力经济转型为目标。

表 8.1　　国务院批准设立的普惠金融改革试验区

时间	地区	主题
2015 年 12 月	浙江省台州市	小微企业金融服务改革创新试验区
2015 年 12 月	吉林省	农村金融综合改革试验区
2016 年 12 月	河南省兰考县	普惠金融改革试验区
2019 年 12 月	浙江省宁波市	普惠金融改革试验区
2019 年 12 月	福建省宁德市	普惠金融改革试验区
2019 年 12 月	福建省龙岩市	普惠金融改革试验区
2020 年 9 月	江西省赣州市	普惠金融改革试验区
2020 年 9 月	江西省吉安市	普惠金融改革试验区
2020 年 9 月	山东省临沂市	普惠金融服务乡村振兴改革试验区
2022 年 9 月	四川省成都市	普惠金融服务乡村振兴改革试验区
2022 年 9 月	浙江省丽水市	普惠金融服务乡村振兴改革试验区
2022 年 9 月	陕西省铜川市	普惠金融改革试验区

资料来源：根据公开资料整理。

第二类是在国务院批复的综合配套改革试验区，人民银行会同地方政府和有关部委推动开展的金融专项改革。2013 年，国务院批复《黑龙江省

“两大平原”现代农业综合配套改革试验总体方案》，要求以转变农业发展方式为主线，以提高农业综合生产能力和农民收入为目标，着力在创新农业生产经营体制、建立现代农业产业体系、创新农村金融服务、完善农业社会化服务体系、统筹城乡发展等方面开展改革试验，着力破解制约现代农业发展的体制机制问题和深层次矛盾。2014 年，人民银行会同黑龙江省人民政府和相关部委制定印发《黑龙江省“两大平原”现代农业综合配套改革试验金融改革方案》，提出了构建金融惠农政策体系完善农村金融组织体系、鼓励金融创新丰富农村金融产品、加强金融基础设施建设改善农村金融生态环境、强化农村金融监管防范金融风险等十一个方面的金融改革任务。2009 年，国务院批复《成都市统筹城乡综合配套改革试验总体方案》，同意成都市在健全城乡金融服务体系等九个方面先行先试。2015 年，人民银行会同四川省人民政府和相关部委制定印发《成都市农村金融服务综合改革试点方案》，结合党的十八届三中全会关于推进城乡要素平等交换和公共资源均衡配置的精神和新形势下成都市统筹城乡综合改革的发展实际，制定了完善金融组织体系、创新金融产品和服务方式、培育发展多层次资本市场、大力推动农村信用体系、健全配套政策措施五个方面的十九项金融改革任务。截至 2020 年末，黑龙江省“两大平原”和成都市农村金融改革已经顺利结项。

第三类是中国人民银行、银保监会等部门按照中央有关农村金融、普惠金融改革的要求，开展的改革试点。2012 年，中国人民银行、浙江省人民政府联合印发通知，决定在浙江省丽水市开展农村金融改革试点工作，并制定了《丽水市农村金融改革试点总体方案》，重点探索创新农村金融组织体系、完善农村金融基础设施、加强金融产品及服务创新、优化农村金融生态环境等内容。2015 年以后，中国人民银行指导分支机构先后在浙江省宁波市、陕西省宜君县、青海省开展普惠金融示范区建设试点。原银监会和原保监会会同甘肃省人民政府在临洮县、和政县开展普惠金融试点。

第四类是金融部门配合其他部门开展的涉及普惠金融领域的改革试点。一是全国人大在广西壮族自治区田东县和安徽省金寨县的农村金融改革试点。二是农业农村部牵头的农村改革试验区中涉及金融改革的项目。截至2020年末，农村改革试验区共有65个，分布在28个省（自治区、直辖市），开展了300余项试点任务①，覆盖了农村改革的主要领域和关键环节。金融改革试点主要围绕拓展农村抵押物范围、积极采用互联网线上服务模式、大力开展农业保险试点以及强化风险防控等方面。

第二节　试点地区主要做法

试点过程中，人民银行等部门根据各地区不同禀赋、经济水平和改革诉求，分类施策，通过建机制、扩机构、推配套、打基础、促创新、调结构等多种举措，推动改革试点取得积极进展。

一、构建多层次多样性的金融组织体系

试点地区将引入外部机构和培育本地金融组织机构相结合，扩大金融机构大额和长期资金的供给能力，形成适度竞争的农村商业金融组织体系。一是优化环境引入增量机构。试点地区加大金融机构的引进和培育力度，引进了包括股份制银行、证券公司等在内的金融机构，并大力推动设立村镇银行、民营银行。二是推进农村金融机构的存量改革。试点地区加快推进农村信用社改革，个别地区还在农信社改制过程中引入民间资本，激发农信社经营活力。三是探索设立新型支农机构。一些地区在试点改革过程中创新设立金融租赁公司、农业租赁公司等，满足农业机械化生产设施融资需求。如吉林省设立东北首家民营银行亿联银行。四川省成都市设

① 资料来源：《中国农村金融服务报告2020》。

立四川新网银行、天府金融租赁公司、中垦融资租赁公司。

二、创新金融产品便利融资

一方面，试点地区因地制宜，有效拓展抵（质）押品范围，提高信贷融资可得性。探索开展农村产权（承包土地经营权、住房财产权、林权）抵押贷款、大型农机具抵押贷款、活体畜禽抵押贷款、应收账款质押贷款、机械设备抵押贷款、知识产权质押贷款等业务，发展订单农业、“企业＋家庭农场”、“公司＋基地＋农户”等产业链融资模式，运用微贷技术创新小额信贷产品。另一方面，试点地区积极支持企业利用直接债务融资工具和多层次资本市场筹集资金，拓宽融资渠道。如浙江省丽水市积极参与银行间市场发行债券，并通过新三板、浙江股权交易中心等股权交易场所实施股权融资；黑龙江省建立直接债务融资重点企业培育和储备制度，支持企业利用短期融资券、中期票据、集合票据等工具实现融资。吉林省启动实施“上市驱动工程”“百千企业挂牌成长计划”，拓宽企业债券融资渠道。

三、扩大基础金融服务覆盖面

试点地区通过布设机具、设立助农取款服务点、金融服务中心等方式，为居民提供小额取现、转账、公用缴费等基本金融服务并探索通过金融服务站提供更多金融服务功能，实现“基础金融服务不出村、综合金融服务不出乡镇”。成都市建成乡镇金融服务中心 282 个、村级金融综合服务站 2679 个。丽水市建立农村金融服务站 2000 多家。吉林省基本实现有需求行政村助农取款服务点全覆盖。宜君县普惠金融综合服务站乡镇级覆盖率、惠农支付服务点行政村覆盖率都达到 100%。

四、深化信用体系建设

试点地区通过完善农村、小微企业信用体系建设，降低“三农”、小微企业融资中的信息不对称问题，改善信用环境。浙江省丽水市建设农村信用信息服务平台，广泛开展信用户、信用村、信用乡镇和信用县建设。黑龙江省推进县域信用信息中心建设。吉林省推进“数据库+网络”数据平台建设。成都市通过“政府归集+平台采集+信用评定”，整合各类涉农信用信息数据，开展新型农业经营主体信用评定。河南兰考试验区建设县级农户和中小微企业信用信息中心，采集农户信息涵盖168项指标、中小微企业信息涵盖447项指标，并开发了信用评级功能供金融机构查询。

五、构建完善风险分散机制

试点地区通过开发保险产品、完善融资担保体系、建立风险补偿金、构建多方参与的风险分担机制等方式完善普惠金融的风险分散机制。龙岩市推动扩大“三农”综合保险覆盖面。成都市创新推出农村土地流转履约保证保险、生猪绝对价格保险、经营主体用工意外伤害保险。兰考县探索银行、政府、保险公司、担保公司四方分担机制，设立贷款风险补偿金和还贷周转金。吉林省设立总规模8亿元的玉米收购贷款信用保证基金，并通过保险服务、风险补偿、贷款贴息等多种方式分散农业生产风险。丽水市组建村级互助担保组织200多家。

六、积极利用数字技术

试点地区积极利用数字技术促进普惠金融服务效率提升。兰考县建设数字普惠金融综合服务平台，对接各类金融服务资源，提供信贷、保险、理财、支付缴费、金融消费者权益保护等功能。成都市建设集普惠金融、财金政策、信用体系、产权交易、资金汇集于一体，线上线下相结合的农村金融综合服务平台（农贷通）。龙岩市在“e龙岩”政务服务APP搭建“数字普惠金融服务平台”，实现融资对接、政策咨询、金融教育、消保维权、金融司法等功能。赣州市、吉安市打造小微客户融资服务平台，开发企业收支流水大数据平台，促进小微企业融资。宁波市引导金融机构运用金融科技创新，开发申请、审批和放款全流程线上产品45款，其中，宁波银行“快审快贷”产品成为全国首批6个“监管沙盒”试点项目之一。开展“刷脸付”示范商圈建设，“刷脸付”交易量全国第一。

第三节　典型案例

一、小微企业金融服务“台州模式”[①]

台州市地处浙江省沿海中部，制造业发达，民营小微企业众多。2020年末，台州市共有民营企业22.2万家、个体工商户46.6万家，每万人拥有民营市场主体数达1049家。全市有221家金融专营机构服务小微企业。2015年12月，台州市被确定为“小微企业金融服务改革创新试验区”，在改革创新实践中形成以“有为政府+有效市场”为主要特征的“台州模式”。2015—2021年，台州小微企业贷款余额、小微企业贷款户数均翻了近一番，小微企业贷款占比约是全国平均占比的2倍，不良贷款率及关注类贷款率之和从3.3%降至1.08%，企业贷款利率从7.40%降至6.12%[②]。

（一）政府怎么做

一是创设金融服务信用信息共享平台，破解信息不对称问题。将市场监管、税务等10多个政府部门中关于小微企业等市场主体信用信息整合汇

① 本案例主要内容来自王去非：《对小微金融“台州模式”的认识》中国金融2019年第20期第39－41页。

② 数据来源：台州市金融办。

集到共享平台，并实行自动采集、实时更新。该平台免费供银行使用。

二是设立小微企业信用保证基金，破解担保和增信难问题。信保基金以“政府出资为主，银行捐资为辅”的方式组建，定位非营利性，年担保费率控制在0.75%且无附加要求，实行基金和银行风险共担，规模由首期5亿元扩至10亿元，合作银行20多家。

三是开展无形资产质押融资创新，破解小微企业抵押物不足问题。2015年，台州成为全国首个商标质押融资试点地区。此外，台州还积极开展专利权、排污权等无形资产质押融资创新。

四是拓展主动性负债和资产证券化渠道，破解地方法人金融机构资金来源问题。一方面，支持法人金融机构开展小微企业专项金融债、绿色金融债、同业存单、大额存单等主动性负债业务；另一方面，积极推动资产证券化业务开展，泰隆银行（台州的一家城市商业银行）成为全国首家注册并成功发行小微企业资产证券化的金融机构。

（二）银行怎么做

一是坚持小微定位，下沉服务重心。台州法人银行一直坚持做小微，从战略、机制、理念、技术、员工队伍及企业文化等方面构建小微金融服务模式。台州法人银行80%的机构是社区支行或小微企业专营支行，80%的机构设在乡镇以下，户均贷款不到30万元。

二是坚持降低门槛，服务长尾客户。台州法人银行减少对抵（质）押物的依赖，对于有劳动意愿、有劳动能力且无不良嗜好、无不良信用记录的“两有两无”客户，如果不能提供抵（质）押物，也找不到合格担保人，可以由与借款人具有亲情、爱情等道义关系的第三人担保，重在考察担保人对借款人创业态度、还款意愿的约束以及经营行为的日常监督，而非担保人的代偿能力，用“信用+道义担保”的方式把个人信用转化为信贷价值，大大降低了对客户资质的要求，最大限度实现金融的普惠化。

三是优化风控模式，实现商业可持续。台州法人银行通过多年探索，形成了一套以软信息收集为主的关系型信贷风控模式；并且通过引入外部大数据、建立信贷工厂等方式，利用金融科技赋能，进一步优化风控模式。台州银行、泰隆银行贷款不良率多年来一直维持在1%左右。

二、兰考县普惠金融“一平台四体系”模式①

兰考县是传统农业县，农民贷款难、信息采集难、风险防控难、金融服务不足、数字金融水平低等问题，是金融服务中的痛点和难点。兰考县以普惠金融改革试验区建设为契机，探索形成了以数字普惠金融综合服务平台为核心，金融服务体系、普惠授信体系、信用建设体系、风险防控体系为主要内容的“一平台四体系”兰考模式。主要做法如下：

一是构建数字普惠金融综合服务平台，实现金融服务“触手可及”。针对传统金融开展普惠金融存在成本高、效率低、风控难问题，兰考建设了市场化运营的数字普惠金融综合服务平台——“普惠通”APP，平台致力于对接各类金融服务资源，提供信贷、保险、理财、支付缴费、金融消费者权益保护等功能，打通普惠金融在县域农村的“最后一公里”，实现金融服务的“触手可及”。

二是建设“4+X”功能的普惠金融服务站，延伸金融服务半径，提升农村地区基础金融服务。为解决农村中老年人存在的“数字鸿沟”问题，提升传统惠农支付点的业务能力，满足农村市场传统基础金融服务需求，兰考探索将普惠金融内嵌于县、乡、村三级便民服务体系，将村服务站建在党群服务中心便民服务厅，与农村基层党建相结合，打造“基层党建+就业扶贫+普惠金融”三位一体服务平台，明确主办银行，提供“4+X”服务：基础金融服务（小额现金存取、支付缴费、惠农补贴查询、社保费缴纳等）、信用信息采集更新、贷款推荐和贷后协助管理、金融消费权益

① 本案例选自《贯彻落实习近平新时代中国特色社会主义思想、在改革发展稳定中攻坚克难案例经济建设》，党建读物出版社2019，内容有删减。

保护；“X”是各主办银行提供的特色金融服务。

三是创新“普惠授信”小额信贷产品，破解农村地区贷款难、贷款贵问题。为解决很多农民因信用记录空白、抵押担保缺乏等原因无法获得贷款支持的问题，兰考试验区改变思路，将“信用+信贷”转变为“信贷+信用”，创新推出普惠授信小额信贷产品，按照“宽授信、严启用、严用途、激励守信、严惩失信”原则，无条件、无差别地给予每户3万元的基础授信。农民只要满足“两无一有”（无不良信用记录、无不良嗜好、有产业发展资金需求），即可启用，普惠贷款一次授信、三年有效、随借随还、周转使用。通过贷款使用建立信用关系，实现信用信贷互促相长。

四是健全信用信息体系，优化农村信用环境。兰考试验区注重信用信贷互促相长，实施守信激励和失信联合惩戒。通过创新普惠授信，在农户“用信”过程中，完成农户信用信息的采集和更新，引导农户积累良好的信用记录，实现信用与信贷互促相长的良性循环，进而优化农村信用环境。

五是建立“四位一体”分段风险防控体系，调动各方参与积极性。为鼓励银行支持弱势群体、弱势行业发展，解决普惠授信风险分担难、权责利不对等问题，兰考试验区探索“银行、政府、保险公司、担保公司”四方分担机制，将贷款不良率划分为4段（2%以下、2%～5%、5%～10%、10%以上），2%以下的不良损失由银行全部承担，政府风险补偿基金随着不良率上升而递增，银行分担比例随不良率上升而递减，由此压实了地方政府优化信用环境责任，解除了银行后顾之忧。

兰考县建立“一平台四体系”以来，形成了“政府引导、市场主导、广泛参与、合作共赢”的普惠金融推进机制，农民贷款难、信息采集难、风险防控难等问题得到较好的解决，农村基层金融服务持续增强。2018年上半年开始，“一平台四体系”兰考模式在省内开封市及22个试点县（市、区）复制推广。

三、田东县农村金融服务六大体系[①]

田东县位于广西西部，是一个以壮族为主体的多民族聚居县，总人口44.08万。2008年12月，根据时任中央政治局常委、全国人大常委会委员长吴邦国在田东调研时的指示精神，田东拉开了农村金融综合改革试点的序幕。田东县将农村金融改革与脱贫攻坚紧密结合，紧紧围绕“精准对接扶贫金融需求，精准完善惠农服务体系，强化金融扶贫工作质量与效率”的要求，探索形成建设机构、信用、支付、保险、担保、村级服务组织等六大金融服务体系为核心的“田东模式”。主要做法如下：

一是大力推动金融机构组织体系建设。为夯实金融服务基础，先后推动村镇银行、助农融资担保公司落地田东，完成农村信用社—农村合作银行—农村商业银行改制工作，成立广西首家农村资金互助社。截至2020年3月末，田东已搭建形成由10家银行金融机构，19家非银行金融机构组成的多层次、梯度化、广覆盖的金融机构组织体系，实现全县乡镇银行网点全覆盖及“金融活水”精准注入机制，切实解决“三农”融资渠道单一难题，为扶贫工作提供强有力支撑。

二是建立和完善农村信用体系。为提高农户贷款可获得性，田东县以推进社会信用体系建设为切入点，大力开展农户信用信息采集、录入、评级和授信工作，建设完成“农户信用信息采集与评级系统”，解决金融机构与农户之间信息不对称问题，提高农民信用意识，不断增强守信受益辐射效应。截至2020年3月末，全县累计完成53个贫困村、1.4万户贫困户的建档评级工作，建档、评级、授信面达100%，授信金额为7.5亿元。为结合脱贫攻坚工作，田东县创新贫困村信用建设工作，在原系统基础上嵌入“精准扶贫”模块，提高农户信用信息与精准扶贫信息融合程度。截

① 本案例选自《金融助力脱贫攻坚实践成果》，中国金融出版社2021，内容有删减。

至2020年3月末，全县累计发放扶贫小额信用贷款24317万元，带动5189户建档立卡贫困户增收脱贫，贫困人口由2015年精准识别时的52109人下降至2019年末的905人，全县贫困发生率从15.01%下降至0.24%。2019年4月顺利脱贫摘帽。

三是构建农村支付服务体系。2009年以来，田东县紧紧围绕“构建安全、高效的农村支付体系”的工作目标，大力推进田东县农村支付体系建设。积极引导金融机构接入大小额支付系统、人民币结算账户管理系统和财税库横向联网，提高农村地区支付体系现代化程度。丰富农村支付服务主体，持续推广非现金支付，引导各金融机构加大贫困地区ATM、POS机、转账电话等支付终端布设力度，将便农支付通道延伸到农民家门口。田东县成为全国首个实现转账支付电话“村村通”的县，实现农民足不出村即可享受办理取款、现金汇款等基础金融服务。

四是建立保险保证体系分散农村金融风险。建立完善信贷风险补偿机制。截至2020年3月末，推动地方政府建立800万元土地经营权抵押贷款风险补偿基金、378万元扶贫小额信贷保证保险基金、2300万元扶贫小额信贷风险补偿基金、736万元小额担保贷款补偿基金，落实风险共担机制。建立县、乡、村三级农村保险保证服务网络，实现农村保险服务站乡镇全覆盖，保险服务点行政村全覆盖。在广西百色市首先开办扶贫小额信贷保证保险。

五是建立抵押担保体系拓宽融资渠道。推动成立和引进融资担保公司2家，为规模种植大户、养殖大户、家庭农场和县域小微企业提供融资担保。推动设立田东县农村产权交易中心，不断完善农村承包土地的经营权抵押贷款管理制度，加快土地流转，增强“三农”融资担保实力。截至2020年3月末，累计产权交易额11.25亿元（其中，贫困村产权交易额3.21亿元）；土地经营权流转鉴证12.27万亩（其中，贫困村土地流转鉴证4.13万亩）；产权抵押贷款15.05亿元（其中，贫困村产权抵押贷款1.37亿元）。

六是建立村级金融服务体系。全面实施“农金村办”，整合利用农村行政资源，建立村级“三农”金融服务室，发展农村支付网络，将金融知识宣传、信用信息采集、贷款调查、还款催收、保险业务办理、小额取现等金融服务向村一级延伸，打通农村金融服务“最后一公里”，缩短金融机构与农户间的沟通距离和时间，缓解农民贷款难、支付结算难的问题。截至2020年3月末，“三农”金融服务室已实现行政村全覆盖，累计协助7.57万农户获得免抵押、免担保小额贷款超过26亿元。

四、数字普惠平台建设案例——成都“农贷通”平台①

成都市“农贷通”平台是集“普惠金融、财金政策、信用体系、产权交易、资金汇聚、现代服务”于一体的服务平台，具有涉农政策发布、信用信息汇集、融资对接入口、贷款审批、报表统计展示等核心功能的线上服务。平台坚持市场化发展方向，坚持线下线上服务相结合，促进市场化风险分担机制不断完善，各类正规金融机构及组织均可参与平台建设，各类服务面向全部农户和新型农业经营主体开放，在探索完善地方金融服务基础设施，引导金融资源支持农村发展方面进行了有益的探索。主要做法如下：

一是多措并举，支农惠农政策有效整合。政府设立“农贷通”风险资金，按照规定的比例分别用于农村产权直接抵（质）押贷款、惠农担保贷款和信用保证保险贷款的风险分担。结合农业产业政策和发展规划，成都市对八类项目给予基准利率30%～80%的贷款贴息；各区（市）县人民政府结合本地实际和产业特色建立了“农贷通”平台支持项目库，入库项目近千个。整合农村产权抵押融资风险基金1.4亿元，用于农村产权直接抵（质）押、惠农担保和信用保证保险等三类贷款的风险分担。人民银行配

① 本案例来自《中国农村金融服务报告2018》，部分数据有更新。

合运用支农再贷款和再贴现工具，引导金融机构精准投放涉农贷款，降低贷款成本。截至2020年末，有70多家金融机构和组织进入平台，累计发布金融产品800多个。“农贷通”系统注册用户4.5万户，发放贷款200多亿元。

二是多方联动，农村信用体系建设持续加强。一方面，“农贷通”平台与成都市大数据和电子政务办及其下属事业单位成都大数据局合作，建立涉农数据共享机制，实现成都市各市级部门及公共事业单位涉农信用数据的归集整合，形成涉农信用基础数据库。另一方面，以村级服务站作为基点，依靠村级金融联络员持续采集涉农主体信息，形成涉农主体信息的线下采集机制，完善基础数据。

三是多头对接，农村产权交易及收储体系不断完善。在信用信息数据库基础上实现融资服务对接，并同步实现与成都市农村产权交易系统的互联互通，为风险抵贷资产提供市场化处置手段，积极解决融资环节前端对接渠道不畅和末端风险资产处置难的问题。成都农村产权交易所已与省内20个市（州）、123个区（市）县实现农村产权交易信息联网运行，截至2020年末累计实现各类农村产权交易1200多亿元，交易规模在全国处于领先地位。

随着农贷通平台应用不断深入，成都市农村金融服务水平不断提升。一是形成各具特色的信贷支持模式。“农贷通”平台重点支持了全市96个农业产业化发展基地，各区县形成了各具特色的信贷支持模式，支持对象涵盖了从小规模种植到产业化发展等不同规模的农业经营主体以及农村基础设施建设项目。二是农村地区普惠金融服务水平大幅提升。农村金融综合服务站、惠农终端等业务的开展，真正实现了“让农户少跑路或不跑路”，就近获得基本金融服务。三是农业农村融资成本大幅下降。通过人民银行货币政策工具引导金融机构定向投放涉农贷款（含贴现），获得支持的各类农业经营主体贷款加权平均利率低至5.56%[①]。同时通过不同幅度的财政贴息、担保费或保费补贴等措施，进一步降低了农业经营主体融资成本。

五、农村信用体系建设的丽水案例

丽水市是浙江省的农业大市，全市176个乡（镇）、3453个行政村，农业人口210万人，占总人口数的84.5%。为破解农户融资中的信息不对称难题，丽水市积极推进农村信用体系建设，探索出一条以建立农户信用信息档案为主要内容、以开展农户信用评价为切入点的破解农民融资难的新路子。主要做法如下：

一是建设信用信息服务平台。2009年，人民银行丽水市中心支行自主开发“农户信用信息系统”，实现农户信用信息电子化建档。为进一步提高信息采集效率、优化平台服务功能，丽水市在“农户信用信息系统”的基础上启动“丽水市信用信息服务平台”开发，并于2018年9月正式上线。该平台是集60多项功能于一体，实现市场监管、税务、法院、社保、农村产权、电力公用事业等政府部门和银行机构信用信息共建共享，为18～60岁农户、新型农业经营主体、小微企业建立信用信息电子档案。

二是开展信用评价。按行政村初评、乡镇复评、县最终审核的程序，对农户进行信用评价，并实行信用评价结果公示制度。

三是广泛开展信用户、信用村、信用乡镇和信用县建设。截至2021年末，全市共有信用户56.7万户，信用村（社区）790个，信用乡（镇、街道）45个。

四是实行信用激励。金融机构结合自身实际，对信用户、信用村（镇）制定相应的贷款优惠政策，实行贷款优先、额度放宽、手续简便、

① 2018年数据。

利率优惠等措施，使守信用的农户得到更多的融资便利与实惠。例如，丽水市农村信用社系统将除嗜毒、吸毒、民间借贷、贷款逾期、案件诉讼等负面清单外的20～65岁农户全部纳入授信清单。农户无须提供任何资料、无须填写任何表格便能获得相应额度的信用贷款授信。银行采取上门走访、电话、短信等多种形式将授信结果反馈至农户。农户通过手机银行等就可实现信用贷款随借随贷。全市3万元以上额度的农户信用贷款授信行政村覆盖率为100%、符合条件农户覆盖率为100%。

六、宜君县普惠金融教育实践

陕西省宜君县先后被确定为全国“金融知识进农村试点”“金惠工程重点推广区”，在金融宣传教育方面形成完整的工作机制，取得了积极成效。主要做法如下：

一是以提高农民金融素养为主线。持续实施金融宣教，强化农民“学金融、懂金融、用金融”的意识，使农民能够主动运用现代金融工具发展生产、改善生活。

二是制定金融教育发展规划，分层次、分群体、分内容开展金融教育。对于产业带头人，主要结合地方政府有关部门给予的产业发展支持政策，配合开展项目融资、资金汇划、征信管理等方面的宣传培训；对于返乡创业农民工，主要在给予创业、专业技术等培训的基础上，进行小额担保贷款、贴息贷款等支持创业融资知识培训；对于进城务工人员，主要进行现代支付应用、贷款产品、信用消费等方面的宣传培训；对于务农留守人员，主要进行假币识别、助农取款服务、金融权益保护等方面的宣传。

三是建立一批普惠金融教育培训基地。在宜君县政府设立农村普惠金融教育培训基地“总站”，在每个行政村设立“分站”，形成覆盖全部行政村的金融教育网络体系。

四是编制出版《普惠金融知识读本》，在宜君县3所试点中学开设金融知识普及课程。

五是开展普惠金融专题宣教活动。结合“金融知识普及月”，通过开设普惠金融宣传专栏、编制普惠金融系列漫画、组织文艺巡演、布放金融知识宣传机等，以老百姓喜闻乐见的方式将金融知识渗透日常生活。

六是组建志愿者队伍。组建涵盖各级政府干部、金融机构从业人员、教师等的普惠金融志愿者队伍，不定期开展培训，形成基层金融知识宣教的骨干力量。

第三部分

普惠金融理论研究

第九章 普惠金融与共同富裕

共同富裕是中国特色社会主义的本质要求，是中国式现代化的重要特征。2020 年底，中国如期完成新时代脱贫攻坚目标任务。到 2035 年，全体人民共同富裕要取得更为明显的实质性进展①。金融是现代经济的核心，在经济社会发展中发挥着重要作用，要把促进共同富裕作为当前金融工作的重要着力点，在促进共同富裕中，普惠金融要主动担当、善于作为②。研究发现，普惠金融通过降低金融服务门槛、促进经济增长等机制可以缩小收入差距，促进共同富裕。与此同时，缺乏经济机会、"精英俘获"现象、金融知识技能差距会影响普惠金融对收入分配的改善作用，甚至可能加大收入不平等。在推动普惠金融高质量发展的同时，应注重疏通金融发挥作用的传导机制，以更好助力共同富裕。

第一节 共同富裕的内涵和目标

共同富裕不是少数人的富裕，也不是整齐划一的平均主义③。实现共同富裕是发展与共享的有机统一，在发展中实现共享，在共享中促进发展。做大"蛋糕"和分好"蛋糕"都是实现共同富裕的途径。实现共同富

---

① 党的十九届五中全会提出了到 2035 年基本实现社会主义现代化远景目标，其中包括："人民生活更加美好，人的全面发展、全体人民共同富裕取得更为明显的实质性进展。"

② 刘桂平:《努力以普惠金融的高质量发展 助力全体人民共同富裕——在 2021 中国普惠金融国际论坛上的发言》。

③ 富裕包括物质富裕和精神富裕，这里仅讨论物质富裕。

裕要分阶段推进，2035 年和 2050 年分别是两个重要时间节点。李实（2021）对共同富裕的阶段目标和衡量指标进行了深入研究：仅就物质富裕而言，收入、财产和享有的公共服务是衡量富裕程度的最好变量，不同人群的收入差距、财产差距、享有的公共服务差异是衡量共享程度的代理变量。对照共同富裕的目标（见表 9.1），现阶段全国人民的富裕程度和共享程度都还有很大提升空间。

表 9.1　　　　分阶段共同富裕的相关指标

年份	收入		财产		基本公共服务	
	水平	共享	水平/速度	共享	水平	共享
2035	人均 GDP 较 2020 年翻一番	收入差距明显缩小	人均财产 = 17 万美元；年均名义增长 12%	财产差距有所缩小	基本公共服务达到中等发达国家水平	基本实现基本公共服务均等化
2050	人均 GDP = 4.2 万美元（2019 年价格），是 2035 年的 3.75 倍	收入差距进一步缩小，收入分配秩序公平合理	人均财产 = 31 万美元；年均名义增长 10%	财产差距明显缩小	基本公共服务达到发达国家水平	全面实现高水平基本公共服务均等化

资料来源：李实：《共同富裕的目标和实现路径选择》，《经济研究》2021 年第 11 期，第 4－13 页。

从富裕程度看，2019 年中国人均 GDP 首次突破 1 万美元大关，达到 10410 美元。2021 年和 2022 年连续两年保持在 1.2 万美元以上，这样的成绩来之不易，但仅比全球平均水平略高，与发达国家相比仍有差距，存在着较大的提升空间。此外，虽然目前我国的人均 GDP 相对比较高，但我国国民的整体收入水平处于比较低的水平。根据国家统计局公布的数据，2022 年我国全国居民人均可支配收入只有 36883 元，折合成美元大约是

5484美元，其中城镇居民7327美元，农村居民只有2993美元[①]（见图9.1）。

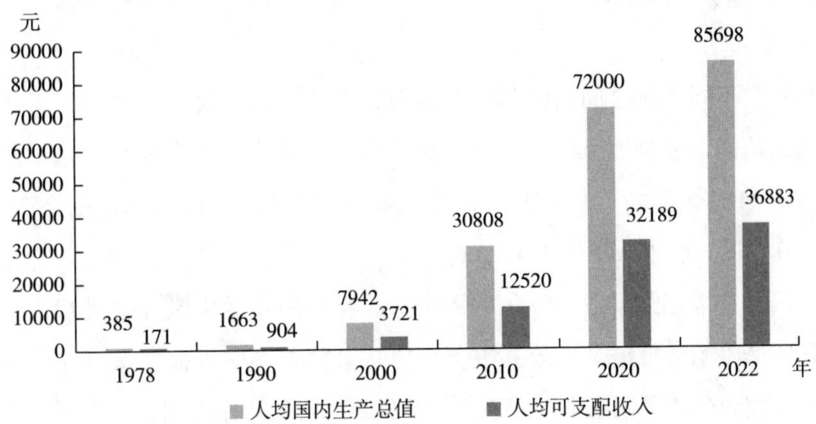

图9.1 1978—2022年中国人均国内生产总值和人均可支配收入增长情况

（资料来源：国家统计局）

从共享程度看，近年来城乡、地区和不同群体居民收入差距总体上趋于缩小[②]。

一是城乡之间居民收入差距不断缩小。随着国家脱贫攻坚和农业农村改革发展的深入推进，农村居民收入增速明显快于城镇居民，城乡居民相对收入差距持续缩小。2011—2020年，农村居民人均可支配收入年均名义增长10.6%，年均增速快于城镇居民1.8个百分点。从城乡居民收入比看，城乡居民人均可支配收入比逐年下降，从2010年的2.99下降至2020年的2.56，累计下降0.43。

二是地区之间居民收入差距逐年下降。2011—2020年，收入最高省份与最低省份间居民人均可支配收入相对差距逐年下降，收入比由2011年的

① 按照2022年人民币平均汇率1美元兑6.7261元人民币计算。

② 本部分内容资料来源：2021年9月28日，《中国的全面小康》白皮书新闻发布会答记者问。

4.62（上海与西藏居民收入之比）降低至2020年的3.55（上海与甘肃居民收入之比）。2020年，东部与西部、中部与西部、东北与西部地区的收入之比分别为1.62、1.07、1.11，分别较2013年下降0.08、0.03和0.18。

三是不同群体之间居民收入差距总体缩小。按居民收入计算，近十几年我国基尼系数总体呈波动下降态势。全国居民人均可支配收入基尼系数在2008年达到最高点0.491后，2009年以来呈现波动下降态势，2020年降至0.468，累计下降0.023。

四是基本公共服务均等化加快推进。在全面建设小康社会进程中，各地区各部门积极推进基本公共服务均等化。完善多层次社会保障体系成效明显，到2020年底我国已经建成世界上最大的社会保障网，基本医疗保险覆盖超过13.5亿人，基本养老保险覆盖超过10亿人。住房保障和供应体系建设稳步推进，全国已累计建设各类保障性住房和棚改安置住房8000多万套，帮助2亿多困难群众改善了住房条件。

尽管取得上述成绩，但应该看到，按照共同富裕的标准，仍需大力解决城乡间、地区间和人群间的收入差距和享受的基本公共服务水平和质量的差异。特别是城乡之间的差距，“促进共同富裕，最艰巨最繁重的任务仍然在农村”①。以收入为例，城乡居民人均可支配收入比值虽然自2008年以来连续下降，但到2022年仍处于2.45倍的较高水平。城乡居民人均可支配收入的差距则由2008年的10550元扩大至2021年的29150元（见图9.2）。从城乡不同群体的差距看，按五等份分组，2020年农村居民高收入户与低收入户的人均可支配收入比为8.23，明显高于城镇居民6.16的水平（叶兴庆，2022）。在公共服务方面，过去城乡基本公共服务差距的缩小更多地表现在“有”和“无”的差别上，即农村基本公共服务覆盖面扩大，而在基本公共服务的种类和质量上仍有很大的差距。例如，在医

① 习近平：《扎实推动共同富裕》，《求是》2021年第20期。

疗和社会保障水平方面，城镇明显优于农村。2021 年第四季度，农村低保平均标准为每人每年 6362. 2 元，为城市低保平均标准的 74. 5%。农村居民医保住院费用实际报销比例也低于城镇职工医保①。

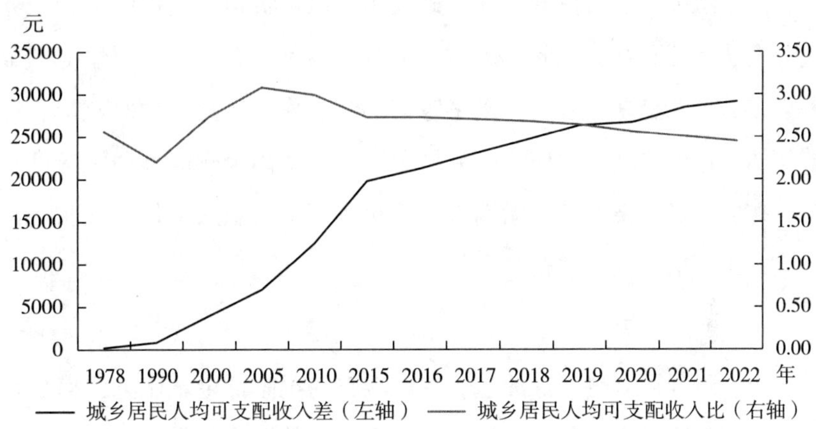

图 9. 2　1978—2022 年中国城乡居民人均收入差距情况

（资料来源：国家统计局）

第二节　普惠金融如何助力共同富裕

金融发展与共同富裕是一个宏大的主题，涉及的理论非常广泛，相关经验研究结论差异也较大。张晓晶（2021）通过微观视角与宏观视角的考察，从金融发展的三个层次（金融深度、包容性、稳定性）深入剖析了金融发展对不平等的影响机制：适度、规范的金融发展有利于减轻不平等，但金融压抑和过度金融化都可能导致不平等加剧。张晓晶认为，金融压抑与金融赶超（以及金融化）并存是中国金融发展的"特色"，二者也成为

① 数据来源：《扎实推进农民农村共同富裕》，《经济日报》2022 年 6 月 8 日第 11 版，http：//www. moa. gov. cn/ztzl/ymksn/jjrbbd/202206/t20220608_ 6401875. html。

当前分配不均的驱动因素。

如前文所述，扎实推进共同富裕，最艰巨最繁重的任务仍然在农村。就我国农村地区金融发展情况而言，突出问题是金融压抑而不是过度金融化。普惠金融强调通过完善金融基础设施，以可负担的成本将金融服务扩展至欠发达地区和社会低收入人群，向其提供价格合理、方便快捷的金融服务。随着普惠金融的发展，越来越多的学者聚焦普惠金融对农户、贫困人群等弱势群体的增收效应。研究结果表明，普惠金融能够通过降低金融服务门槛、促进经济增长、涓滴效应等机制帮助低收入群体增加收入，缩小收入差距，助推共同富裕。

（一）直接效应

普惠金融强调金融发展的包容性，能够通过降低金融服务门槛推动改善收入分配差距。由于信息不对称、交易成本等因素的影响，传统的金融服务会设置一些如抵押担保之类的准入门槛，导致低收入群体无法获得正规金融服务，难以利用金融工具扩大生产、增加收入。普惠金融推进完善金融基础设施，扩大金融服务覆盖面，降低了弱势群体获取金融服务的门槛，使其能够享受储蓄、投资、借贷、保险等服务。储蓄帮助服务对象平滑消费，增加自有资本积累和抵御风险的能力。信贷可得性的提高帮助服务对象增强生产投资能力，促进创业，加强人力资本积累，进而促进发展，提高收入水平。保险服务提升居民应对自然灾害、疾病等风险能力，规避风险事件对收入的负面冲击。金融投资门槛的降低、金融知识的普及则为农村家庭提供更多接触金融资产的机会，有利于增加财产性收入。普惠金融发展有利于全面增强弱势群体自主发展能力，缓解生产、生活脆弱性，缩小与其他群体的收入差距。尹志超等（2019）的研究发现，普惠金融对于人均意义上的工资性收入、工商业收入、投资性收入以及转移性收入均有显著的正向影响，对于后 3 项收入的影响更大。并且，普惠金融对低收入家庭的收入提升效果更强。

（二）间接效应

普惠金融发展通过促进经济增长、涓滴效应等间接帮助低收入群体增加收入。

随着普惠金融的发展，金融交易的成本有效降低，金融服务的效率不断提升，居民可以选择的金融产品更加丰富，有助于促进落后地区的储蓄积累和投资转化，强化当地资本的内生积累能力，提高储蓄—投资转化率，促进经济增长。经济增长通过带动就业、激发创业创新活动、提高财政收入和转移支付水平等多个渠道促进居民收入增加。李建军等（2020）采用 2009—2016 年的省级面板数据，实证分析了普惠金融发展对经济增长和城乡收入差距的影响。研究表明，普惠金融发展水平每提高 1 个标准差，人均实际 GDP 增长率将提高 3.5 个百分点。

涓滴效应（Trickle - down effect）即经济发展过程中，一部分优先发展起来的群体或地区通过消费、投资使低收入群体获益，对收入分配、包容性增长产生长期影响。例如，普惠金融与数字技术结合，即使无法接触到互联网的农户，也能通过电商等渠道被纳入市场，间接受到数字普惠金融的影响，增加收入，促进消费（张勋等，2020）。

第三节　阻碍普惠金融助力共同富裕的因素

研究发现，普惠金融助力共同富裕受到多种因素影响。从作用机制来看，精英俘获、经济机会不足、金融素养匮乏等因素会阻碍普惠金融作用的发挥，甚至可能加大收入不平等。从发展阶段来看，普惠金融的影响或呈非线性，即在特定阶段，其对共同富裕的推动作用才会凸显。

（一）缺乏经济机会

无论是直接效应，还是间接效应，普惠金融对居民收入发挥作用都主要通过经济活动实现。市场、投资、创业、就业等经济机会是影响普惠金融作用发挥的重要机制。经济机会的缺乏将导致金融部门资金配置无效，对经济增长的促进作用和收入分配的改善作用有限。李建军等（2020）发现，东部地区经济发展水平高，民营、小微企业众多，普惠金融能够通过资源配置促进东部经济增长，但对市场机会相对匮乏的中西部地区影响有限，或加剧区域发展的不平衡。

（二）存在“精英俘获”现象

精英俘获（elite capture）描述了政治或经济上强势的少数群体利用优势地位占有了本来是为多数人配置的资源的一种现象。众多研究发现，精英俘获现象是降低扶贫项目效率，影响贫困治理的主要原因（胡联等，2019）。普惠金融领域的“精英俘获”表现在金融机构偏离普惠金融目标，优先将金融资源分配给收入水平高、拥有社会资本或政治关联的资金需求方，不能真正惠及欠发达地区低收入人群。王小华等（2021）对13个省2532个农户家庭惠农贷款（在贷款成本或者信用抵押上存在较大优惠的农户贷款）的实证研究发现确实存在“精英俘获”现象。

（三）金融知识和技能存在差异

正确合理使用金融工具是普惠金融促进收入增长的前提。受个体受教育程度和认知能力影响，不同群体在学习能力及金融素养层面存在差异。受教育程度高、学习能力强的人，能够快速掌握金融知识，合理使用金融产品，获得更高收入；而金融知识和技能不足的人金融需求有限，难以有效利用金融工具谋取更高收入，可能导致收入差距不断被拉大。这一现象在数字金融领域比较明显。数字金融在可得性、成本可负担性等方面弥补了传统金融的诸多不足，对扩大普惠金融覆盖面发挥了很大作用。但由于不同群体在接入、使用数字金融服务方面存在差异（即数字鸿沟），数字普惠金融的发展可能会加大收入差距。尹志超等（2021）的研究发现，数字鸿沟降低了家庭的总收入，对家庭工资性收入、工商业收入、财产性收入、转移性收入和其他收入均有负向影响 ，并且数字鸿沟对低收入家庭的收入负向影响更大。王修华、赵亚雄（2022）认为，现有城乡家庭之间在数字设备和金融教育方面存在的差距，可能会削弱数字金融发展缩小城乡家庭金融可得性差距的正向效应。

此外，普惠金融对收入分配的影响不一定具备持续性，或呈“门槛”或倒“U”形特征。Greenwood 和 Jovanovic（1990）最早提出金融发展和不平等之间存在倒“U”形关系：在金融发展早期阶段，由于金融门槛的存在，穷人无法获得金融服务，在财富分配中处于劣势，收入分配差距拉大，但随着经济的成熟、金融中介的发展与穷人收入的积累，越来越多的穷人将满足融资条件，获得资金支持用以提高人力资本和发展生产，从而提高收入。在普惠金融发展初期，由于缺乏合理的政策引导及激励措施，一方面金融产品供需不能很好适配，另一方面由于精英俘获等因素的影响，高收入居民从普惠金融中获得的好处多于低收入居民，此时普惠金融发展反而会扩大收入差距。发展到一定程度后，包容性增长效应才能显现，收入不平等现象得到改善。

第四节　相关启示

研究发现，普惠金融能够通过降低金融服务门槛、促进经济增长等机制帮助低收入群体增加收入，缩小收入差距。但也要注意，经济机会不足、精英俘获、金融知识技能差异等因素会影响普惠金融对收入分配的改善效应，甚至可能加大收入不平等。普惠金融理念与“以人民为中心”的发展思想和共享发展理念高度契合，在扎实推进共同富裕和社会主义现代化进程中，应继续大力发展普惠金融，提升金融服务的覆盖面，打通金融服务的“最后一公里”。普惠金融助推共同富裕的效果受多种因素影响，因此，在推动普惠金融高质量发展的同时，应重视疏通金融发挥作用的渠道。

一是降低“精英俘获”现象对普惠金融作用的影响。通过完善信用评价机制、健全风险分担机制、建立精准对接机制等措施，强化“首贷户”的培育和服务，引导金融机构将资源配置到边际效应更高的普惠金融服务对象，避免普惠金融领域里的“垒大户”。

二是增加普惠金融服务对象的经济机会。更加重视农村地区，特别是中西部农村地区产业培育、技术培训、市场开发、就业培训等“造血”机制建设，优化小微企业营商环境，增加普惠金融服务对象参与经济活动的机会，提高其发展能力，使金融资源能真正发挥作用。

三是持续加强金融消费者教育，提升消费者金融素养，缩小数字鸿沟。特别是加强农村地区金融知识普及和教育[①]，改善农村地区的通信基础设施、升级数字化金融硬件设施，弥合城乡之间的“接入鸿沟”和“使用鸿沟”，使低收入群体能正确运用金融知识，科学使用金融工具，更有效发挥普惠金融作用。

---

① 根据中国人民银行金融消费权益保护局发布的《消费者金融素养调查分析报告2021》，我国农村地区消费者金融素养水平明显低于城镇地区，其中金融知识方面的差异最大，农村地区消费者的金融知识得分61.13，比城镇地区低6.41分。

第十章　中小银行治理与普惠金融可持续发展[①]

治理有效、稳健运营的供给主体是保证普惠金融可持续性的基础。近年来，中小银行风险事件不时发生，表面上看是银行经营不规范、风险管理能力不足，但深层次上大多是公司治理问题。“维护金融稳定，改进对中小金融机构的公司治理和监管，使它们保持健康，也是维护和推动普惠金融和包容性发展的一个方面”[②]。应从强化监管、形成良好的股权结构、影响大股东风险承担意愿、限制可能的“掏空”行为等方面综合施策，促进中小银行的稳健经营。

第一节　银行治理的特殊性

一、公司治理的含义及主要治理机制

对一般公司（非金融企业，以下同）而言，公司治理的核心是解决公司投资者与管理者由于利益不一致产生的委托代理问题。Shleifer 和 Vishny（1997）认为，由于管理者和投资者（包括股东、债权人等）利益不一致，

① 本章内容发表于《金融理论与实践》2020 年第 6 期，合作者为郑六江，原文题为《中小银行大股东治理与银行风险——一个文献综述》。

② 2022 年 4 月 22 日，博鳌亚洲论坛 2022 年年会期间，博鳌亚洲论坛副理事长、中国金融学会会长周小川在金融支持包容性圆桌会议上表示。

公司治理的根本问题是保证公司投资者能够获得投资回报。由于未来情况的不确定性，投资者不能通过与管理者订立完全契约来彻底解决委托代理问题，需要公司治理机制发挥作用。总体来看，投资者有以下四种方式监督管理层：（1）集中股权，让大股东有意愿对管理层进行约束；（2）股东通过控制董事会（监事会）的规模和结构，让董事会按股东利益行动；（3）完善管理层薪酬机制设计，让管理层与投资者利益一致；（4）通过经理人市场，依靠市场竞争约束管理层（de Haan and Vlahu，2016）。

二、银行公司治理的特殊性

相对非金融企业，银行有三个特征。一是银行杠杆率较高。根据 Laeven（2013），银行杠杆率一般为10左右，远高于其他非金融行业企业。二是银行业业务复杂，且信息透明度、信息不对称程度远远高于其他行业（Grove et al.，2011）。三是银行外部性较强。由于银行在金融中介和经济体系中的地位，银行破产往往有较严重的影响，可能会给经济整体带来系统性风险，且银行经营失败将对经济带来较大的成本，这些成本超出了股东的承担能力（Laeven，2013）。

银行公司治理的特殊性使其公司治理不同于一般公司。

第一，由于银行业务复杂及透明性较低，公司治理中的委托代理问题更为严重。信息高度不透明使得委托代理合约设计更为困难，内部人更容易牺牲股东及其他相关者的利益来追求他们自身的利益（Akerlof and Romer，1993；Caprio and Levine，2002）。

第二，高杠杆下，银行股东有激进经营的强烈激励：如果冒险成功，股东得到杠杆经营的全部收益，如果银行失败破产，则破产成本需要分摊给债权人，而股东往往只承担一部分甚至是一小部分成本（Demsetz et. al.，1997）。

第三，由于其外部性，银行往往由存款保险和政府（隐性）担保，这让银行更有激励承担风险（Demsetz et. al.，1997，de Haan and Vlahu，2016）。

因此，一些文献认为，银行公司治理不应仅考虑股东利益，还需要兼顾其他主要利益相关者（存款者和其他债权人）的利益。曾康霖、高宇辉（2005）认为，完善的银行公司治理应包括股东控制、金融监管、政府行为与市场环境等四方面内容。

由于银行公司治理的特殊性，其治理机制与绩效的关系较为复杂。Levine（2004）认为，银行极大的不透明性和严格的政府监管使得其治理机制较为特殊，对一般企业有效的公司治理机制可能对银行并无效果或效果有限。de Haan 和 Vlahu（2016）综述有关文献后认为，对于银行公司治理，传统公司治理理论下股东监督管理层的四种方式效果都受到影响，一些非金融机构公司治理文献中的经验证据并不适用于银行。

第二节　大股东治理与银行风险

股东治理是公司治理的基础动力机制，大股东在推动公司治理机制建设中起关键作用。对于银行，大股东治理作用发挥不足可能导致内部人控制问题，但过度干预银行经营也可能给银行带来道德风险。

一、大股东治理作用发挥不足导致内部人控制

当大股东治理作用不足时，公司治理容易形成内部人控制局面。英美公司的内部人控制主要指公司高管利用对公司的控制损害股东权益。我国中小银行内部人控制较为特殊，还具有“中国式”内部人控制的特点。“中国式”内部人控制是指由于政治、社会、历史、文化和利益等因素联系在一起，公司董事长是事实上的“一把手”，董事长而不是 CEO 成为很多“中国式”内部人控制的核心（郑志刚，2018）。

由于我国中小银行类型多，治理结构复杂，内部人控制表现复杂多样。

第一种是股权分散造成内部人控制。我国城商行、农村金融机构股东持股仍较为分散，大股东持股比例低，股权结构复杂，使股东之间较难形成有效制衡，也不能对高管进行有效监督，造成内部人控制问题（纪淼和李宏瑾，2019）。

第二种是股东权利受到抑制，所有权实质性缺位。这主要表现在绝大部分农信社（农商行）。在省联社行业管理下，高管的任命、管理等权限还主要归于省联社，农信社股东权利普遍受到抑制（蓝虹和穆争社，2016）。

第三种是虽然银行股权较为集中，但大股东对管理者监督不足。在我国的公司治理实践中，第一大股东为政府部门或国有企业的企业，其董事长、总经理等关键职位往往由政府组织部门参照干部考察程序任命，被任命者由于经过政府任命，身份特殊，其他股东及内部高管难以进行有效制衡（郑志刚，2018）。同时，在个别高风险中小银行中，内部人控制和大股东操纵问题相互交织，如包商银行案例中，内部人与大股东形成利益共同体，恶意掏空银行（周学东，2020）。

二、大股东通过关联交易损害中小股东及银行利益

银行业务的复杂性和不透明性为大股东通过关联交易从银行攫取利益提供了天然条件。虽然少数文献从大股东与银行信息沟通优势等方面说明关联交易有一定合理性，如 Cull、Haber 和 Imai（2006）的实证认为，关联贷款本身是中性的，它对银行的影响好坏取决于银行的外部制度约束和内部治理结构完善程度。但大多文献认为，大股东可能通过关联交易降低银行资产质量，损害中小股东和存款者的利益（Johnson et al.，2000；Porta and Zamarripa，2003；Enriques，2015）。同时，大股东通过关联交易从

银行攫取不正当利益还可能损害银行治理机制，从而损害银行竞争力。例如，张敏等（2012）对我国银行的实证表明，银行大股东为了从银行取得较多的关联贷款，可能会与高管形成一定程度的合谋：大股东降低银行高管薪酬与银行业绩之间的关联性，同时容许高管进行更多的在职消费，而高管则向大股东发放更多的关联贷款。

三、大股东缺乏制衡，恶意“掏空”银行

银行业务的复杂性和不透明性使得大股东更容易从银行攫取不正当利益。大股东可以从两个途径攫取不正当利益：一方面，大股东可能会利用对公司的控制，牺牲中小股东利益，相对合法地为自身谋取利益（Johnson et al.，2000；Rajan and Zingales，1994）；另一方面，控股股东在某些法律和监管环境下，可能通过转移资产、利润等方式攫取个人利益（Johnson et al.，2000）。这两方面内容不是截然分开的。例如，同样是利用关联交易渠道，大股东可以利用合规的关联交易从银行获取信贷资源从而间接获取利益，也可能隐瞒重要信息直接从关联交易中攫取利益。我国近几年不少高风险中小银行机构要么公司治理制衡机制没有建立，要么体现为被控股股东随意控制（周小川，2020）。

四、股东过度承担风险

相对于管理者，银行大股东的风险偏好更高。银行的高杠杆资本结构使银行股东有强烈的激励进行激进经营，股东可以享受全部成功的收益，却可以将失败成本分摊给债权人，只承担一部分甚至是一小部分成本（Demsetz et. al.，1997；Levine，2004；de Haan and Vlahu，2016）。由于管理者可得到“控制权”收益，同时管理者在公司投入了专用人力资本，如果公司破产，管理者会失去他们投资的财富，管理者风险偏好比股东低（Devriese et al.，2004）。

较多实证文献支持银行大股东风险偏好更高的观点。Pathan（2009）、Iqbal 等（2015）、Beltratti 和 Stulz（2012）、Erkens 等（2012）的实证发现，股东在银行公司治理中势力越强，银行风险越高。Fortin 等（2010）、Peni 和 Vahamaa（2012）、Berger 等（2014）的实证认为，银行董事会的股东导向程度与银行风险水平正相关。国内文献中，杨有振和赵瑞（2010）研究我国 11 家商业银行 2004—2008 年的数据认为，银行股权集中度与不良贷款正相关。祝继高等（2012）对城商行的实证表明，银行第一大股东控制能力与不良贷款率正相关。但也有部分文献不支持这个观点（孙君阳，2008；曹廷求和朱博文，2012）。从我国大量高风险中小银行机构情况看，表面上是经济下行使银行产生大量不良资产和亏损，但实质上在于银行激进经营（纪森和李宏瑾，2019）。

对于中小银行，单个股东控股所需资金量相对较小，更容易形成“一股独大”，大股东对公司风险的影响更为突出。另外，我国中小银行股东性质较为复杂，政府对相当部分的中小银行有较大的控制力，使大股东道德风险问题更加复杂化：一方面，政府为了地方经济发展，可能会扶持地方银行发展，降低银行风险。曹廷求等（2006）对山东、河南两省 29 家中小银行的实证结果表明，政府对银行的控制降低了银行风险。另一方面，地方官员会出于政治考虑干预地方银行发展，提高银行风险。例如，纪志宏等（2014）对我国地级市城商行的研究认为，地方官员在升迁压力较大的时候，会动用自身资源扩张经济规模，这种行政干预往往会导致银行风险上升。雷光勇和王文（2014）的研究认为，一方面，政府干预让城商行承担了隐性负担，城商行风险提高；另一方面，政府可能改善公共治理环境，降低借款人的违约风险。

第三节　如何规制大股东治理风险

公司治理是一个有机整体，其不同机制相互影响，相互补充，共同决定了公司治理质量。防范股东治理风险，需要从强化监管、形成良好的股权结构、限制可能的“掏空”行为，影响大股东风险承担意愿等方面综合考虑。

一、强化整体监管

一方面，监管可以直接降低银行风险。少部分文献对监管对银行公司治理机制的影响进行了研究。Ciancanelli 和 Gonzalez（2000）认为，监管作为很强的外部力量，会影响股东对管理层的约束作用及市场约束作用，改变银行公司治理效果。Laeven 和 Levine（2009）的实证认为，当一家银行被广泛持有时，更严格的监管会降低银行风险，在法律对股东权利保护较好的国家，大股东对银行风险的影响有所减弱。

另一方面，监管会对其他银行公司治理机制进行补充和替代。曾康霖和高宇辉（2005）认为，银行公司治理（包含监管）不同机制之间既有替代效应也有互补效应。洪正和周轶海（2008）认为，良好的银行公司治理有赖于恰当的监管政策。但总体上看，监管与银行公司治理机制的互动关系未受到充分重视，大多数银行公司治理的实证文献均以股东治理为中心，聚焦“股东—管理层”的委托代理关系，而忽视了监管的作用，极大降低了银行公司治理的应用价值（de Haan and Vlahu，2016；Laeven，2012）。在监管缺位或不足情况下，银行的公司治理机制可能“形似而神不似”，公司治理机制效果受到限制。

二、股权适度集中，避免“一股独大”

大股东是银行管理层最主要的监督者。小股东由于缺乏必要的信息和监督管理者的专业技能，且监督成本与监督利益不对称造成“搭便车”问题，不能对管理者进行有效监督，因此银行股权过度分散会导致所有者缺位，管理者缺乏监督，形成内部人控制。股权集中后，大股东在监督管理者方面比小股东更有优势，也更有激励约束管理者（Shleifer and Vishny，1997；Levine，2004；Jensen and Meckling，1976）。

也有学者认为，银行股权过于集中容易造成大股东控制，形成较大风险，而过于分散则形成内部人控制。银行股权结构过度集中，或者过于分散，都不利于形成完善的公司治理机构（周学东，2020）。张吉光和朱柯达（2019）认为股权是银行治理问题的根源，在中小银行股权结构问题上，一方面要防止股权过度集中，形成大股东控制，导致股权制衡失效；另一方面要防止股权过度分散，管理层未受到股东有效制约，出现内部人控制。

三、防范大股东过度承担风险

对于大股东倾向于过度承担风险的问题，Boyd 和 Nicoló（2005）进行了较好总结，认为根本解决方法是使股东的激励与存款保险公司（代表社会公众）的激励一致，这可以有两种相关但不同的方式。

第一种方法是决策者可以强迫银行股东违背自己的意愿持有更多的股份。为保证此类政策的效果，必须限制银行提高风险的能力，或者让银行在经营失败时付出高昂的代价，这包括对银行实行强制性资本要求、对财务杠杆进行限制等。

第二种方法是给予银行股东足够的利益，主要是通过允许银行赚取垄断租金，让银行特许经营变得更有价值。Hellman、Murdoch 和 Stiglitz（2000）及 Repullo（2003）的研究都认为，银行在存款市场竞争较小时，破产风险会下降。Caprio 和 Klingebiel（2000）对全球银行业危机进行研究后认为，要让银行业运行良好，就必须同时使用胡萝卜（让银行有利可图）加大棒（迅速更换不良经理，让所有者承担重大损失以及更多的存款流失）的策略，这种机制将确保银行家只能承担审慎的风险。

另外，进一步强化银行信息披露。信息披露是银行业监管的重要内容。2006年《巴塞尔协议Ⅱ》将信息披露作为银行业有效资本监管的第三个支柱，2017年3月巴塞尔委员会发布的《第三支柱信息披露：整合和强化框架》进一步强化了银行信息披露要求。一方面，信息披露可以降低银行风险。许友传（2009）等认为信息披露可以帮助监管当局和投资者作出决策，从而抑制银行的激进经营行为。朱波等（2016）认为银行信息披露有助于引导银行减小不同银行之间的资产相关性，从而降低系统性风险。另一方面，银行信息披露也有助于改善公司治理，与公司治理互相影响。Mehran和Mollineaux（2012）总结相关文献后认为，通过信息生产，可以改善金融机构的治理，并认为需要研究信息披露和治理之间的相互作用。目前，我国商业银行特别是中小银行信息披露质量不高。李春涛和王立威（2015）认为城商行信息披露时效、内容、准确性等方面都存在很多问题。胡奕明和李忠良（2015）对国内90家非上市城商行和农商行的年报信息披露情况进行分析认为，非上市城商行和农商行对新的风险管理方法和创新金融产品方面的信息披露较差。

四、加强关联交易监管及中小股东权利保护，限制可能的“掏空”行为

一是强化大股东与银行的关联交易监管。实践中，各国都较为重视关联交易的监管，制定了相关法律规范和细则。但由于关联交易较为复杂，一些文献强调，关联交易监管更需要落实到监管行动上面，同时需要成熟的执法机构和非法律支持机构（如独立的金融媒体和相关社会规范）的支持（Enriques，2015）。

二是加强对中小股东权利的法律保护。理论上，强化对中小股东的法律保护能够提高大股东违法违规成本，降低大股东“掏空”风险。Johnson等（2000）、Laeven和Levine（2009）等的研究认为，投资者权益保护可以减少股东的“攫取”行为。另外，对投资者的法律保护还会改善银行内

部治理机制质量，形成对大股东的制衡。例如，Grove 等（2012）分析了 2005 年 190 家最大的美国和欧洲上市银行的董事会质量，结果显示，欧洲股东的法律保护低于美国，当所有权更加集中时，董事会的质量就更低，而美国大股东与少数股东发生冲突的预期成本较高，控股股东会推动设立更高质量的董事会。

五、探索非传统监管——中小银行股东加重责任

传统监管（如防范大股东过度承担风险，限制大股东直接“掏空银行”等）有自身的局限性：由于银行业务复杂性和不透明性，大股东可以规避监管，采用较为隐蔽的行为或监管范围之外的方法损害银行。基于此，越来越多的国家突破股东在股本限额内承担有限责任的原则，要求银行主要股东承担超过股本限额的非有限责任，即股东加重责任。与传统监管注重过程、行为监管不同，股东加重责任是结果导向，只要银行发生了重大风险事件，无论主要股东是否有直接的行为责任，都应该分担股权资本限额之外的损失。

股东加重责任（Enhanced Obligation）概念来自美国金融控股公司监管规则的总结，最早由哈佛大学法学院教授 Howell E. Jackson 于 1994 年提出。目前，美国、欧盟、日本、俄罗斯等国家（地区）都有相关的立法和监管内容。其中，美国的法律规制相对较多，内容包括资本维持承诺、实力来源原则、立即矫正措施、交叉担保和新银行关闭政策等。从各国经验看，股东加重责任主要有两方面的内容：一方面，在银行资本不足时，主要股东补充资本或协助银行补充资本；另一方面，在银行处于高风险状态时，主要股东需要协助处理风险并在股本限额之外承担部分风险损失。

我国对银行股东加重责任制度的研究还较少。隋伟和刘俊（2008）对我国金融控股公司的法律规制进行研究后认为，应该尽快制定金融控股公司法并将股东加重责任制度引入金融控股公司法。杨松和宋怡林（2017）

从民法原则与银行治理特殊性的角度分析认为，股东加重责任是银行主要股东额外承担的法律义务，该义务超越了传统公司法的有限责任边界，这有利于银行克服固有道德风险。在实践层面，2013 年中国银监会印发的《商业银行公司治理指引》规定，当商业银行资本不能满足监管要求时，“主要股东不得阻碍其他股东对商业银行补充资本或合格的新股东进入”。2015 年银监会《关于促进民营银行发展的指导意见》提出，将民营发起股东“有承担剩余风险的制度安排”作为民营银行设立的五项原则之一，首批获批的 5 家民营银行在公司章程或发起人协议中都在一定程度上体现了该内容。2020 年人民银行发布的《金融控股公司监督管理试行办法》规定了金融控股公司对所控股金融机构的资本补充责任和救助义务，最详细地体现了银行股东加重责任。

第四节　总结与启示

防范大股东道德风险是中小银行治理需要关注的重要问题。银行业的高杠杆性及不对称的收益结构使大股东承担风险意愿较强，银行业务复杂性和不透明性又为大股东直接“掏空”银行提供了天然条件。由于银行业的特殊性，其公司治理机制间相互影响。特别是，监管是直接防范中小银行风险的有效手段，更是银行整体治理机制的重要组成部分，对银行公司治理效果有重要影响。因此，防范中小银行大股东道德风险，需要从强化监管、形成良好的股权结构、影响大股东风险承担意愿、限制可能的“掏空”行为等方面进行综合考虑，构建完善的银行整体治理机制，任何一方面的短板都可能影响整体治理效果，直接导致其他治理机制失效。

我国存在全国股份制商业银行、城市商业银行、农信社（农商行）、村镇银行等多种类型中小银行业金融机构，中小银行业公司治理质量与我国经济高质量发展要求还有差距，尚不完全符合现代金融企业权力制衡、激励相容等要求特征。股东行为不合规，银行公司治理内部机制“形似而神不似”等问题普遍存在，不同类型的银行机构问题表现差异较大。总体上，需要分银行类型，针对该类银行主要问题，弥补治理短板，综合考虑整体治理机制对大股东的激励约束作用，完善股东治理，提高中小银行整体公司治理水平。

第十一章　普惠金融风险分担机制研究[①]

在"三农"、小微企业等普惠金融重点领域，因信用、信息不足等问题产生的较高风险制约着金融机构主动服务的积极性。建立多方参与的风险分担机制是缓解普惠金融服务对象"融资难、融资贵"的重要手段，也是普惠金融成本可负担、商业可持续的长效机制之一。

第一节　普惠金融风险分担机制概述

"三农"和小微企业融资难的一个重要原因是信用、信息不足产生较高风险，金融机构缺乏主动服务这些群体的积极性。通过融资担保等增信和风险分担机制缓解普惠群体融资难问题，是一项重要的制度安排。从国际上看，美国、日本、德国等发达国家均建立了较为完善的融资担保体系。我国从20世纪90年代开始探索融资担保体系建设，行业管理逐渐规范。2015年以来，国务院先后发布《关于促进融资担保行业加快发展的意见》等文件，部署加快发展主要为小微企业和"三农"服务的融资担保行业。一方面，明确了融资担保行业发展的方向，厘清和强化了融资担保行业"支农支小"职能和准公共产品定位，提出大力发展政府支持的融资担保机构。另一方面，配套建立了融资担保考核激励机制和财政支持政策，考核要求不断细化，激励措施不断强化。

---

① 本章内容来自笔者主持的中国人民银行2020年度重点研究课题《我国普惠金融风险分担机制研究》，课题获评三等奖，核心内容发表于《金融发展研究》2020年第6期。

2020年以来，在新冠疫情冲击下，叠加贸易摩擦影响，小微企业经营压力加大，对财政、金融支持政策的需求更加强烈。人民银行综合运用差别化存款准备金率、再贷款、再贴现等政策工具，并创新两项直达实体经济的货币政策支持工具，引导金融机构加大对小微企业、“三农”等主体的支持力度。财政部发布《关于充分发挥政府性融资担保作用为小微企业和“三农”主体融资增信的通知》（财金〔2020〕19号）强调政府性融资担保、再担保机构要积极为小微企业和“三农”主体融资增信，努力扩大业务规模。实践中，以融资担保为基础，发展出了政府、担保公司、银行、保险公司等多种主体组合的风险分担机制。总体来看，我国普惠金融风险分担机制建设取得了明显进展，但也存在担保机构风险管理能力不足、杠杆倍数过低、代偿率持续走高、风险分担比例设定单一等问题。

一、融资担保的功能

小微企业和“三农”等普惠群体普遍缺乏有效的抵押物，以至于传统金融机构常用的借助资产抵押解决信息不对称的方式失效，且难以甄别借款主体真实的还款来源和还款意愿。信息不对称使融资交易中始终存在逆向选择和道德风险，而融资担保恰恰具备对事前信息不对称的补偿功能（Berger et al.，2011）。融资担保制度能够缓解因信息不对称而导致的信贷配给，缓解部分“长尾”普惠群体的融资约束，提升融资可得性（Besanko and Thakor，1987；Columba，2009）。王琰和杨娉（2016）实证检验了担保对中小微企业的必要性，研究发现，与大型企业相比，融资担保在缓解中小微企业“融资贵”方面的作用更为显著，通过提升中小微企业债券信用等级，进而降低融资成本。

另外，融资担保制度具有风险分担功能，有助于提高银行对普惠金融贷款风险的容忍度，强化对银行的正向激励。融资担保机制促使信息在金融机构和借款主体之间更好传递，将原来银行与借款主体双方的信贷交易关系转换为银行对借款主体、银行对担保公司、担保公司对借款主体等多方信贷交易契约，产生信用叠加效应，实现多方受益和多重风险防控（Hurwicz，1960，1972）。皮上玉（2020）构建了关于风险分担机制对农业供应链各参与方利益影响的理论模型，并进行数值模拟，验证了合理的风险分担机制提升了各参与方的收益，并且有助于缓解金融机构的“慎贷”行为。

二、普惠金融风险分担机制设计应重点关注的问题

一是道德风险问题。一方面，小微企业和“三农”主体的信息不完全程度高，天然具有较高的道德风险。徐临等（2017）使用层次分析法和熵值法测算出，小微企业的道德风险在融资担保机构风险影响因素中排第四位。与风险水平对应的担保成本可以对借款主体形成约束，防止出现道德风险，这比单纯由金融机构评估信贷风险的约束机制更为有效。另一方面，普惠金融风险分担机制设计也要注意银行的道德风险，防范银行转嫁信用风险。

二是激励相容问题。机制设计理论指出，在制度或者规则的设计者不了解所有个人信息的条件下，设计者所要掌握的一个基本原则，即所制定的机制必须能够给每个参与者一定激励（Hurwicz，1960，1972；赵曦等，2009）。在银担合作过程中，商业银行往往过于强势，对风险分担比例的议价能力较强，在一定程度上阻碍了合理的风险分担机制的构建（阚晓西等，2018）。此外，部分地方政府采取行政手段，强行压低担保费率，致使担保机构盈利性差，经营能力较弱（阚晓西等，2018）。因此，普惠金融风险分担机制设计要充分考虑激励相容问题。

第二节　风险分担机制的理论模型

本部分以银担合作为例，使用博弈论方法建立风险分担机制的理论模型，重点考察在担保机构全额担保和比率担保这两类风险分担机制下，各参与方的最优策略选择，探讨不同风险分担机制的适用条件。

一、无风险分担时借贷双方博弈分析

假设小微企业选择向银行申请规模为 A 的贷款，利率为 r。银行有两个博弈策略，分别是“放贷”和“拒贷”。如果银行选择“放贷”，那么对应的资金成本为 K。如果小微企业用贷，并能够正常经营，将获得 m 的净收益率，反之，如果小微企业用贷，但遭遇不可预料风险，将获得 m^0 的净收益率（$m > m^0$）。小微企业有两个博弈策略，分别是“守信”和“失信”。本文假设小微企业不会恶意违约。当银行选择“放贷”策略时，若小微企业经营正常，则会选择“守信”策略，银行和小微企业的收益为 $(rA - K, mA)$；若出现经营风险，才会选择“失信”策略，双方得益为 $(rA - K - C, m^0A)$，其中，C 为银行到期未能收回的本金。当银行选择“拒贷”策略时，那么无论小微企业选择“守信”或“失信”策略，双方得益均为（0，0）。

		小微企业：守信	小微企业：失信
银行	放贷	$(rA-K,\ mA)$	$(rA-K-C,\ m^0A)$
	拒贷	（0，0）	（0，0）

图 11.1　无风险分担时借贷双方博弈分析

根据图 11.1 可知，该博弈有两个纯策略纳什均衡，分别是（放贷，

守信）和（拒贷，失信），且（放贷，守信）优于（拒贷，失信），因此（放贷，守信）为帕累托上策均衡，（拒贷，失信）为风险上策均衡。由于小微企业或“三农”等普惠群体具有信息透明度低、抗风险能力较弱、缺乏抵押品等特点，银行更偏好风险上策均衡，因此低效率的（拒贷，失信）均衡会得到强化，普惠群体信贷可得性较弱。接下来，扩展模型将引入担保机构，构建三方风险分担博弈模型，进一步讨论融资担保在破解小微企业和“三农”领域融资难、融资贵方面如何发挥作用。

二、有风险分担时各参与主体博弈分析

假设银行（博弈方 1）有两个博弈策略，分别是“放贷”和“拒贷”；小微企业（博弈方 2）有两个博弈策略，分别是“守信”和“失信”；担保机构（博弈方 3）的策略选择是“全额分担”或“比率分担”。

假设不存在小微企业恶意违约的情况。当银行选择“放贷”策略时，若小微企业经营正常，则会选择“守信”策略。令守信的概率为 α，即小微企业出现经营风险的概率为 $1-\alpha$。小微企业用贷，并能够正常经营，将获得 m 的净收益率，反之，小微企业用贷，但遭遇经营风险，将获得 m^0 的净收益率（$m > m^0$）；担保机构可以选择任何策略行动。当银行选择“拒贷”策略时，那么无论小微企业和担保机构选择哪种行动策略，银行、小微企业、担保机构的得益均为（0，0，0）。

假设担保费率为 g，全额担保的成本为 D，风险分担比率为 q，$q \in (0,1)$，比率担保的成本为 qD。实践中，担保费用一般由贷款人承担，故模型设定担保费用由贷款人承担，暂不考虑政府部门贴息等财政支持情况。

三方动态博弈可用图 11.2 的扩展形表示。其中，（放贷，全额分担，守信）对应的收益为 $[rA-K, mA-g(1+r)A, g(1+r)A-D]$；（放贷，全额分担，失信）对应的收益为 $[rA-K, m^0A-g(1+r)A, g(1+r)A-D-(1+r)A]$；（放贷，比率分担，守信）对应的收益为 $[rA-K, mA-g(1+$

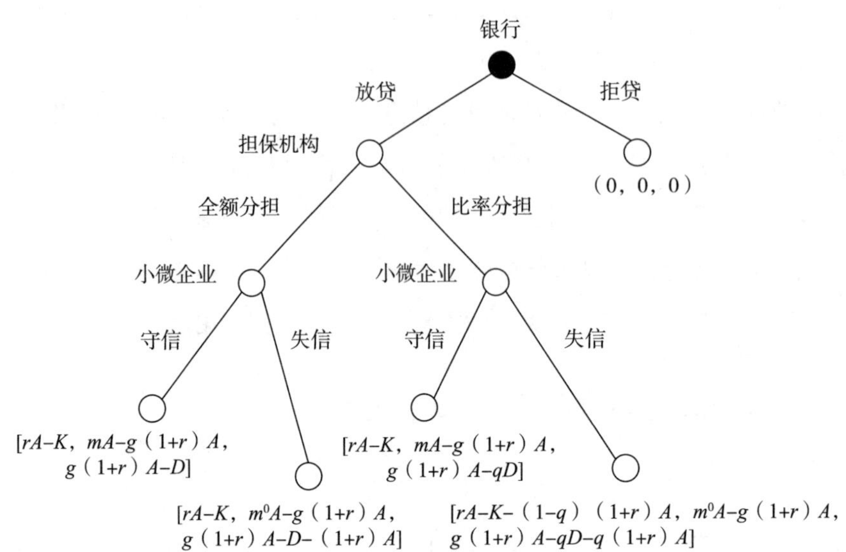

图 11.2　三方动态博弈

$r)A,g(1+r)A-qD]$；（放贷，比率分担，失信）对应的收益为$[rA-K-(1-q)(1+r)A,m^0A-g(1+r)A,g(1+r)A-qD-q(1+r)A]$。

采用逆向归纳法进行博弈分析。首先，分析第三阶段小微企业的最优策略选择。由于$mA-g(1+r)A>m^0A-g(1+r)A$，即“守信”的收益始终大于“失信”的收益，所以小微企业将选择“守信”策略。其次，考虑担保机构的策略选择。由于$g(1+r)A-D<g(1+r)A-qD$，即“比率分担”的收益始终大于“全额分担”的收益，所以担保公司将选择“比率分担”策略。最后，考虑银行的策略选择。当小微企业和“三农”选择“守信”策略，且担保公司将选择“比率分担”策略时，银行选择“放贷”策略的收益更高，即$rA-K>0$。根据上述分析，（放贷，守信，比率分担）为最优策略，风险分担机制降低了银行面临的违约风险，提高了小微企业和“三农”的信贷可得性，同时，担保公司获得了相应收益。由此，得到：

结论 1：融资担保降低了银行面临的违约风险，能够有效提升小微企业信贷可得性。

然而，小微企业和“三农”面临较高的经营风险，存在 $1-\alpha$ 的“失信”概率，意味着银行“放贷”后存在 $1-\alpha$ 的概率面临收益损失。当担保机构全额分担时，银行的期望收益为

$$E1 = rA - K \tag{1}$$

当担保机构比率分担时，银行的期望收益为

$$E2 = \alpha(rA - K) + (1-\alpha)[rA - K - (1-q)(1+r)A] \tag{2}$$

不同风险分担模式下，银行期望收益的差值为

$$E1 - E2 = A(1-\alpha)[(1-q)(1+r)] \tag{3}$$

显然，$E1 - E2 > 0$。与“全额分担”策略相比，担保机构选择“比率分担”策略会降低银行的放贷激励，风险识别能力弱的银行激励降低程度相对更大，但在一定程度上却有助于降低银行道德风险。由此，得到：

结论 2：当小微企业失信概率一定时，在银行风险识别能力普遍较强的地区，实现（放贷，守信，比率分担）均衡的概率相对更大。

当担保机构全额分担时，担保机构的期望收益为

$$E3 = \alpha[g(1+r)A - D] + (1-\alpha)[g(1+r)A - D - (1+r)A] \tag{4}$$

当担保机构比率分担时，担保机构的期望收益为

$$E4 = \alpha[g(1+r)A - qD] + (1-\alpha)[g(1+r)A - qD - q(1+r)A] \tag{5}$$

不同风险分担模式下，银行期望收益的差值为

$$E3 - E4 = (q-1)[D + (1-\alpha)(1+r)A] \tag{6}$$

显然，$E3 - E4 < 0$。与“全额分担”策略相比，担保机构选择“比率分担”策略期望收益更大。当担保机构选择“全额分担”策略时，由式（4）可得，随着“守信”概率 α 减小，担保机构收益 $E3$ 降低，但不会影响银行“放贷”意愿（$E1$ 保持不变），一方面，需要提高银行的风险识别能力，防范银行道德风险；另一方面，通过财政手段对选择“全额分担”策略的担保机构给予适当补贴是必要的，有助于提升担保机构积极性。当

担保机构选择“比率分担”策略时，随着“失信”概率增加，银行期望收益 $E2$ 下降，即银行“放贷”意愿下降，小微企业和“三农”的信贷可得性降低，故需提高分担比率 q，使 $E2$ 增加，给予银行正向激励。由此，得到：

结论 3：在小微企业经营风险普遍较高的地区，通过财政手段对分担比率高或全额分担的担保机构给予适当补贴，有助于提高担保机构和银行服务小微的积极性。

第三节　我国普惠金融风险分担机制的现状和问题

一、我国普惠金融风险分担机制建设情况

目前，在各项政策推动下，我国已经初步形成“一体两翼四层”（政策性担保为主体，商业性担保和民间互助性担保为两翼，全国、省、市、县分层组建）的融资担保体系，但全国层面缺少如美国小企业管理局那样高层级的统筹管理部门，且各级之间的担保机构相对独立，缺少联动机制。从组织形式和运作机制上看，可以划分为担保公司、担保基金、互助担保、风险缓释（补偿）基金、再担保机制等类型（详见第四章）。

二、我国普惠金融风险分担机制存在的问题

已有研究普遍认为我国普惠金融风险分担机制面临担保机构风险与收益不对等、“担而不偿”、代偿率偏高、放大倍数过低，以及银担风险分担不合理等问题（于孝建和徐维军，2013；阚晓西等，2018；黄琦，2019；马国建和韦俊杰，2020；等），严重地制约了担保体系政策性功能的发挥。

第一，我国担保机构风险与收益不对等问题较为突出。阚晓西等

(2018）指出，一方面，担保机构参与银担合作的准入门槛高，且风险分担比例高；另一方面，担保费率较低，政策性担保费率不足1.5%。于孝建和徐维军（2013）认为，银行在银担合作中具有主导地位，出于规避风险目的，尽可能少承担或不承担风险。短期来看，银行承担风险可能会导致收益下降，然而长期来看，银行适度承担风险能够缓解担保体系的代偿压力，实现激励相容，进而提高其总体收益（梅强和许红珍，2014)。

第二，我国担保机构代偿率偏高，进一步抑制放大倍数提升，未能充分发挥“支农支小”作用。2019年末，融资担保行业的放大倍数仅为2.14，远低于政策规定的10～15倍上限。梅强和许红珍（2014）借鉴系统动力学的分析方法，以江苏省数据进行动态仿真模拟，研究发现，当代偿率增加到一定值时，增加放大倍数会加重担保机构亏损。

第三，银担风险分担比例设定不够合理，部分区域出现“担而不偿”现象。在银担合作过程中，担保机构风险分担比例相对较高（阚晓西等，2018)。风险分担比例的设置需要对担保费率、担保比例、再担保费率和再担保比例等因素进行综合考量（梅强和秦默，2008)。此外，黄琦(2019）通过对河南省22家金融机构进行调研，发现部分区域存在“担而不偿”现象，出险后，担保公司会和金融机构讨价还价，尽量避免代偿。

（一）放大倍数低的主要影响因素

一是担保机构展业较为谨慎。政府性担保机构在接受金融监管的同时，还受国有资产管理部门关于资产保值增值的考核。金融监管部门主要从担保机构服务中小微企业和“三农”主体的数量、放大倍数和担保费率等方面进行评价，国有资产管理部门则通过考核经营指标，侧重国有资产保值增值。一些地方反映，严控业务风险成为考核重点，导致担保机构开展业务较为谨慎。

二是担保“代偿困难”，银行积极性不足。调研发现，出险后，一些担保机构并不愿意与合作银行按协议代偿，而是希望通过讨价还价减少分担比例、延后支付，甚至避免代偿。如某银担合作产品代偿最短的为6个月，最长的达48个月；某政府性担保机构在多家银行的融资担保贷款形成不良后均未进行代偿。

三是行业能力不足、准入门槛高，企业享受服务有难度。由于担保机构风险识别和管理能力不足，授信审批较为谨慎，对企业准入要求普遍较高。如在年纳税额等方面设置门槛，需要提供反担保等。

（二）代偿率持续走高的主要影响因素

一是“三农”、小微企业等服务对象具有风险较高的特点。《关于促进融资担保行业加快发展的意见》提出“三农”和小微企业融资担保在保户数占比5年内达到不低于60%的目标。按照政策引导的方向，融资担保机构逐步向“支农支小”职能定位调整。“三农”和小微企业本身具有信用风险较高的特点，加之受宏观经济调整等因素影响，小微企业经营困难加剧，违约风险上升。商业银行贷款不良率和融资担保代偿率都呈上升趋势（见图11.3）。

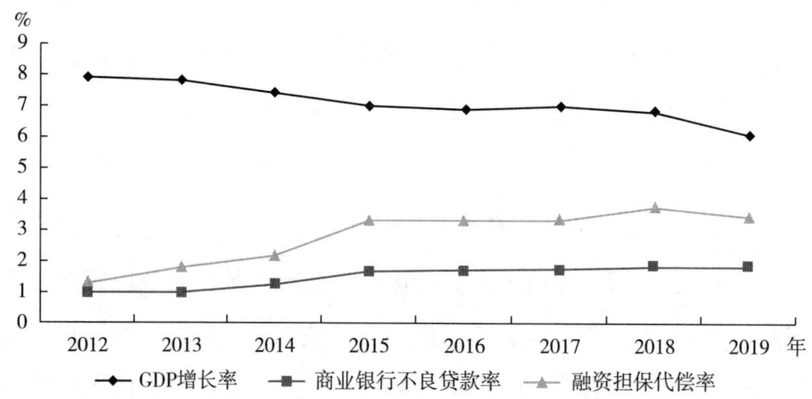

图11.3　2012—2019年经济增长及银行不良贷款情况

（资料来源：国家统计局、银保监会）

二是担保机构风险分担比例高，银行道德风险问题突出。风险承担者基于规避风险、保持业务可持续发展的考虑，往往有较高的积极性去管理贷款风险，而被减少风险的参与者则容易出现过度冒险和道德风险。因此，在融资担保机制设计中通常会设定担保限额和风险分担比例，如德国最高担保额一般不超过125万欧元，担保机构与银行风险分担比例为8:2。美国小企业管理局为固定资产类贷款提供担保比例不超过40%。在我国，国务院办公厅《关于有效发挥政府性融资担保基金作用　切实支持小微企业和“三农”发展的指导意见》明确规定，银担合作中银行风险分担比例不低于20%，但实际落实效果并不理想。调研反映，担保机构100%承担风险的情况很普遍。银行的道德风险体现在两个方面：其一，进行客户筛选，将风险较高的项目纳入担保贷款项目；其二，放松贷前审查、贷后管理等要求。

三是担保机构“小而散”现象突出，人员专业能力普遍不足。截至2019年末，全国注册资本在1亿元以下的国有控股机构近800家，规模小、专业人才缺乏。大部分政府性担保机构特别是市县级机构都是行政化运作，其经营管理层大多由政府职能部门人员抽调任职甚至兼职，且目前我国对于融资担保机构从业人员没有资格认定等相关要求，人员专业能力普遍不足，风险管理水平远低于银行。此外，担保机构缺乏市场化薪酬激励和考核约束，事前业务开展与人员薪酬不挂钩，事后追责方面没有形成与职责匹配的约束机制。

第四节　政策建议

一、完善政府性融资担保体系建设

一是理顺监管考核机制。在《政府性融资担保、再担保机构绩效评价指引》（财金〔2020〕31 号）的基础上真正落实降低政府性担保机构资本保值增值和盈利要求，重点考核政策效益和经营能力。发挥绩效评价的导向作用，对于评价结果良好的机构，在资本金补充、风险补偿、补贴等方面给予切实的支持。二是建立长效资本补充机制和逆周期调节机制。建立财政对政府性融资担保机构的持续增资机制，将补充资本金纳入财政预算。将财政支持政策与宏观经济运行状况及政策性担保业务情况挂钩，及时动态调整资本补充、风险补偿、保费补贴、业务奖励等政策，激励担保机构在经济下行期稳定放大倍数、降费让利。三是建议制定相关工作指引，建立健全“尽职免责”机制，激发担保机构扩大业务的积极性。

二、创造良好政策环境提升银行的积极性

落实《关于做好政府性融资担保机构监管工作的通知》（银保监发〔2020〕39 号）要求，将银行与政府性融资担保机构合作情况作为单独指标，纳入商业银行小微企业金融服务监管评价体系。对资本实力强、经营稳健、财务状况良好的政府性融资担保机构提供的银行贷款，研究结合银行业金融机构实际承担的风险责任比例，适当降低风险权重。

三、探索完善银担合作模式

一是科学设定、动态调整风险分担比例。如最初可考虑以合作银行小微企业平均风险水平作为银行承担风险比例的上限，担保机构承担风险溢出部分。在合作机制运行过程中，可根据银行不良率、担保机构代偿率的变动灵活调节分担比例，建立银行不良率上升越快，风险分担越多的联动机制，以抑制过度冒险倾向。二是完善风险分担的免责机制约束道德风险。通过不良贷款审计等机制明确在银行没有尽到准入审核和风控管理职责的情况下，担保机构免于承担担保责任，促使商业银行更好地履行风险管控职责。

四、借助金融科技手段完善基础设施建设

一是大力支持有意愿、有技术、有能力的融资担保机构接入金融信用信息基础数据库。加强普惠金融信息平台建设，整合政府相关部门数据资源，降低交易成本，提高风险分担机制各参与方的风险管理水平，促进银担合作效率和稳定性。二是提升担保机构信息化水平和数字风控能力，优化业务流程，强化内部控制管理，提高其审贷和贷后管理水平。三是探索数字技术在代偿流程标准化、担保品处置等方面的应用。

第十二章　国际经验研究与启示

格莱珉银行在小额信贷和扶贫领域享有国际盛名，其模式被复制到40多个国家，是一种有代表性的普惠金融模式。美国的农村金融体系具有商业性、合作性、政策性金融相结合的典型特征，三者分工协作，较好地满足了农业生产和农村经济生活的金融需求，对美国现代农业的发展提供了较强的支撑。对这些代表性模式的研究对于完善我国相关制度、促进普惠金融发展具有启示意义。

第一节　格莱珉普惠金融模式研究及启示

1976年，经济学家穆罕默德·尤努斯（Muhammad Yunus）在孟加拉国乡村的试验开创了国际小额信贷运动的先河。后于1983年正式成立“格莱珉银行”（Grameen Bank）为更多低收入人群提供无抵押、无担保的金融服务。2006年，因“从社会底层推动经济和社会发展的努力”，尤努斯与格莱珉银行共同获得诺贝尔和平奖。截至2022年9月末，格莱珉银行累计发放贷款353.5亿美元，贷款回收率高达97%，服务1000多万名会员，覆盖孟加拉国94%的村庄[①]。格莱珉模式先后被复制到全球40多个国家，包括美国、英国等发达国家，是一种有代表性的普惠金融模式。赵茂等（2020）比较全面地综述了对格莱珉模式的多角度研究：一方面，该模

① 资料来源：http：//www.grameen.com。

式有利于经济发展、提升贫困人口收入和就业水平，增强社会关系网。另一方面，该模式也存在不足，如可能导致信贷权限使用的不公平性，以及家庭债务危机、道德压力过大、家庭矛盾等问题。

我国也有复制格莱珉模式的实践，但总体来说并不成功。无论是自发学习的国内小额信贷组织，还是格莱珉银行直接参与的项目，发展都十分艰难缓慢（冯兴元，2014；闫军，2015；孔令佳等，2021）。由此引发的讨论也很多。程士强（2018）把相关观点总结为“技术劣势论”“本土化不足论”“过度本土化论”①，并结合江苏项目案例从社会学角度分析了文化观念和社会背景因素的影响：这一外来的制度模式和组织形式在地方社区层面遭遇了高度的文化排异反应，也缺乏与之相匹配的社会基础。

孟加拉国、美国等国的实践表明，在相关条件保障下，格莱珉模式是一种可持续的普惠金融发展模式，能有效减少对特定弱势群体的金融排斥，扩大金融服务覆盖面，促进社会包容性发展。下文通过对孟加拉国“格莱珉银行”（Grameen Bank，GB）和“格莱珉美国”（Grameen America，GA）的研究，总结格莱珉模式实现持续稳定经营的条件，以期形成对该模式的客观认识。

一、格莱珉银行（GB）的运营模式及特点

GB 依据《1983 年格莱珉银行条例》（2013 年被《格莱珉银行法》取代）成立，注册资本为 420 万美元（1 亿塔卡），实收资本为 126 万美元

① “技术劣势论”从技术角度对格莱珉信贷制度本身的某些具体特征进行分析，指出该制度在技术上的劣势，比如程序比较烦琐，在中国未获得法律上的合法吸储资质，从而限制了信贷资金上的自给自足和规模扩张。“本土化不足论”从文化和国情的角度指出中国和孟加拉国分别属于两个明显不同的文化系统，格莱珉模式是孟加拉国特定文化下的产物，与中国的文化、国情不匹配，或者突出国内的学习者在执行时没有根据中国文化和社会背景对格莱珉模式进行足够的本土化改造。“过度本土化论”强调中国的格莱珉项目未能严格按照格莱珉模式进行规范操作，或者为了利益与便利而放弃了小额信贷的普惠性和社会性方面的追求，或者受到政府的干预而导致机构性质政府化，从而出现客户筛选的偏差和还款违约问题。

（3000万塔卡）。孟加拉国政府和金融机构持股60%，会员（借款人）持股40%，每个会员的股份都是相同的100塔卡（属合作金融性质）。随着会员股份越来越多，政府股份占比不断下降。截至2019年末，其注册资本为1.37亿美元（100亿塔卡），实收资本为1308万美元（9.52亿塔卡），其中会员持有76.13%的股份，政府持股23.23%，其余0.64%的股份由两家银行持有。GB董事会有13人，其中9人由会员股东选举产生，主席和董事总经理等4人由政府任命。尤努斯从创始至2011年5月担任董事总经理。

GB定位为“穷人的银行”，致力于帮助穷人尤其是农村妇女摆脱贫困。银行主要发放无抵押小额贷款，平均贷款额度在300美元以下，贷款用途涵盖生产、住房、教育、创业等，形成了独特的信贷投放机制和经营模式。

（一）严格筛选穷人为贷款对象

银行提出10项脱贫指标，涵盖了衣食住行、教育、卫生条件、医疗、资产等。借款人距离上述标准差距越大，越符合贷款申请条件。从一定程度上避免了资金向部分富裕农户集中、脱离普惠与扶贫初衷的现象。实践中，农村妇女成为银行的主要信贷对象，1000多万名会员中97%是女性。这类妇女平时大多不参与商业性劳动，基本以操持家务为主。GB通过信贷刺激与小组教育方式，将妇女闲置劳动力的商业价值挖掘出来，提高其社会地位，逐步实现脱贫。

（二）首创互助贷款模式

借款人在自愿基础上，每5人形成一个小组，小组成员社会背景与贷款目的相近，成员互相帮助与监督，这是GB的最主要运作特征。通常每6～8个小组就近结盟成为一个中心，各中心每周按时与银行员工开会，进行学习和交流。“5人小组”至少接受7天的培训，通过面试后才能获得贷款。贷款由小组团体隐性担保（但无法律责任），并通过小组会议和中心会议制度核实资金的使用情况。在第一代格莱珉模式中，如果有一个人不能通过面试，整个小组都无法获得贷款。GB 于 2000—2005 年进行改革，“格莱珉二代”中，小组放贷改为个人贷款，5 人小组依然存在，但是每个组员根据自己的情况获得贷款，贷款的额度、期限、还款方式都不再相同。

（三）围绕贫困人群特点设定贷款发放条件

小额信贷无须任何抵押担保；贷款期通常为 1 年，按周分期偿还；后续贷款发放取决于第一笔贷款的偿还情况；借款小组及银行员工对贷款情况进行密切监督；通过借款小组成员相互监督，制约道德风险，降低审核成本与执行成本；银行利用中心会议制度加大交易透明度。

（四）推出灵活多样的金融产品与服务

GB 利用小额贷款及相关培训促使穷人自雇创业，或者主动参与各类简单的农业、制造业生产活动，以形成收入，建立自我造血功能。GB 的主要贷款产品是“基本贷款”（basic loan），借款客户一开始借贷就从“基本贷款”开始，贷款的额度、期限因人而异。银行还为穷人提供住房贷款、教育贷款、农业季节性贷款、贷款者养老金、储蓄、贷款保险与生命保险等多样化产品与服务。

（五）贷款管理与决策下沉

GB 严格选聘和培训员工，培养他们吃苦耐劳及奉献精神，形成为穷人服务的企业文化。GB 在选拔和培训员工时，非常注重员工的情怀和使命特质——“不仅了解贫穷，而且愿意用努力来改变贫穷”。新入职的员工需要进行为期 12 个月的高强度培训，其中有 6 个月在支行工作，无法忍受每天访贫问苦繁重工作的人被淘汰，高达 35% 的新招聘员工无法通过培训阶段的考验（杜晓山等，2017）。银行员工中 65% 是一线信贷员，他们深入农村主动拜访借款人，确保偏远乡村的穷人都能依靠劳力和技能得到资金帮助。银行加强员工培训并逐步将管理与决策权限下沉至基层，形成分散化管理与决策机制。

表 12.1　格莱珉银行分支机构、从业人员及会员情况（1983—2020 年）

项目	1983 年	1990 年	1995 年	2000 年	2005 年	2010 年	2015 年	2016 年	2017 年	2018 年	2019 年	2020 年
分支机构（个）	86	781	1055	1160	1735	2565	2568	2568	2568	2568	2568	2568
覆盖村庄（个）	1249	19536	35533	40225	59912	81367	81392	81395	81400	81677	81678	81678
员工数（名）	—	—	—	11699	16142	22255	21651	21043	18185	18105	18053	18096
信贷员（名）	—	—	—	7448	9166	12613	12734	12279	11922	11739	11720	11690
会员（百万名）	0.58	0.87	2.06	2.38	5.58	8.34	8.81	8.90	8.93	9.08	9.26	9.34
女性会员占比（%）	46	91	94	95	97	97	97	97	87	97	97	97
借款人（百万人）	—	—	—	—	5.05	6.61	7.18	7.29	7.23	7.12	8.07	7.02
人均贷款额（美元）	—	—	—	—	85	143	170	207	242	257	229	229

资料来源：http：//www. grameen. com。

二、GB 实现持续稳定经营的关键因素

1983 年以来，GB 仅有 3 年是亏损的[①]，其余年份均实现了盈利，2019 年净利润达 5563 万美元，为历年来的最高值。稳定的资金来源、可持续的贷款利率、政府税收豁免是格莱珉银行实现持续稳定经营的三个关键因素。

（一）稳定的资金来源

小额贷款早期的资金来源主要是社会的慈善捐助或政府投入资金，具有不稳定性。《1983 年格莱珉银行条例》规定 GB 可以吸收公众存款和发行债券。GB 可以吸收公众储蓄，这是它与孟加拉国小额信贷市场中其他非政府组织（NGO）的不同之处，其他组织只能从会员处吸储（杜晓山等，2017）。自 1995 年起，GB 决定不再接受任何捐助资金。2002 年以后，

① 1983 年（成立当年）、1991 年（重大水灾）和 1992 年（重大水灾），这 3 年格莱珉银行的净利润分别为 -0.59 万美元、-0.64 万美元和 -15 万美元。

存款成为其主要资金来源。2005 年以后存款余额开始超过贷款余额，形成了可持续性的资金来源。截至 2022 年 9 月末，格莱珉银行存款余额达 24.4 亿美元，贷款余额为 15.4 亿美元。

（二）可持续的贷款利率

格莱珉银行的贷款利率依据借款人的财务状况和还款能力确定，而不是资金成本。GB 支付给存款人的利率最高为 12%，贷款利率分为四档：一是对于贷款支持的经济活动能产生收入的基本贷款（Basic Loan），年利率为 20%，这类贷款占比在 95% 左右；二是住房贷款，年利率为 8%；三是教育贷款，年利率为 5%（贷款者受教育期间免息）；四是乞丐贷款免息（Grameen Bank，2017）。

GB 主流贷款产品 20% 的利率水平高于传统商业银行的利率，但低于政府发放的小额贷款利率（22%），更远低于民间借贷利率，并且采取余额递减的方式制订分期还款计划，既保证了借款人有能力偿还，也使 GB 有利息收入维持其生存发展并带来一定盈利。

（三）政府税收豁免

孟加拉国政府对 GB 实行税收豁免政策。《1983 年格莱珉银行条例》规定，GB 不就其收入、利润或收益承担任何与此相关的纳税义务。《2013 年格莱珉银行法》进一步明确，根据 1984 年“所得税条例”，在 2016 年 1 月 1 日之前，GB 将被免征收入所得税。国家税务委员会（NBR）后来又将这一豁免的期限延长到了 2020 年 12 月 31 日。

三、格莱珉美国（GA）的运营及特点

2007 年，格莱珉美国（Grameen America，GA）从纽约的一个借款小组起步，2008 年客户就达到了 500 人，发放贷款 100 万美元。截至 2021 年末，GA 已经在美国的 22 个城市拥有 147745 名会员，创造了 154080 个就业机会，累计发放贷款 23 亿美元，平均贷款规模达 4800 美元，贷款回收

率达到99%（见图12.1）。

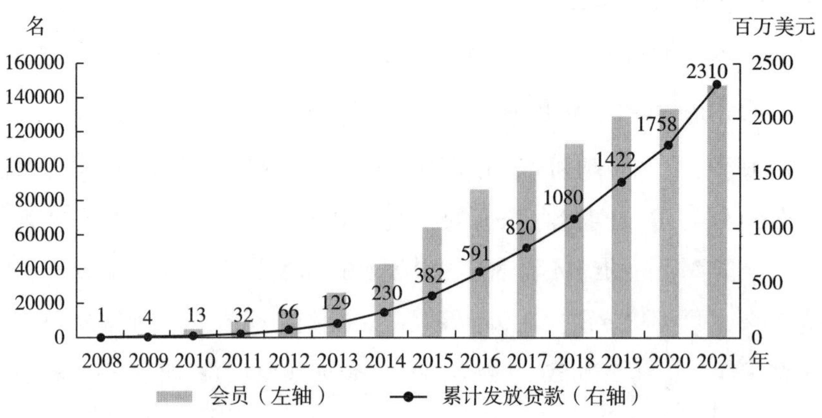

图12.1　2008—2021年格莱珉美国（GA）的会员和贷款情况

（资料来源：https：//www. grameenamerica. org）

GA的目标客户是生活在联邦贫困线以下的少数族裔妇女，其特征是缺乏创业所需的资金来源，无法得到银行服务并建立自己的信用记录，没有机会学习金融知识。在美国，年收入低于25100美元的四口之家被认定为“家庭贫困”。按此标准，2018年美国有3810万贫困人口，其中56%（2140万）为妇女。每8个妇女中就有1个生活在贫困线以下。金融机构的小生意（small business）贷款只有4%发放给妇女（GA，2021）。

GA的贷款产品无抵押，不要求信用分。期限为6个月或12个月，利率是递减本金的15%，无其他费用。首笔贷款最大金额为2000美元。随着会员的成长，贷款额度逐步提高。与GB类似，GA采取小组贷款模式：需要贷款的妇女找到4个同伴组成小组。小组成员都住在附近并且互相认识。参加为期一周的培训，学习贷款、储蓄、信用积累方面的基础知识。获得贷款后，要求每个人参加周会，在周会上还款、培训，建立人脉关系。GA将会员偿还贷款的情况向征信机构报告，以此来协助会员建立自己的信用记录。在这种模式下，会员不仅获得了贷款，还拓展了人际网络，积累了信用记录，激发了其企业家潜能。

在 Robin Hood 基金会的资助下，美国非营利研究组织 MDRC 对 GA 小额信贷模式进行了一项为期 36 个月的评估研究。该评估首次使用随机对照实验方法，对新泽西州 Union City300 个贷款小组的 1492 名申请了 GA 贷款的妇女进行了跟踪研究。2022 年 3 月发布的评估报告显示，GA 模式帮助会员减少了物质困难（material hardship），提高了信用评分、企业所有权和企业收益。GA 会员的平均月净收入略高于对照组的女性。小额贷款项目还改善了参与者对自身财务健康状况的感受（Schaberg et al.，2022）。

GA 是享有美国《国内收入法案》（*United States Internal Revenue Code*）第 501（c）3 条款法律地位的公益性组织，可以接受捐助，享有税收豁免。GA 的资金来源包括利息收入、捐赠款和商业银行的长期批发贷款。GA 面临的最大挑战是资金来源，有了充足的放贷资金才能迅速扩大服务的覆盖面。为了拓宽资金来源，GA 尝试创新融资方式，如表外债务等；在董事会建立筹款机制，积极寻找能够提供资源的新董事会成员（张睿，2017）。

四、总结及启示

格莱珉银行和格莱珉美国，一个在经济社会发展落后的孟加拉国，另一个在先进发达的美国，二者运营发展的社会环境、文化背景等方面都存在较大差异。这两个国家的成功实践在一定程度上证明了格莱珉模式是一种可持续的普惠金融模式。虽然二者在机构性质、资金来源等方面有所不同，但总结其实现可持续发展的因素，有以下几个共性条件：

一是明确的法律地位保障。孟加拉国政府先后以《格莱珉银行条例》和《格莱珉银行法》明确 GB 的法律地位和相关权益保障。GA 虽然没有专门的立法，但其具有第 501（c）3 条款法律地位，在接受捐赠、豁免税收等方面有明确的权利保障。

二是坚持小额分散原则。格莱珉模式根据自身目标定位，严格筛选贫困群体作为贷款对象，GB 平均贷款规模不到 300 美元，GA 平均贷款规模不到 5000 美元，真正坚持“小额、分散”原则，避免了“嫌贫爱富”“垒大户”等现象[①]。

三是实行可持续的贷款利率。格莱珉模式不追求低利率，GB 的贷款利率是 20%，GA 是 15%，通过实行余额递减的方式制订分期还款计划，既保证借款人“可负担”，也使贷款人有利息收入实现可持续经营。

四是注重“造血”机制。格莱珉模式不仅是一种普惠金融服务和信贷模式，“五人小组”、周期性会议、金融知识和劳动技能学习等制度安排还帮助会员提高工作能力，建立社交网络，积累信用记录，激发创业潜能，在一定程度上提高了贫困人口的自我发展能力。

第二节　美国农村金融体系特点及启示[②]

一、农业农村概况

美国是世界上耕地面积最大的国家，农地约占土地面积的 40%，以占比不足 2% 的农业人口，养活了全国 3.3 亿人，并且是全球粮食出口最多的国家，主要农产品包括小麦、玉米、大豆、牛肉、乳制品等。

农场[③]是美国农业生产的基本组织单位。美国农业部将年度生产和销售 1000 美元[④]以上农产品的农业生产单位界定为农场。1940 年，美国有

① 按照 MIX 网站（世界银行“扶贫协商小组”的兄弟单位）的标准，单笔额度不超过地区人均 GDP/GNI2.5 倍的贷款为小额贷款。2020 年美国人均 GDP 为 6.35 万美元，孟加拉国人均 GDP 为 2227 美元。

② 本节部分内容发表于《中国金融》2023 年第 2 期。

③ 包括畜牧饲养的牧场。

④ 未经通胀调整。

600 多万个农场，平均用地规模在 200 英亩[①]左右。20 世纪 80 年代的农业萧条带来土地并购加快，规模上升。目前农场数量稳定在 200 多万个，平均占地规模在 440 英亩左右（见图 12.3）。

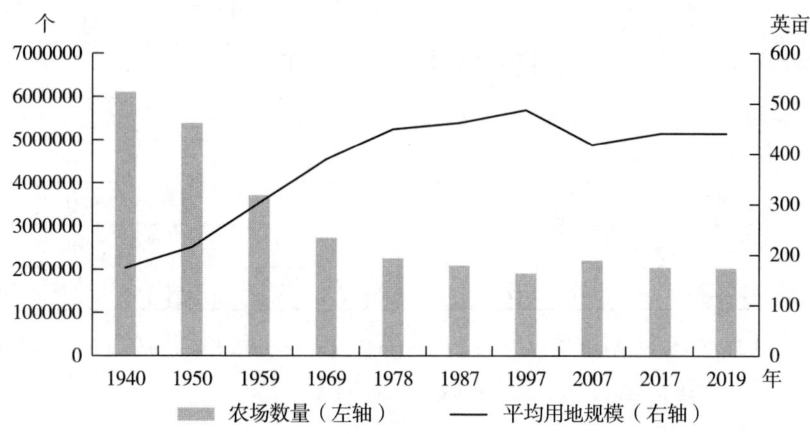

图 12.2　1940—2019 年美国农场数量和平均规模

（资料来源：美国农业部）

家庭经营是美国农场的鲜明特征。2021 年，美国有 2003754 个农场，其中 98% 是家庭农场（根据美国农业部定义，主要经营者[②]及其有血缘或婚姻关系的亲属拥有 50% 以上资产的农场为家庭农场）。家庭农场的经营面积和产值占比分别为 90% 和 83%。按收入规模划分[③]，小型、中型、大型家庭农场的占比分别为 89%、6% 和 3%。大型家庭农场是棉花、大豆、乳制品、牛肉等大宗农产品的主要生产者，小型家庭农场在牧草、家禽蛋

① 1 英亩≈0.4 公顷。

② 美国农场的经营者分为主要经营者和辅助经营者。每个农场都有一位主要经营者（principal operator），负责农场日常运营决策。

③ 按照美国农业部的标准，总现金收入（Gross Cash Farm Income，GCFI，包括农作物和牲畜的销售收入、政府付款以及其他与农场相关的收入）在 35 万美元以下的农场为小型农场，100 万美元以上的为大型农场（其中超过 500 万美元的为超大型），35 万～100 万美元之间的为中型农场。

类生产中占有较大份额。非家庭农场包括合伙制企业、非家族控股公司、职业经理人经营的公司等，规模通常较大，虽然数量占比只有2%，但其产值占比达17%。2021年，美国所有家庭农场的家庭总收入中位数为92239美元，高于全部美国家庭的总收入中位数70784美元。

表12.2　　2021年美国农场类型分布

类型	数量占比（%）	经营的土地占比（%）	产值占比（%）
小型家庭农场	89	45	18
中型家庭农场	6	18	18
大型家庭农场	3	27	46
非家庭农场	2	10	17

资料来源：Christine Whitt, Noah Miller, and Ryan Olver：America's Farms and Ranches at a Glance 2022 Edition, USDA Economic Information Bulletin Number 247。

“农村”是相对“城市”而言的，美国关于“城市”的界定有三个不同的标准，从而导致在不同情况下，农村的范围也不同。

行政概念（the administrative concept）以市政或其他管辖范围界定城市，城市之外的地区为农村；土地利用概念（the land - use concept）根据居住人口密度来划分城市和农村，开放的乡村和居民少于2500人的定居点为农村；经济概念（the economic concept）从地区间的经济联系出发，将有5万人以上城区的核心县及在核心县工作的一定比例劳动人口居住的外围县定义为都市地区（metro areas），非都市地区则视为农村。按照经济概念，2020年美国农村地区面积占比在72%左右，农村人口4600万人，占全国人口的14%（见表12.3）。应用不同的概念，定义为农村的美国人口份额及其社会经济特征有很大差异。以2000年数据为例，根据土地利用定义，美国农村人口占比为21%，而以经济概念衡量，非都市地区人口占比为17%。适应经济社会发展的变化，人口普查局在过去几十年中对农村的定义有所修订，但土地利用定义中2500人的门槛自1910年以来一直没有修改。同一时期，美国农业部的一些农村发展项目的门槛被上调，可以说是对快速城市化的适当回应。例如，始于1949年的农村住房计划（Rural Housing Program），最初服务于人口不到2500人的社区，现在这一门槛已上调到人口不超过20000人的社区。

表12.3　　1980—2020年美国农村人口情况

年份	农村人口（人）	占比（%）	城市人口（人）	占比（%）
1980	40961685	18.08	185580519	81.92
1990	41374186	16.63	207416739	83.37
2000	44775350	15.91	236649250	84.09
2010	46293406	14.99	262452132	85.01
2020	46005635	13.88	285443646	86.12

资料来源：美国农业部，农村的定义采用经济概念。

美国城乡之间存在一定收入差距。2020年，全国人均收入（Per - capita income）为59510美元，城市为61717美元，农村为45917美元。自20世纪60年代首次正式统计贫困率以来，农村地区的贫困率一直高于城市[①]。但二者之间的差距已经由最初的10个百分点以上下降到目前的3.5个百分点左右（见图12.3）。

二、美国农村金融体系

除了得天独厚的地理条件和先进的科技水平，美国发达的农业经济离不开金融体系的有力支持。农场部门的资产负债率在20世纪80年代农业危机期间一度超过20%，2000年以后基本保持在15%以下，2020年为13.9%（见图12.4）。截至2020年末，农场部门债务余额为4420亿美

① 税前现金收入低于贫困线的家庭或个人被定义为贫困人口。人口普查局每年确定全国统一的贫困线标准。2019年，个人贫困线为13300美元（65岁以下）和12261美元（65岁以上），三人家庭（两个成年人和一个孩子）的贫困线为20578美元，五人家庭（两个成年人和三个孩子）的贫困线为30510美元。

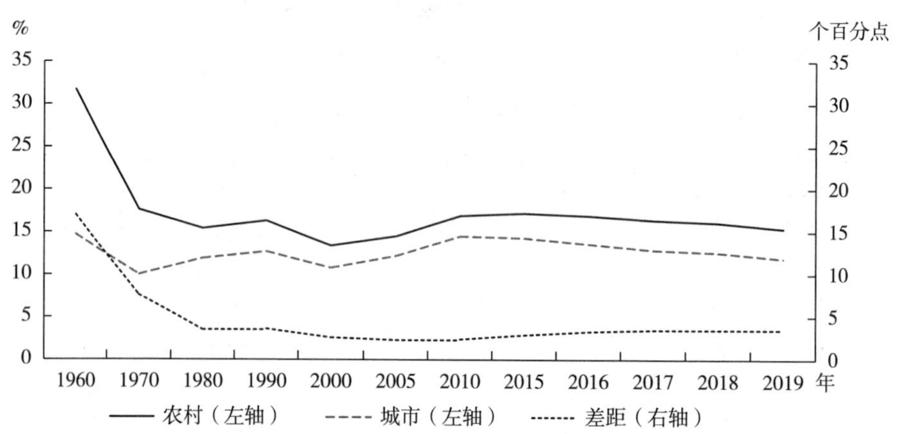

图 12.3　1960—2019 年美国城乡贫困率

（资料来源：美国农业部，农村的定义采用经济概念）

元①，其中不动产担保贷款为 2890 亿美元，非不动产贷款为 1530 亿美元。

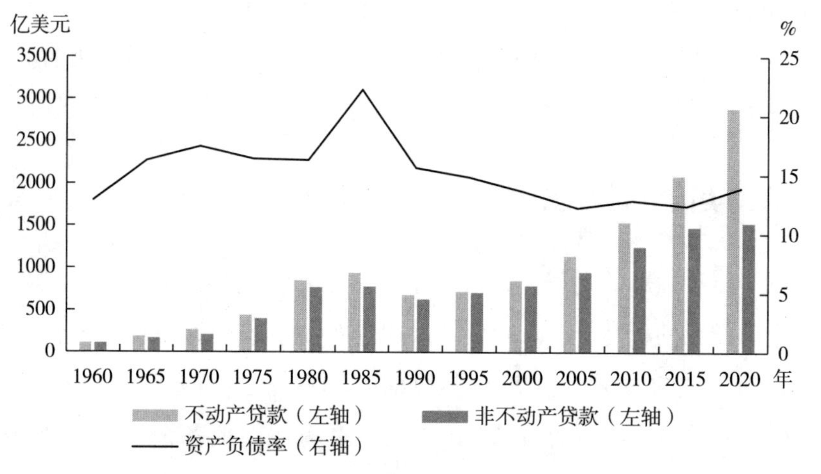

图 12.4　美国农场部门债务（1960—2020 年）

（资料来源：美国农业部）

---

① 该数据仅指农场的经营性债务，包括用于购置农地和农业生产的贷款，不包括农村供水供电、农房建造、农产品加工和流通等方面的贷款，与我国的涉农贷款不具可比性。

美国的农村金融体系是典型的商业性、合作性、政策性金融相结合的体系。三者分工协作，较好地满足了农业生产、农产品加工流通及相关配套产业、农村供水供电、农房建造等领域的金融需求。

(一) 商业性金融

商业性金融主体包括商业银行、储蓄机构、财务公司、保险公司、信用卡公司等机构，一些农机具经销商和生产资料供应商也提供融资服务，如美国最大的农用机械制造商 John Deer 就设有专门的金融服务公司（John Deer Financial)。

为数众多、扎根基层的社区型银行是商业性信贷服务主体。2020 年末，商业银行在农场贷款市场中所占的份额为 36.3%。农业不动产按揭贷款一直是人寿保险公司的一个重要投资项目。1960 年，保险公司在该市场占有的份额高达 23%，是商业银行的 2 倍。20 世纪 80 年代的农业危机之后，保险公司逐步减少投资，2020 年末所占市场份额为 4.3%。数量众多的储蓄机构、农机具经销商、生产资料供应商等也积极参与农场相关金融活动，2020 年末所占市场份额为 9.9%。

(二) 合作性金融

始建于 1916 年的美国农场信贷体系（Farm Credit System，FCS，以下简称农贷系统）是美国政府学习欧洲经验、为解决农业长期融资难题建立的合作金融体系，旨在通过向农场主及其合作社提供信贷和相关服务提高其收入水平，改善其生活状况。农贷系统是美国最早的政府支持企业(Government Sponsored Enterprise，GSE)，美国政府为其提供了初始资本，并在 20 世纪 80 年代的农业危机期间提供了救助资金。2005 年，农贷系统还清了全部政府资金。在百年的发展历史中，农贷系统的组织体系随着美国农业经济的需求变化不断调整完善，先后成立过联邦土地银行（Federal Land Bank)、联邦中期信贷银行（Federal Intermediate Credit Banks)、合作社银行（Banks for Cooperatives)，20 世纪 80 年代农业危机之后经过重组形成了目前的组织架构。

农贷系统通过银行和信贷协会（Credit Associations）向农民和合作社发放贷款。截至2022年7月1日，系统有4家银行（AgriBank，AgFirst Farm Credit Bank，Farm Credit Bank of Texas，CoBank）和63家协会。每家银行都有其所服务的区域，银行向其所属区域的信用协会提供批发性贷款，由信贷协会将资金贷给最终用户。借款人获得的一部分贷款要用来购买协会的股份，从而使其成为协会的所有者。

银行和信贷协会不吸收存款，其放贷资金来源于资本金和发行债券。截至2021年末，农贷系统银行的债务融资余额为3529亿美元，资本金为695亿美元，其中79%来自盈余积累，其他为优先股和普通股。银行通过联邦农场信贷银行基金公司（Federal Farm Credit Banks Funding Corporation）发行债务融资工具并且承担连带还款责任。为保障债券投资人利益，确保FCS银行能按时偿还债券本息，农贷系统保险公司（Farm Credit System Insurance Corporation，FCSIC）为债券提供履约保障。银行每年向FCSIC缴纳保费，以此建立农场信贷保险基金。联邦农业抵押贷款公司（Farmer Mac）是农贷系统的一员，但与系统其他机构在债务上没有连带责任，其职责是通过购买合格的农业不动产贷款、农村住房抵押贷款以及农村公用事业合作组织贷款为这些贷款提供一个二级市场。截至2021年末，Farmer Mac的资产总额为251亿美元。

农贷系统由农场信贷管理局（Farm Credit Administration，FCA）进行监管。FCA成立于1933年，除1939—1953年并入美国农业部外，FCA一直是一个独立的监管机构，接受美国参议院农业、营养和林业委员会和美国众议院农业委员会的监督。FCA不接受联邦财政拨款，其运营资金主要来源于被监管机构缴纳的监管费。

除了直接发放贷款，法律授权农贷系统可以向系统外的商业银行、储蓄机构、信用社、信托公司、农业信贷公司等提供融资和贴现服务，也可以和系统外的金融机构合作发放银团贷款。近年来，农贷系统发展稳健，在农场信贷市场中的份额不断增加，2020 年末达到 44.4%，已成为农场贷款的最大提供者，为美国农业农村发展作出了重要贡献。

（三）政策性金融

政策性金融的服务对象是那些难以从传统信贷市场融资的农民。政策性金融的资金来自政府拨款，在联邦政府层面的实施主体主要是美国农业部，美国小企业管理局（Small Business Administration，SBA）也有一些针对农业农村的项目。一些州、县政府也有针对本地的支持项目。

美国农业部下设的农场服务局（Farm Service Agency，FSA）在全国设立了 2000 多个办公室负责管理政策性农业贷款项目。贷款项目包括直接贷款项目（Direct Loan Program）和担保贷款项目（Guaranteed Loan Program，即借款人为向商业银行、农贷系统等申请的贷款提供担保）。贷款种类包括购买土地和农业设施的所有权贷款（Farm Ownership Loan），购买牲畜、饲料、设备等的营运贷款（Operating Loan），以及发生灾害等情况下的紧急情况贷款（Emergency Loan）。《2018 年农业促进法》（*The Agriculture Improvement Act of* 2018）将 2019—2023 年直接贷款和担保贷款的资金预算从原来的每财年 42.26 亿美元上调到每财年 100 亿美元，其中直接贷款占 30%，担保贷款占 70%；同时，大幅提高了政策性贷款项目的上限，担保贷款单笔上限从 70 万美元提高到 175 万美元，直接贷款中的所有权贷款单笔上限从 30 万美元提高到 60 万美元，营运贷款单笔上限从 30 万美元提高到 40 万美元。

美国农业部下设的农村住宅服务局（Rural Housing Service）和农村公共事业服务局（Rural Utilities Service）分别负责农村住房与水电、通信、垃圾处理等基础设施的政策性金融项目。政策性金融的市场份额虽然不高，但其在提高农村地区金融普惠性方面发挥了重要作用。

三、美国农村金融体系的特点

（一）多元化的市场服务主体形成具有竞争性的市场结构

20 世纪初期，美国农村金融市场上只有商业银行提供服务。农民需要长期信贷资金购置土地发展农业，而商业银行的资金主要投向工商业，农业信贷资金很少，且期限短、利率高。在此背景下，政府主导建立了专门保障农业农村发展融资需求的农贷系统。经过多年的发展，美国农村金融市场形成了以商业银行、农贷系统为主（二者约占 80% 的市场份额），其他多种形式的组织和机构为补充的市场结构（见图 12.5）。定位于服务社区的商业银行、覆盖全国的农贷系统、遍布主要农业县的政策性金融办公室以及大量的财务公司、储蓄机构、合作社等共同组成了多元化、多层次、竞争性的金融服务供给体系，农民的选择比较多并且能享受到竞争带来的良好服务。

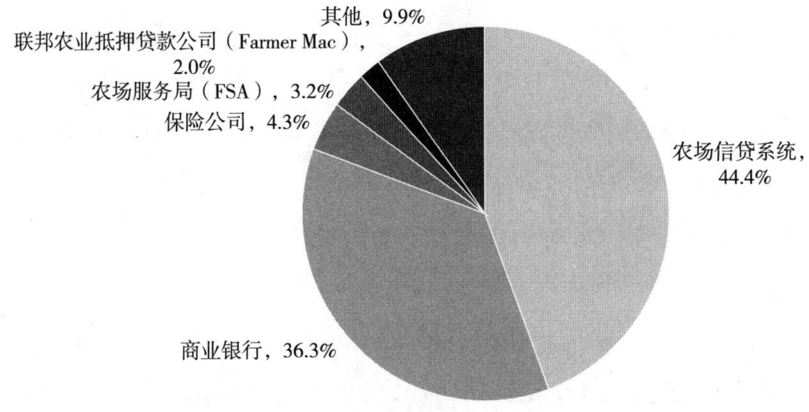

图 12.5　美国农场贷款市场份额（2020 年末）

（资料来源：2021 Annual Report of the Farm Credit Administration）

（二）充分利用资本市场形成独特的资金筹集和回流机制

美国充分利用其发达的金融市场和创新能力，从国内外资本市场筹集农业农村发展所需的资金。农业信贷市场中占有约40%份额的农贷系统在不能吸收存款的条件下，建立了一套健全有效的资金筹集和利用机制，利用其政府支持的优势低成本地从资本市场融资，向农民提供相对低利率的贷款。此外，美国还设立了专门的农业抵押贷款公司，通过资本市场为金融机构的农业贷款提供流动性和融资支持。这种模式也形成了农村居民储蓄资金的回流机制，即存款类金融机构吸收的储蓄资金通过购买农贷系统债券又回到了农业农村领域。

（三）立法明确金融机构的市场定位和支农责任

《1916年联邦农场信贷法案》（*Federal Farm Loan Act of* 1916）明确提出，农贷系统的使命是确保为美国农业和农村经济发展提供持久、安全、稳健和可靠的信贷资金支持及相关金融服务。为确保资金真正被用于农业，该法案对借款人资格进行了严格限制。之后，随着美国农业和农村经济的需求发生变化，农贷系统不断调整完善，每一次改革都是通过立法的形式实现的。随着业务的发展，农贷系统曾试图将业务拓展到非农领域，但最终由于法律对其设立宗旨的严格约束而未能成功实现。

（四）注重对弱势群体的精准支持

按照法律和监管要求，农贷系统长期执行YBS项目，即对“青年农民”（Young，35岁以下）、“新农民”（Beginning，从事农业工作时间在10年以下）和“小规模农民”（Small，年销售额在25万美元以下）提供专项支持。截至2021年末，上述三类对象在农贷系统贷款余额中的占比分别为10.6%、18.5%和19.1%。自1992年起，美国农业部的政策性贷款资金有一部分专项支持“新农民”和弱势农民（Socially Disadvantaged Farmers，指非白人和西班牙裔农民，有些项目也包括女性农民）。《2018年农业促进法》要求美国农业部以直接贷款形式发放的营运贷款中有50%用于支持符合条件的“新农民”。

四、相关启示

我国一直致力于建立商业性、合作性、政策性金融相结合，多层次、广覆盖、可持续、适度竞争、有序创新、风险可控的现代农村金融体系，以满足需求主体多样化的需求。近年来，我国采取了多种政策措施，也取得了明显成效，农村金融服务覆盖面、可得性和便利性大幅提升。但是也应该看到，农村金融仍是金融体系的薄弱环节，乡村振兴战略对农村金融服务提出了新要求。党的二十大报告提出“健全农村金融服务体系”，农村金融改革和创新发展的空间还很大。美国在竞争性服务体系构建、融资思路、支农责任保障等方面的做法对完善我国乡村振兴资金保障机制具有一定启发意义。

一是在资金来源方面。目前，我国“三农”信贷资金的来源主要是存款，央行再贷款、“三农”专项金融债券等发挥了补充作用。近年来，农村存款外流问题备受关注，建议借鉴美国经验，利用资本市场建立农村资金的市场化回流机制。目前，“三农”专项金融债券的发行规模在每年100亿元左右。因门槛、费用成本等障碍，规模较小的村镇银行和农村信用社很难通过这一渠道融资。建议考虑通过集合债券、政府增信等方式支持更多有资金需求的农村小型金融机构发行债券融资。

二是在多层次服务体系构建方面。目前，我国对于小额贷款公司、新型农村合作金融组织等的积极作用重视不够，加之这类机构自身能力建设不足、支持政策难以有效覆盖、风险管理能力有待加强等原因，未能有效发挥在农村金融市场中的补充作用。建议加快针对非存款类放贷组织的立法进程，为其规范有序发展提供引导和法律保障，推动其稳健可持续发展。同时，总结评估新型农村合作金融试点经验，明确合作性金融未来的发展方向以进一步完善多层次的农村金融服务。

三是在强化精准支持方面。目前，我国农村金融服务对象的分层分类精准支持还比较欠缺，不少还停留在笼统的“三农”、涉农、小微企业范畴，相关基础信息资料也不完善。农村金融市场一定程度上存在“精英俘获”现象。建议借鉴美国经验，完善服务对象分层分类信息，加强对重点领域和群体的支持。可参考精准扶贫建档立卡方式，建设农业经营主体数据库，采集农户、种养大户、专业大户、家庭农场、合作社、个体工商户、龙头企业、社会化服务组织等各类经营主体的主营业务、经营规模、种植养殖品种、人员、示范评定等基础信息。从建设农业强国和实现共同富裕的战略高度出发，明确重点支持对象和标准，给予专项贷款、担保等支持。

四是在支农责任法律保障方面。美国农贷系统的设立及之后的多次调整都是通过立法实现的。在通过法律明确其支农责任的基础上，政府对农贷系统给予了具体的支持，即提供初始资本并在危机时期提供救助资金，但这些支持都不是“免费的午餐”，需要在以后还本付息。长期以来，我国农村中小金融机构的市场定位主要依靠政策引导和监管约束。2021 年实施的《乡村振兴促进法》规定“农村商业银行、农村合作银行、农村信用社等农村中小金融机构应当主要为本地农业农村农民服务，当年新增可贷资金主要用于当地农业农村发展”，首次从法律上明确了农村中小金融机构的市场定位。建议借鉴美国的思路，在明确市场定位的基础上，由主管部门进一步明确“主要为本地农业农村农民服务”和“当年新增可贷资金主要用于当地农业农村发展”的具体标准，细化资金投向及比例等具体要求。在强调其支农责任的同时，也应明确具体的支持措施。同时，为避免道德风险，任何支持和救助都不应是“免费的午餐”。

第四部分

中国普惠金融未来展望

第十三章　中国普惠金融发展成效

中国普惠金融发展坚持政府引导与市场主导相结合，完善基础金融服务与改进重点领域金融服务相结合，持续深化普惠金融国际交流与合作。在政府和市场主体的共同努力下，中国普惠金融发展取得显著成就，基础金融服务基本实现城乡全覆盖，农户、小微企业金融服务状况明显改善。依托数字技术等科技创新的广泛应用，金融服务效率和便捷性大幅提升。

第一节　中国普惠金融发展成效——国内视角

2016 年末，中国人民银行在参考国际组织普惠金融指标体系基础上建立了中国普惠金融指标体系，自 2017 年起每年发布《中国普惠金融指标分析报告》。指标体系包含金融服务的可得性、使用情况和质量 3 个维度共 50 多项指标。下面分别从这三个维度考察中国普惠金融发展情况[①]。

一、金融服务可得性

物理可得性是普惠金融的关键要素之一。中国综合采用设置机构网点、布设电子机具等终端、代理商模式（便民服务点、流动服务站、助农

① 如无特殊说明，本节数据资料均来自各年《中国普惠金融指标分析报告》。

取款服务点）、移动互联技术等，扩大基础金融服务覆盖面。没有银行网点的行政乡镇数量逐年减少（见图13.1）。近年来，随着数字支付的发展，消费者现金使用需求有所下降，商业银行布放的传统ATM机具总数呈下降趋势，但新型智能ATM机具数量及其在总体机具中的占比不断增加（见表13.1）。银行卡助农取款点村级行政区覆盖率持续提升，业务运行平稳（见表13.2）。在发达地区，助农取款服务点功能逐步弱化，在欠发达地区仍发挥重要作用。

表13.1　　银行网点和机具可得性

项目	2017年	2018年	2019年	2020年	2021年
银行机构乡镇覆盖率（%）	96.00	96.30	96.61	97.13	98.17
每万人拥有银行网点（个）	1.59	1.65	1.59	1.59	1.55
每万人拥有ATM机具（个）	6.91	7.96	7.84	7.18	6.71
每万人拥有联机POS机具（个）	224.37	244.72	220.65	271.50	275.63

注：银行机构乡镇覆盖率指拥有银行业存款类金融机构网点的乡镇数占乡镇总数的比例。

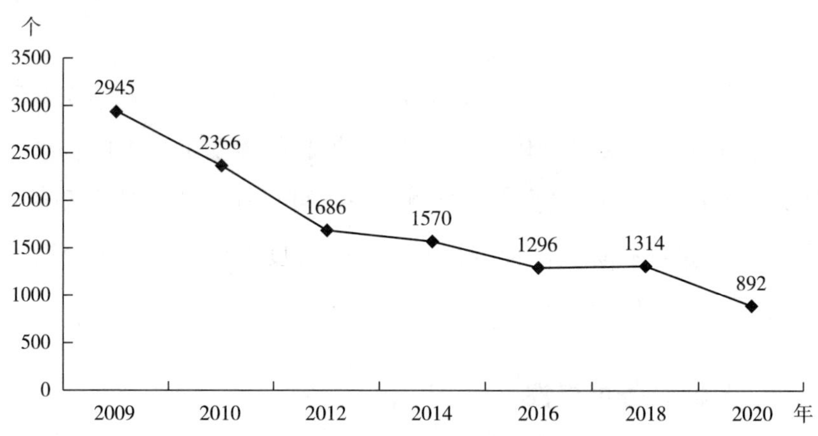

图13.1　金融机构空白乡镇变化情况

（资料来源：历年《中国农村金融服务报告》）

表 13.2　　助农取款点可得性

项目	2017 年	2018 年	2019 年	2020 年	2021 年
银行卡助农取款点（万个）	91.40	86.49	87.35	89.33	81.10
助农取款点村级行政区覆盖率（%）	97.34	98.23	99.21	99.31	99.60
办理业务笔数（亿笔）	4.51	4.63	4.26	3.99	4.05
办理业务金额（亿元）	3651.92	3618.69	3549.36	3531.24	3486.80

注：办理业务包括取款、汇款、代理缴费。

二、金融服务使用情况

（一）账户和银行卡使用情况

账户和银行卡的普及是民众获得金融服务，消除“金融排斥”的第一步。中国居民人均银行账户和银行卡的持有量持续增加，银行卡交易稳步增长，活跃使用账户保持较高的比例（见表 13.3）。

表 13.3　　账户和银行卡使用情况

项目	2017 年	2018 年	2019 年	2020 年	2021 年
人均银行账户数（个）	6.60	7.22	8.06	8.83	9.61
人均持有银行卡（张）	4.81	5.44	6.01	6.34	6.55
人均持有信用卡和借贷合一卡（张）	0.39	0.49	0.53	0.55	0.57
人均银行卡交易笔数（笔）	107.50	150.75	229.98	244.67	303.71
活跃使用账户比例（%）	87.06	88.64	89.90	91.90	—
农村地区活跃使用账户比例（%）	81.44	82.25	83.37	88.01	—

注：活跃使用账户指最近 6 个月内有交易记录的账户，包含银行结算账户和在非银行支付机构开立的支付账户。

（二）移动支付使用情况

截至 2022 年 6 月末，中国移动电话用户总数达 16.68 亿户，网民规模达 10.51 亿人，网民使用手机上网的比例为 99.6%[①]。中国现有行政村实

① 资料来源：中国互联网络信息中心（CNNIC），第 50 次《中国互联网络发展状况统计报告》。

现“村村通宽带”，农村地区互联网普及率达到 58.8%。随着互联网和移动电话的普及，中国的移动支付发展迅速（见图 13.2），广大市场主体不断将支付服务向偏远地区下沉渗透，摆脱了传统支付方式对营业网点的依赖，有效提升了支付服务的便利性和覆盖面。经过近年来的发展，中国移动支付便民场景多、用户体量大，民众足不出户就可享受各类不间断的支付服务。各地积极推动移动支付便民工程纵深发展，开展线上、线下服务的适老化改造，深入解决老年人面临的“数字鸿沟”等问题。

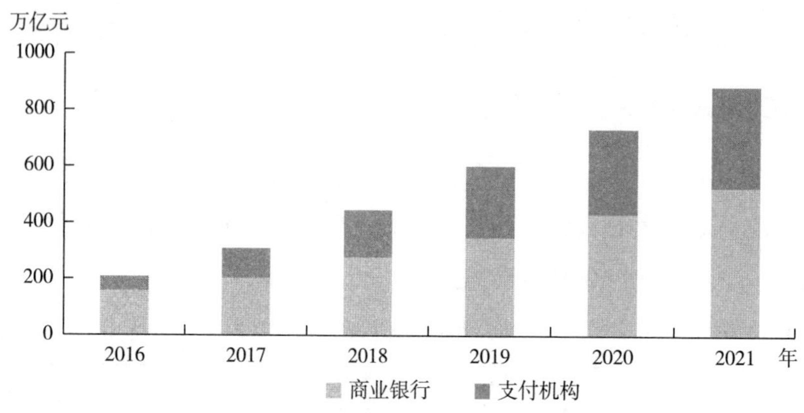

图 13.2　2016—2021 年中国移动支付发展情况

（资料来源：《中国支付产业年报 2022》）

（三）信贷使用情况

1. 涉农贷款

“三农”（农业、农村、农民）既是金融服务的薄弱环节，也是普惠金融的重点服务对象。农民、农业和农村发展问题是中国政府最关心的问题，在多部门政策引导和广大金融机构的共同努力下，“三农”信贷投入持续稳定增长，有力支持了农业农村建设和农民生产生活。为全面、系统反映涉农贷款发放情况，人民银行和银监会于 2007 年建立了涉农贷款专项统计制度，2007—2021 年，全口径涉农贷款年末余额从 6.12 万亿元增长到 43.21 万亿元，年均增长 15%（见图 13.3）；农户贷款年末余额从 1.34 万亿元增长到 13.47 万亿元，年均增长 18%（见图 13.4）。

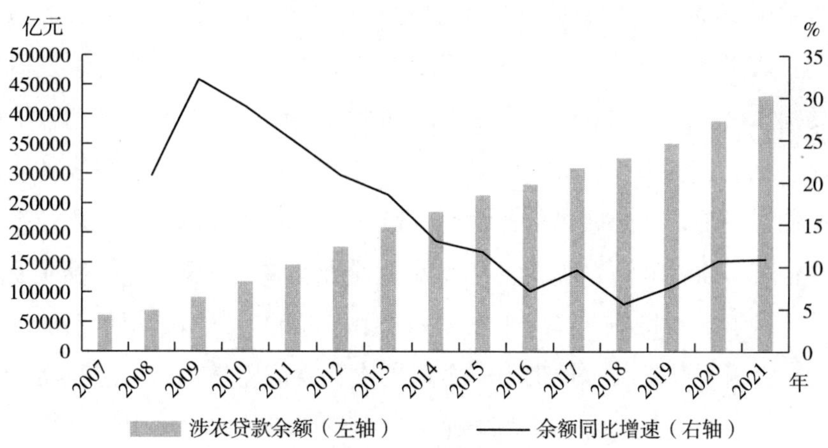

图 13.3　2007—2021 年涉农贷款余额及增长率

（资料来源：中国人民银行网站）

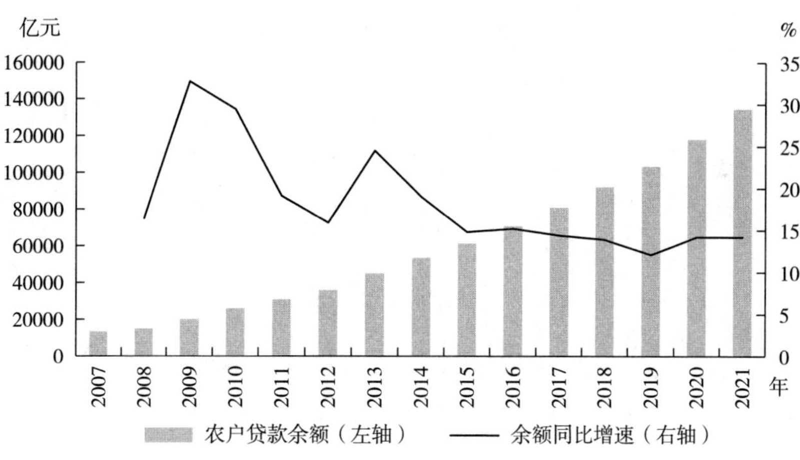

图 13.4　2007—2021 年农户贷款余额及增长率

（资料来源：中国人民银行网站）

2. 普惠小微企业贷款

在中国乃至全球范围内，小微企业都是经济活动中最活跃的商业组织，是就业的主渠道，因其普遍面临“融资难、融资贵”问题，小微企业也是普惠金融服务的重点领域。在中国，包括小微企业在内的中小企业贡献了50%以上的税收、60%以上的GDP经济总量、70%以上的科技创新成果和80%以上的就业岗位，它们是推动中国经济可持续发展的重要动力来源。中国政府高度重视改善小微企业的金融服务，综合采取财政、税收、货币、监管等政策措施，推动完善小微企业金融服务能力和机制。各地、各金融机构持续创新普惠小微服务方式，不断提升小微企业信贷可得性和便利性。普惠型小微企业贷款①的规模、覆盖面逐步提升，融资成本稳中有降（见图13.5、图13.6）。随着信用体系的逐步完善和金融科技等技术的助力，金融机构发放信用贷款的意愿和能力不断提高，农户贷款和普惠小微企业贷款中信用贷款的比例明显提高（见图13.7）。

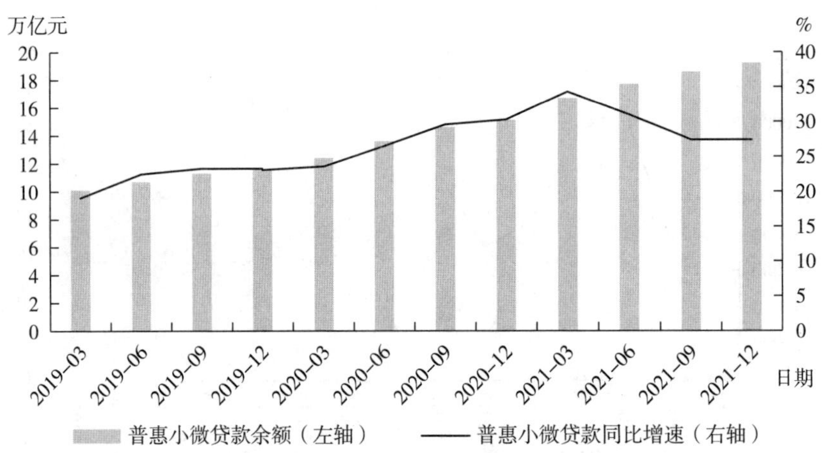

图13.5　2019—2021年普惠小微贷款余额与增速

（资料来源：中国人民银行网站）

① 普惠型小微企业贷款指单户授信小于1000万元的小型微型企业贷款，个体工商户贷款以及小微企业主贷款。

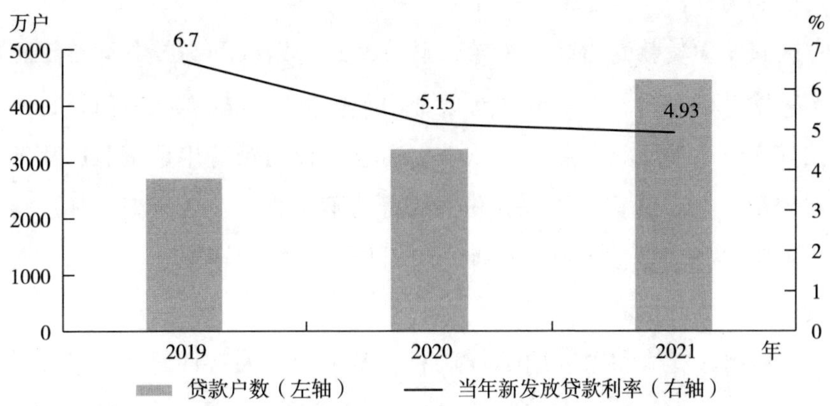

图 13.6　2019—2021 年普惠小微企业贷款户数和利率

（资料来源：中国人民银行网站）

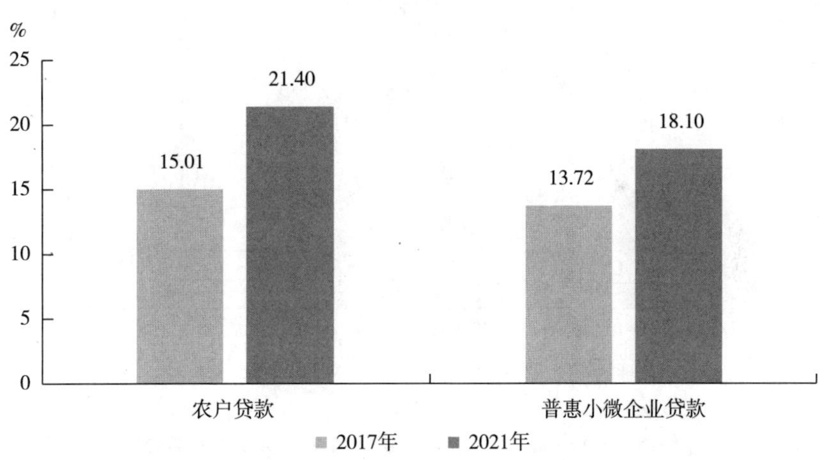

图 13.7　农户和普惠小微企业贷款信用贷款占比情况

（资料来源：中国人民银行网站）

3. 特定对象普惠贷款使用情况

创业担保贷款是由政府出资担保并给予贴息，支持个人创业或小微企业扩大就业的贷款业务。贷款对象包括城镇登记失业人员、就业困难人员

（含残疾人）、高校毕业生、农村自主创业农民等。

国家助学贷款是由政府主导、财政贴息、财政和高校共同给予银行一定风险补偿金，银行、教育行政部门与高校共同操作的专门帮助高校贫困家庭学生的银行贷款。借款学生通过学校向银行申请贷款，用于弥补在校学习期间学费、住宿费和生活费的不足，毕业后分期偿还。借款学生不需要办理贷款担保或抵押，但需要承诺按期还款，并承担相关法律责任。

创业担保贷款和国家助学贷款的普惠金融产品特性鲜明，是促进教育、就业公平的重要金融手段，两类贷款规模稳步增长，为支持低收入群体的教育、就业和发展发挥了积极作用（见图 13.8）。

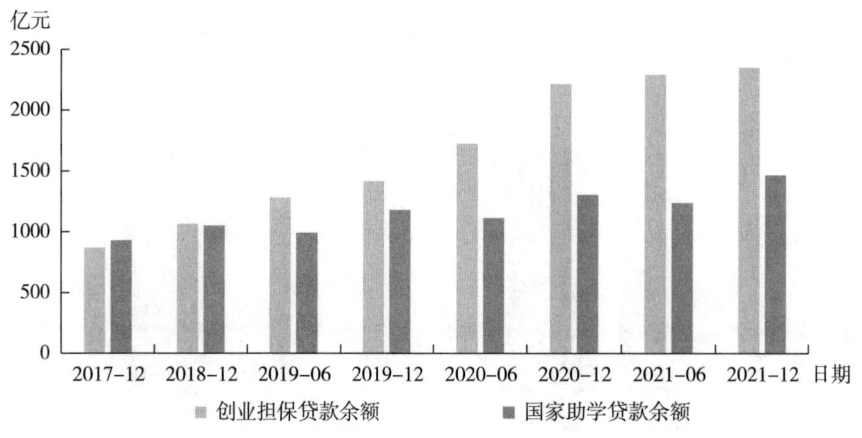

图 13.8　2017—2021 年创业担保贷款和国家助学贷款余额

（资料来源：中国人民银行网站）

4. 个人消费贷款

调查显示，全国成年人在银行有过贷款的比例从 2017 年的 39.78% 增加到 2021 年的 49.05%。人均个人消费贷款余额稳定增长，受新冠疫情影响，增长速度有所减缓（见表 13.4）。

表 13.4 全国人均个人消费贷款余额

项目	2017 年	2018 年	2019 年	2020 年	2021 年
人均个人消费贷款余额（万元）	2.27	2.71	3.14	3.51	3.89
信用卡卡均授信额度（万元）	2.12	2.24	2.33	2.44	2.63

注：个人消费贷款含住房按揭贷款。

（四）保险使用情况

根据中国人民银行的调查①，四成左右的受访者持有商业保险产品和服务。调查显示，30～39 岁受访者在所有年龄段受访者中持有商业保险产品和服务的比例相对较高，月收入 2 万～5 万元的受访者在所有收入段受访者中持有比例相对较高，老年人、月收入 3000 元以下受访者持有比例相对较低，与平均水平的差距均在 10 个百分点以上。持有比例的城乡差距也较为明显，城镇受访者持有比例较农村受访者高 10 个百分点以上。全国保险密度②从 2017 年的 2632 元/人，增加到 2021 年的 3180 元/人。

（五）其他金融产品使用情况

2017 年，全国平均有 45.97% 的成年人购买过投资理财产品（包括银行理财产品、国债、基金、股票、互联网理财产品等），农村地区这一比例为 32.79%。2020 年，这一比例有小幅上升，全国和农村地区分别达到 46.33% 和 33.03%（见图 13.9）。

三、消费者金融素养

通过金融教育提升国民金融素养水平，有助于促进普惠金融深入发展。为准确把握消费者金融知识水平及金融消费者教育领域中存在的薄弱环节，评估金融消费者教育的有效性，中国人民银行于 2016 年建立了

① 中国人民银行金融消费权益保护局：《中国普惠金融指标分析报告 2021》。

② 保险密度是指按当地人口计算的人均保险费额，可以反映一个国家、地区的保险普及程度和保险发展水平。

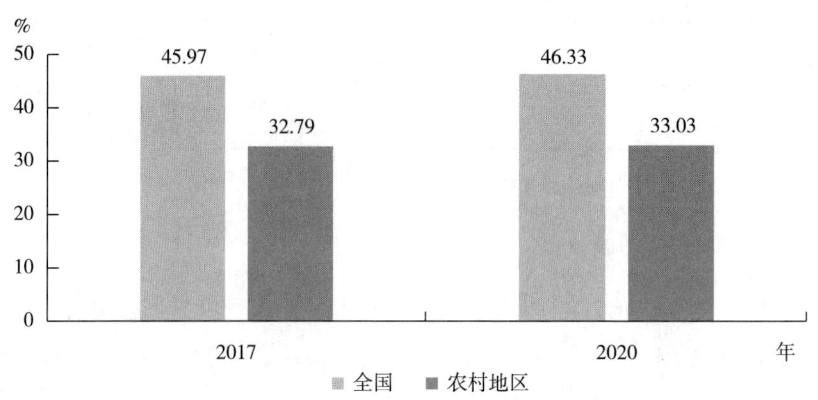

图 13.9　成年人购买投资理财产品比例

消费者金融素养问卷调查制度，分别于 2017 年、2019 年、2021 年在全国 31 个省级行政单位（除港澳台地区）全面开展消费者金融素养问卷调查，从消费者态度、行为、知识和技能等多角度分析消费者金融素养。从调查结果看，2021 年全国消费者金融素养指数为 66.81，与 2017 年相比，提高了 3.1。中国消费者在金融态度上的表现较好，在金融行为和技能的不同方面体现出较大的差异性，还需要进一步提升基础金融知识水平。2021 年调查中，金融知识平均得分为 65.21，金融行为平均得分为 73.9，金融态度平均得分为 78.12，金融技能平均得分为 71.26。农村地区消费者金融素养水平低于城镇地区，其中金融知识方面的差异最大，农村地区消费者的金融知识得分为 61.13，比城镇地区低 6.41 分①。中国消费者金融素养在年龄上的分布呈现倒“U”形，老年人和青少年的金融素养水平相对较低，“一老一少”是金融教育持续关注的重点对象。

① 中国人民银行金融消费权益保护局：《消费者金融素养调查分析报告 2021》。

第二节　中国普惠金融发展成效——国际视角

一、基于 Global Findex 数据的国际比较

2011 年，世界银行进行了首次全球普惠金融调查，建立了 Global Findex。该数据库较全面地涵盖了成年人账户开立及支付、储蓄、借贷等金融服务使用情况，这是目前数据最为全面、影响最大的普惠金融需求端数据库，不仅被政策制定者和专家学者大量使用，也被很多国家用于评估联合国可持续发展目标的实现进程。世界银行分别于 2011 年、2014 年、2017 年、2021 年开展了四次调查。2021 年调查了 12.5 万个样本，涵盖 123 个经济体。2022 年 6 月，世界银行发布了调查数据，中国多项普惠金融指标增长明显（见表 13.5），账户拥有率、数字支付使用率等指标居国际先进水平。

表 13.5　Global Findex 中国调查指标（2011—2021 年）

项目	2011 年	2014 年	2017 年	2021 年
账户拥有率（%）	63.82	78.93	79.53	88.71
使用电子支付比例（%）	—	37.64	59.42	84.54
正规金融机构借贷参与率（%）	7.26	20.23	21.67	39.18
正规金融机构储蓄参与率（%）	32.09	41.15	33.81	44.69

资料来源：Global Findex。

2011—2021 年，中国[①]成年人账户拥有率上升 25 个百分点，达到 89%。在支付、借贷、储蓄等金融服务方面，也取得明显进步：在正规金融机构借款的成年人比例从 2011 年的 7% 上升到 2021 年的 39%；储蓄比例从 32% 上升到 45%。分别较 2021 年发展中经济体平均水平高 17 个百分

① 调查样本未包含西藏。

点和21个百分点。使用账户进行电子支付的比例从2014年的38%大幅上升到2021年的85%（见表13.5）。中国普惠金融发展呈现以下特征：

一是账户拥有率处于较高水平。自2011年首次调查以来，中国的账户拥有率一直高于发展中经济体和全球平均水平（见图13.10）。2021年中国89%的成年人拥有账户，分别比全球和发展中经济体平均水平高13个百分点、18个百分点。

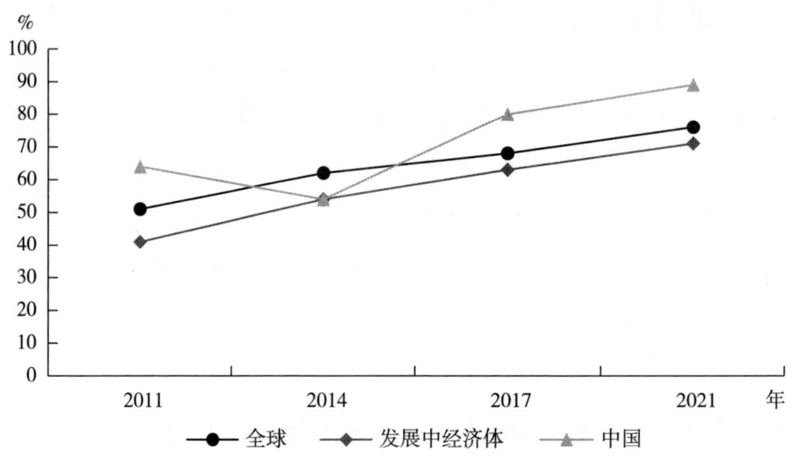

图13.10　2011—2021年成年人账户拥有率

（资料来源：Global Findex）

二是数字金融发展一枝独秀。2021年中国成年人使用数字支付的比例为85%，远高于发展中经济体51%的平均水平。2021年调查首次增加了发展中经济体成年人使用电子支付向商户付款（包括实体店消费和线上消费）的调查模块，中国该指标为82%，比平均水平高45个百分点。如果除去中国数据，这一比例只有20%。

三是金融排斥主要体现在低收入和低教育水平群体。金融服务的均等化方面，性别、收入和教育水平造成的金融排斥在10年间均有所改善（见表13.6）。2021年，中国金融服务的性别差距已经很小，明显优于印度、巴西等发展中国家（见表13.7）。收入、教育水平差距是影响金融服务均等化的主要因素。

表13.6　　中国金融服务均等化情况

项目	调查年份	账户拥有率差距（个百分点）	电子支付差距（个百分点）	借贷服务差距（个百分点）	储蓄服务差距（个百分点）
性别差距	2011	7.57	—	2.24	0.00
	2014	5.06	1.96	3.34	-0.01
	2017	7.70	5.36	4.92	9.25
	2021	2.58	-0.22	0.53	-1.88
收入差距	2011	28.63	—	-1.84	23.77
	2014	10.46	26.79	18.42	16.84
	2017	18.70	32.79	16.23	27.24
	2021	9.38	14.34	14.32	17.81
教育水平差距	2011	25.14	—	0.66	19.35
	2014	17.02	43.99	26.80	11.38
	2017	22.75	40.01	20.78	26.73
	2021	14.19	19.69	18.97	22.36

资料来源：根据Global Findex数据计算。

注：表中数据为将样本按不同特征分为两组后，相应调查指标的差距。性别差距指男性样本和女性样本之间的差距；收入差距指将样本按家庭收入进行五等分后，收入前60%的样本和收入后40%的样本之间的差距；教育水平差距指教育程度在初中及以上样本和小学及以下样本之间的差距。例如，2021年男性样本的账户拥有率为89.92%，女性样本的账户拥有率为87.34%，性别差距为2.58个百分点。

表13.7　　2021年部分经济体金融服务均等化比较

A：性别差距

项目	美国	英国	德国	日本	印度	巴西	中国
账户拥有率差距（个百分点）	-3.70	-0.30	-0.05	-0.72	-0.04	6.18	2.58
电子支付差距（个百分点）	-4.93	0.51	0.39	5.65	17.28	9.53	-0.22
借贷服务差距（个百分点）	-0.90	-3.27	-7.83	2.45	4.53	14.59	0.53
储蓄服务差距（个百分点）	3.91	-0.82	4.17	1.58	2.61	9.57	-1.88

续表

B：收入差距

项目	美国	英国	德国	日本	印度	巴西	中国
账户拥有率差距（个百分点）	6.17	0.32	0.06	0.03	-1.20	3.42	9.38
电子支付差距（个百分点）	10.19	0.50	-0.57	9.69	20.66	11.98	14.34
借贷服务差距（个百分点）	36.03	3.69	4.17	15.52	2.97	21.63	14.32
储蓄服务差距（个百分点）	36.21	0.83	0.93	14.32	10.37	8.15	17.81

C：教育水平差距

项目	美国	英国	德国	日本	印度	巴西	中国
账户拥有率差距（个百分点）	39.16	1.62	-0.03	5.12	5.40	4.28	14.19
电子支付差距（个百分点）	44.95	3.82	-0.57	23.80	25.92	14.87	19.69
借贷服务差距（个百分点）	56.11	5.86	-4.39	39.37	7.34	18.34	18.97
储蓄服务差距（个百分点）	56.95	5.49	-9.00	32.74	13.67	12.59	22.36

注：本表中数据的含义及计算方法同表13.6。

二、中小企业融资状况的国际比较

SME Scoreboard 是 OECD 定期开展的一项关于中小企业融资情况的调查，数据主要来源于中央银行、金融监管部门和相关政府机构。由于数据来源于供给端，存在各国关于中小企业的分类标准不同导致指标不完全可比的问题，某些指标还存在没有全部填报的情况，因此本部分的分析不像 Global Findex 数据具有完整性和一致性。我们尽可能全面考虑发达经济体和发展中经济体的样本，以期比较结果的客观。总体来看，中国中小企业信贷融资情况与融资条件处于世界较好水平，直接融资占比较低。

（一）中国中小企业贷款占比处于国际较高水平

根据 OECD 调查，2018 年各国中小企业贷款占全部企业贷款比重的中位数为40.41%，中国为64.96%，远高于其他发展中经济体，也高于多数发达经济体（见图13.11）。

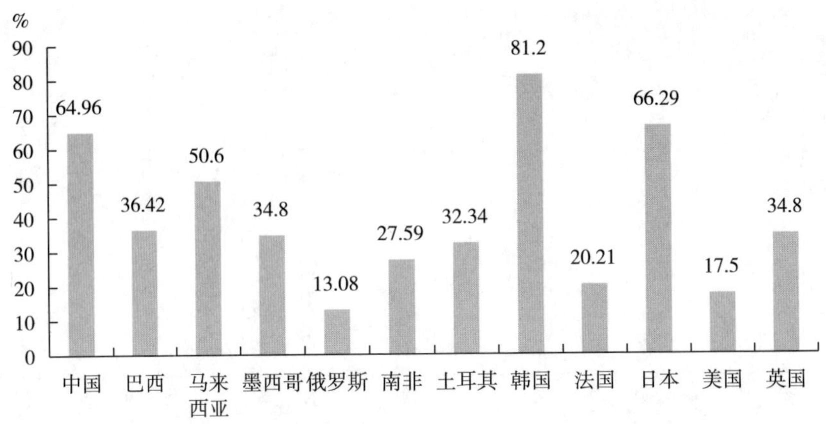

图 13.11　2018 年中小企业贷款余额占企业全部贷款余额比重

（数据来源：Financing SMEs and Entrepreneurs 2020：An OECD Scoreboard）

（二）中国中小企业长期贷款比例低于中高收入国家

世界范围内中小企业存量贷款期限不断拉长，2018 年，样本国家中小企业中长期贷款（期限超过 1 年）占比达到 75%。中国的这一指标为 58%，明显低于中高收入国家的平均水平。

（三）中国中小企业贷款利率远低于其他发展中国家

2017—2020 年，中国中小企业利率从 5.78% 逐步降至 4.84%，略高于美国和英国等部分发达国家，但远低于样本中的新兴经济体和发展中国家（见图 13.12）。

（四）中国小微企业贷款拒绝率一直维持在较低水平

贷款拒绝率衡量了中小企业贷款获得额与申请额之间的差距。两者之间的差额越大，拒绝率指标值越大，意味着中小企业融资难度越大。中国的这一指标一直在较低水平。该调查显示，2020 年中国平均有 57.94% 的中小企业尝试申请银行贷款，中小企业银行贷款使用率（贷款实际使用占授信额度比重）为 84.55%，均处于样本国家较高水平。

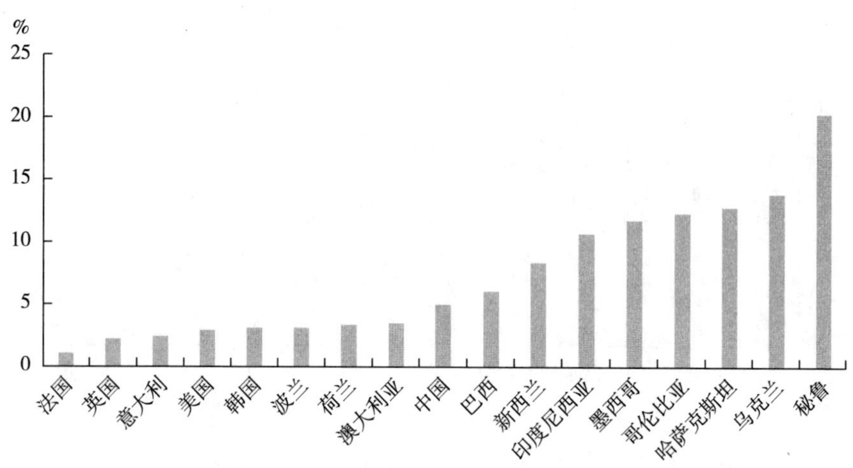

图 13.12　2020 年部分国家中小企业贷款名义利率

（数据来源：Financing SMEs and Entrepreneurs 2022：An OECD Scoreboard）

表 13.8　　部分国家中小企业贷款拒绝率

国别	2016 年	2017 年	2018 年	2019 年	2020 年
中国（%）	6.13	4.07	3.69	4.05	3.79
美国（%）	—	44.80	32.70	32.40	32.40
英国（%）	19.00	20.00	17.00	22.00	15.00
法国（%）	6.21	5.14	4.36	2.55	2.38
塞尔维亚（%）	28.18	28.32	17.09	6.52	19.30
立陶宛（%）	10.50	15.60	27.00	43.90	43.49

数据来源：Financing SMEs and Entrepreneurs 2022：An OECD Scoreboard。

（五）中国中小企业信贷融资抵押要求较高

中国约一半的中小企业贷款要求提供抵押品（见表 13.9），在调查样本中处于较高水平。

表 13.9　　部分国家中小企业贷款担保要求情况

国别	2016 年	2017 年	2018 年	2019 年	2020 年
中国（%）	52.05	50.28	52.50	—	—
英国（%）	45.00	56.00	41.00	39.00	15.00
法国（%）	5.17	4.34	4.22	3.83	3.60
加拿大（%）	74.00	64.10	70.00	—	—
希腊（%）	39.80	25.70	20.70	18.51	18.44

数据来源：Financing SMEs and Entrepreneurs 2022：An OECD Scoreboard。

注：15 个样本国家提供了 2019 年和 2020 年数据，无中国和加拿大数据。

（六）中国中小企业直接融资占比偏低

2019 年，中国创业板与新三板融资额为 1177.83 亿元，与同期小微企业贷款增量的比值为 1:16，而日本 2018 年该比值已达 1:7.4[①]；截至 2019 年末，中国创业投资基金管理资本规模为 1.21 万亿元人民币（约 1734 亿美元）[②]，而美国同期有 2211 家风险基金管理着 4440 亿美元的资产[③]。

三、消费者的金融素养水平的国际比较

中国人民银行发布的《消费者金融素养调查分析报告 2021》从金融知识、金融行为和金融态度三个维度对 44 个经济体进行了比较分析。结果显示，中国在全球处于中等偏上水平。其中，在金融态度方面中国具有优势，在基础金融知识方面还有差距。

第三节　中国积极参与普惠金融国际合作

中国积极参与国际组织有关普惠金融发展的各种活动，于 2011 年 9 月加入普惠金融联盟（AFI）。在 2010 年二十国集团（G20）首尔峰会上，

---

① 根据 WFE 数据统计，2018 年日本中小企业在 JASDAQ 和 MOTHERS 上市融资 0.81 万亿日元，同期中小企业贷款余额增加约 6 万亿日元，比值约 1:7.4。

② 数据来源：中国证券投资基金业协会。

③ 数据来源：National Venture Capital Association - NVCA - 2020 - Yearbook。

G20 领导人通过了《G20 普惠金融行动计划》（FIAP），并宣布成立普惠金融全球合作伙伴（GPFI）作为 FIAP 的执行组织。GPFI 由 G20 国家、感兴趣的非 G20 国家以及相关国际组织构成，致力于在全球范围内推动普惠金融发展。中国人民银行代表中国参加 G20 框架下的一系列工作。

2016 年，中国担任 GPFI 主席，将“发展数字普惠金融”以及“普惠金融指标体系”等列为重点议题，顺利组织 GPFI 完成了《G20 数字普惠金融高级原则》、升级版《G20 普惠金融指标体系》（*G20 Financial Inclusion Indicators*）和《G20 中小企业融资行动计划落实框架》（*G20 Action Plan on SME Financing Implementation Framework*）等重要成果。

2017 年，德国担任 GPFI 主席国，中国担任共同主席国。为推动《G20 数字普惠金融高级原则》落实，使其对各国发展数字普惠金融起到切实的指导作用，GPFI 发布了《G20 数字普惠金融新兴政策与方法》，旨在促进各国政府采取行动，注重利用数字技术推动普惠金融发展，其中介绍了各国的案例，对一些国家采取的符合《G20 数字普惠金融高级原则》精神的做法进行了总结，中国有 5 项入选。这在一定程度上表明，中国的数字普惠金融经验对国际社会具有较强的借鉴意义。

2018 年，阿根廷担任 GPFI 主席国，中国积极推动和支持 GPFI 制定出台了《G20 普惠金融政策指引：数字化与非正规经济》，旨在利用数字化解决非正规经济中个人和中小微企业的金融排斥问题。

2020 年，突如其来的新冠疫情给普惠金融国际合作带来新的挑战和新的议题。国际社会非常关注普惠金融在应对疫情冲击和支持实体经济恢复发展中所能发挥的重要作用。中国支持 GPFI 倡导各国通过大力发展普惠金融积极应对新冠疫情冲击，分享中国的良好经验和做法。

2018 年起，中国人民银行与世界银行合作实施普惠金融全球倡议 FIGI 中国项目，持续推进征信体系建设、金融科技市场发展、金融消费纠纷解决机制建设、农村金融产品获取与设计、充分发挥助农取款服务点潜能等 5 个子项目。

第十四章　中国普惠金融发展展望

在全球范围内，许多国家都将普惠金融放在优先地位加以推动并在拓展普惠金融的范围及目标方面取得了丰硕成果。每个普惠金融的“成功故事”，都反映了这些国家特定的历史、文化、政治和金融背景。中国普惠金融发展取得了令人瞩目的成就，相关经验可为其他国家提供借鉴，但也存在一些挑战。未来一段时期，中国普惠金融发展的目标是以高质量发展服务中国式现代化，将更重注安全和可持续发展，谋划金融健康，提升普惠金融发展能级。

第一节　中国普惠金融发展经验

世界银行和中国人民银行的一项联合研究从中国普惠金融发展实践中总结出六项具有全球意义的重要经验[①]。

一、打通金融服务“最后一公里”

中国最引人瞩目的成功之处在于实现了高水平的金融服务可得性，既包括物理服务网点的覆盖，也包括交易账户的开立。政府采取了一系列相互补充且持续的政策，包括建设零售支付系统和助农取款服务网络，培育

① 世界银行集团与中国人民银行：《全球视野下的中国普惠金融：实践、经验与挑战》（*Toward Universal Financial Inclusion in China: Models, Challenges, and Global Lessons*），2018 年 2 月。

小额贷款公司和村镇银行等新型农村金融服务提供者，鼓励银行在农村地区设立特色支行，采用差异化的审慎监管规则鼓励金融服务提供者向农村地区投放贷款。中国采取的这种多管齐下的方法，对于解决诸如打通“最后一公里”等基本问题是不可或缺的。

二、投资金融基础设施

中国的经验表明，政府通过建立强大且全面的金融基础设施生态系统（包括信用基础设施和支付体系基础设施），能够在促进普惠金融发展方面发挥有效和关键作用。金融基础设施有利于促进竞争、创新和提高金融业的整体效率。金融基础设施方面的投入能够对提供者和产品产生广泛的积极效应，可以说，这是更高效、适当且能产生效力的政府资源使用方式，有利于普惠金融长期可持续发展。

三、发挥线上网络的作用

基于网络的线上商业模式（如电子商务、社交网络），能够利用网络效应、技术、规模经济、大数据和交叉补贴，促进创新性金融服务的设计和应用。中国在这方面的实践证明这些新的模式能方便快捷地提供大规模、低成本的金融产品。但应看到，这类商业模式并非是能让所有人获得全面普惠金融的灵丹妙药，必须辅之以其他商业模式、精心设计的政策，以及监管措施，才能覆盖“最后一公里”中的消费者群体。

四、鼓励市场参与和创新

普惠金融发展需要平衡创新与监管的关系。在明确的监管框架尚未形成时，允许新的金融服务提供者、产品、服务或商业模式进入市场，从而让创新能够发展壮大，同时也给予监管部门一些时间去探寻监管方法。中国金融科技行业的发展表明了这种“包容并观察”的监管方法的优点，以及与之相关的风险。中国出现了一个规模大、活力强、竞争充分的金融科技行业，但该行业某些参与者中频繁出现的欺诈和不当行为，也引起了政策制定者的关注和思考。因此，中国的政策制定者从“包容并观察”的方法迈向为新提供者和新产品政策建立更为全面的监管框架，以确保金融体系长期诚信和稳定，以及对消费者的充分保护。

五、推动政策试点创新

如本书前面章节所述，包括中国人民银行、银保监会、财政部等在内的相关部门以及地方政府，通过开展政策试点（即政府发起的小范围探索性试验项目），引入新的做法和模式来推进普惠金融发展。这些试点项目最初由一系列临时性政策所引领，具有明确的目标和监管规则。当试点项目取得成功后，临时性举措就会成为正式的政策并在全国推广。政策试点往往能够为金融管理部门提供独特的机会，让他们能够“干中学”，并在风险管理与政策创新间加以平衡。

六、保护金融消费者权益

与金融服务提供者相比，消费者通常在实力、信息和资源方面都不对等。特别是当那些过去无法获得金融服务或服务不足的消费者第一次获得正规金融服务时，这些不对等尤为明显。金融消费者保护框架正是要解决这些不对等问题，保护消费者权益，从而确保普惠金融能够真正惠及消费者，同时也能使整个金融体系更加安全和稳健。越来越多的中国消费者开始享受正规金融服务，并接触到各种创新性的数字金融产品和服务，虽然从普惠金融的角度看这都是好事，但必然会带来新的或更多的消费者保护风险，如 P2P 网贷行业的乱象和风险。近年来，中国的政策制定者迈出了重要步伐，为强化金融消费者保护体系奠定了基础。中国发布了相关监管规定和指导意见，内容涵盖了消费者权益保护的重要方面，如信息披露要求、商业行为准则、纠纷解决机制等，同时各金融管理部门内部都设立了金融消费者保护部门。中国的经验表明，消费者保护必须与金融深化和金融创新同步推进。

第二节　中国普惠金融面临的挑战①

一、树立正确的普惠金融理念

尽管普惠金融的概念在中国已经越来越普及，但仍存在种种误解。如有不少人仍然将普惠金融等同于信贷补贴、指令性贷款以及慈善活动，将普惠金融等同于政策性金融，过度强调社会性，忽视市场原则和可持续性。对普惠金融服务多样性的认识不够，不少人将普惠金融等同于融资，追求过高的融资满意度，对风险相对忽视。很少考虑到金融服务不足群体所需产品的多样性，或是产品设计的适当性。还有一些人认为在金融落后地区并没有金融服务需求，即使在这些地区提供了金融服务，金融机构也得严重依赖补贴。普惠金融理念的总体转变，对于谋划中国普惠金融全面高质量发展的愿景，以及对于逐步完善政府的政策与实践都是必要的。

二、促进普惠金融商业可持续

商业可持续不仅是普惠金融可持续发展的基础，也是维持整个金融体系有效和健康运行的前提。对中国的许多金融服务提供者而言，在实现普惠金融的商业可持续性方面，仍然存在很多障碍。在人口较少的偏远地区或农村地区，人均收入低、产业结构单一、基础设施落后，金融服务提供

---

① 部分参考了世界银行集团与中国人民银行：《全球视野下的中国普惠金融：实践、经验与挑战》（*Toward Universal Financial Inclusion in China*：*Models*，*Challenges*，*and Global Lessons*），2018年2月。

者难以盈利。在城镇地区，金融服务提供者也面临信息不对称、抵押物缺乏、信用信息不全、服务成本高等问题。

实现商业可持续面临的困难对于农村信用社、村镇银行、小额贷款公司等小型金融服务提供者来说尤其突出。一方面，仅就普惠金融业务经营能力而言，与大型机构相比，这些小型机构在经营管理、风险防控、数字技术应用等方面差距明显；另一方面，这些小型机构自身发展还面临各自的问题。农村信用社面临资本实力不强、公司治理弱化、风险化解任务紧迫等问题。村镇银行面临的主要问题是发起人银行控制的股权结构所导致的较高经营和管理成本以及创新不足。小额贷款公司的主要问题在于资金来源有限，成本高、税负重，风险管理能力也亟须提升。

为了提高商业可持续性，金融服务提供者的公司治理、内部管理制度以及产品设计和提供方式需要转变和创新。市场主导和商业可持续的普惠金融发展模式在实践中如何运用和操作，对政府和市场参与者来说，都是一个挑战。政府在推动普惠金融可持续发展中仍然起着关键且重要的作用。其作用应当体现在为普惠金融发展营造良好环境，包括构建总体政策和协调框架、法律和监管环境、支持性的金融基础设施，以及在市场出现失灵时予以纠正，以使金融服务提供者能够以可持续的方式为金融服务不足群体提供服务。政府也需要在保护和教育消费者、取缔不当和非法的金融活动、确保整个金融体系的稳定和诚信等方面继续扮演关键角色。

三、全面认识数字金融并管理其风险

得益于良好的数字基础设施和宽松的监管环境，数字金融在中国蓬勃发展，在提升金融服务便利性和可得性方面发挥了积极作用。应该明确，普惠金融与数字金融是不同的概念。数字金融是创新性技术在金融部门运用的产物，而普惠金融则强调利用特定业务形态，为金融服务不足群体设计金融产品和服务。数字技术可以被用于促进普惠金融发展，但它本身只是手段，不是目的。中国一些金融科技公司往往自诩为“普惠金融”机构，通过欺诈和不正当的商业手段侵害消费者利益，这样做不但损害了行业声誉，也扰乱了人们对普惠金融的认识和理解。

实现普惠金融长期可持续发展离不开创新，尤其要充分利用数字技术。数字金融服务为社会经济带来福利的同时也带来了风险与挑战。数字金融不改变其金融本质，信用风险、流动性风险、法律合规风险等传统金融风险依然存在，并且数字技术的广泛应用还带来新的风险特征，如系统安全风险、信息安全风险等。

数字技术的使用、服务提供的规模化以及大型系统可能存在的故障都会加剧操作风险。客户信息可能会被泄露或滥用，有关新型业务模式的信息披露也不够，这些问题都加剧了消费者风险。当监管明显滞后，无法约束不负责任的市场行为时，所有这些风险都会进一步加剧，可能影响整个金融体系的安全、稳健。中国 P2P 网贷行业的经验表明了这些风险的存在，凸显了这些风险未能得到充分理解或积极管理时可能产生的后果。随着数字技术的广泛应用，传统金融机构与金融科技公司的合作更加广泛，相互关系更加紧密。数字金融风险的传播范围更广，影响程度更大，增加了系统性风险隐患。中国在加强数字金融监管方面已经采取了一些措施，面对全球领先的数字金融市场，监管部门的能力和水平仍面临挑战。

四、加强金融消费者保护，提升消费者金融能力

中国在金融消费者保护和消费者金融能力方面仍存在挑战。金融消费者保护法律法规框架还需进一步完善，确保与金融科技和数字金融相关的消费者保护风险完全被纳入进来。关于信息披露、市场营销、资金安全以

及纠纷解决等方面的规则也应进一步扩展，以覆盖金融科技公司，并适应数字金融商业模式的需要。监管工作仍需进一步加强，特别是在金融消费者保护越来越多地涉及跨市场、跨行业类交叉性金融产品和服务的现状下，监管机构应进一步加强沟通协作。

较高的消费者金融素养和金融能力是普惠金融的重要支撑。鉴于金融的数字特性日益增加，消费者若要成功发现、接受、使用合适的金融产品和服务，需要更多的能力。中国的消费者金融素养调查表明，中国消费者在金融态度上的表现较好，在金融行为和技能的不同方面体现出较大的差异性，还需要进一步提升基础金融知识水平。农村地区消费者金融素养水平低于城镇地区，老年人和青少年的金融素养水平相对较低。金融知识宣传教育的有效性有待提高，尤其是对待老年人等特殊群体，需要进行更具针对性的金融知识宣传教育。

第三节　中国普惠金融未来发展方向

《推进普惠金融发展规划（2016—2020 年）》实施以来，中国金融服务覆盖率、可得性、满意度不断提升，在统筹疫情防控和经济社会发展、助力打赢脱贫攻坚战、补齐民生领域短板等方面发挥了积极作用。2022 年 2 月，中央全面深化改革委员会第二十四次会议审议通过了《推进普惠金融高质量发展的实施意见》，提出要深化金融供给侧结构性改革，把更多金融资源配置到重点领域和薄弱环节，加快补齐县域、小微企业、新型农业经营主体等金融服务短板，促进普惠金融和绿色金融、科创金融等融合发展，有序推进数字普惠金融发展。要优化金融机构体系、市场体系、产品体系，增强保险和资本市场服务保障功能，拓宽直接融资渠道。要完善普惠金融政策制定和执行机制，提升政策精准度和有效性。健全普惠金融基础设施、制度规则、基层治理，加快完善风险分担补偿等机制，促进形成成本可负担、商业可持续的长效机制。要高度重视防范金融风险，加大金融监管力度。具体来说，未来中国普惠金融发展的重点包括以下方面。

一、以普惠金融发展促进乡村振兴与共同富裕

党的二十大报告提出“健全农村金融服务体系”。当前，中国发展不平衡不充分问题在乡村最为突出，中国全面建设社会主义现代化国家，最艰巨最繁重的任务仍然在农村。2020 年，中国农村贫困人口全部实现脱贫，区域性整体贫困得到解决，脱贫攻坚取得全面胜利，提前 10 年实现《联合国 2030 年可持续发展议程》减贫目标。在此基础上，中国农村工作的重点从集中资源支持脱贫攻坚转向巩固拓展脱贫攻坚成果和全面推进乡村振兴，实现乡村产业兴旺、生态宜居、乡风文明、治理有效、生活富裕。目标是到 2035 年，脱贫地区经济实力显著增强，乡村振兴取得重大进展，农村低收入人口生活水平显著提高，城乡差距进一步缩小，在促进全体人民共同富裕上取得更为明显的实质性进展。

根据 Global Findex2021 年数据，中国仍有 11%，约 1.5 亿成年人享受不到金融服务，其中 60% 来自收入排在后 40% 的家庭。推动城乡金融服务更加均衡，使弱势群体合理利用金融工具增加收入，促进全体人民共同富裕将是未来一段时期中国普惠金融发展大的背景和工作重点。

二、普惠金融与绿色金融、科创金融等融合发展

“创新、协调、绿色、开放、共享”是指导中国未来发展的基本理念，金融业在新发展理念引领下要更好地服务实体经济。普惠金融内涵丰富、服务对象众多，不仅与协调发展和共享发展理念高度契合，也与其他领域有较多交叉。如“三农”、小微企业等普惠金融重点服务对象往往易受气候与环境变化的影响，而这些规模庞大的群体也是应对气候与环境变化的重要力量，需要绿色金融在促进生态农业发展、美丽乡村建设、生物多样

性保护、企业绿色转型发展等方面给予支持。创新发展离不开科创企业的孵化培育，而科创企业大多是小微企业，也是普惠金融服务的重点，需要持续创新产品和服务，畅通融资渠道。“创新、协调、绿色、开放、共享”五大发展理念相互贯通、相互促进，具有内在联系。在金融服务实体经济的根本要求下，普惠金融也将与绿色金融、科创金融等融合发展，相互促进。

三、推进数字普惠金融健康发展

监管部门关于金融科技等技术创新对普惠金融作用的认识更加客观理性。金融科技降低了金融服务成本，提高了金融服务效率，有效助力普惠金融，但金融科技的不断发展也给中国监管带来了新的挑战，包括无牌或超范围从事金融业务，通过垄断地位开展不正当竞争，威胁个人隐私和信息安全等①。金融服务的数字化转型将有力驱动普惠金融发展方式和治理方式变革。面对奔涌的数字经济浪潮，要综合运用新兴技术提供数字化、智能化服务，提升金融产品创新与服务水平。充分运用数字技术防控风险，提升普惠金融安全、便捷、可持续发展能力。另外，要完善数字普惠金融监管体系，补齐监管短板，提升监管科技水平②。中国已经陆续出台了推动平台经济规范健康持续发展的措施：一是金融作为特许行业，必须持牌经营。二是建立适当的防火墙，避免金融风险跨部门、跨行业传播。三是断开金融信息和商业信息之间的不当连接，防止“数据—网络效应—金融业务”的闭环效应产生垄断。未来将持续推动守正创新，打造数字普惠金融发展良好生态。

---

① 易纲：《中国大型科技公司监管实践》，2021 年 10 月 11 日在国际清算银行（BIS）监管大型科技公司国际会议上的讲话。

② 刘桂平：《关于中国普惠金融发展的几个问题》，《中国金融》2021 年第 16 期。

四、构建普惠金融商业可持续长效机制

充分发挥市场在金融资源配置中的决定性作用，激发普惠金融相关市场主体的积极性和主动性，构建竞争有序的普惠金融供给格局，是实现普惠金融商业可持续发展的关键。应明确政策性银行、大型商业银行、中小型商业银行和微型金融机构的分工和定位，形成错位发展、优势互补的普惠金融供给格局。深化普惠金融风险分担机制建设，拓展保险保障范围，提升保险保障水平和覆盖面。增强资本市场包容性，扩大直接融资在普惠金融中的比重。完善普惠金融法律和监管框架，营造公平、开放、公正竞争的环境。继续优先发展信用、支付、信息通信、数据等基础设施以支持普惠金融发展。对市场失灵领域加大政策和资源倾斜力度，加强法律制度保障。

五、防范金融风险实现安全发展

发展方式转变、新冠疫情冲击、金融科技应用等因素增加了中国普惠金融领域风险防控的压力。在坚决守住不发生系统性金融风险底线的目标下，监管部门将更加注重安全发展，把握推进普惠金融发展和防范金融风险的动态平衡，审慎监管和行为监管双管齐下，强化普惠金融领域重点产业、重点企业、重点机构的风险监测评估，强化中小金融机构公司治理，争取对金融风险早识别、早预警、早发现、早处理。进一步强化金融服务提供者负责任金融理念，公平普遍地提供适当有效的金融服务，公开透明地向消费者披露信息，在合法合规的框架内开展负责任的金融创新。加强金融知识普及和消费者教育，取缔不当和非法的金融活动，改变消费者在金融服务过程中的弱势和被动地位，切实保护金融消费者长远利益和根本利益。

六、促进金融健康增强金融韧性

近年来，国际社会日益关注金融健康，新冠疫情更加凸显了金融消费者的脆弱性。2021 年 1 月，联合国秘书长普惠金融特别代表创立了金融健康工作小组，致力于在普惠金融的框架内推动金融健康工作。2022 年 6 月，世界银行发布了 2021 年度全球普惠金融调查数据和分析报告，首次在报告中设立专章讨论金融健康相关指标。

中国监管部门已将金融健康作为普惠金融发展的高级形态进行规划。2021 年时任中国人民银行副行长刘桂平撰文指出：为推进普惠金融更高质量地发展，需要从过去关注“有没有”上升到当前的“好不好”直至未来的“强不强”，一个理想的目标就是促使普惠群体达到并保持一种金融健康的状态。在这种状态下，普惠群体通过正确运用金融知识，科学使用金融工具，合理采取金融行为来达到良好的财务状态，能够有效管理自身日常金融活动；对大额支出有提前计划，收入总体可覆盖支出；保持良好的信用记录，负债在可承受范围内；拥有适合自身的储蓄和保险，面对意外财务冲击时有一定韧性；享有正规投资渠道，风险与承受能力相匹配，资产具有足够的流动性和安全性，在财务上形成良性循环。金融健康是普惠金融发展的高级形态，应在乡村振兴和共同富裕中抓紧构建。

中国人民银行金融消费权益保护局于 2022 年首次尝试构建了中国居民金融健康指标体系，试点开展了金融健康问卷调查，并在此基础上初步编制了个人金融健康指数①。该研究认为，从个体微观视角看，中国居民的金融健康整体而言有一定的基础，但仍有较大的提升空间。从宏观视角看，要提升普惠金融发展能级，在现有普惠金融覆盖面较广的基础上，研究探索宏观、中观、微观相结合的政策框架，多管齐下推进金融健康建

① 中国人民银行金融消费权益保护局局长余文建在 2022 中国普惠金融国际论坛上的发言。

设。通过提升农村居民的财务韧性，助力巩固脱贫攻坚成果；通过优化城乡居民财务状况，助力激发居民的创新创业动力和潜能；通过解决普惠金融发展不平衡不充分问题，助力缩小地区差距、城乡差距和收入差距。

未来，中国普惠金融发展不仅将关注发展总量，更将关注发展质量；不仅将关注供给端金融服务的覆盖面和可得性，更将关注需求端每个金融消费者的金融健康。

参考文献

[1] Aghion P and Bolton P. A Trickle - Down Theory of Growth and Development with Debt Overhang [J]. Review of Economic Studies, 1997 (64): 151-172.

[2] Allen K, J Quinn, S Hollingworth and A Rose, Becoming Employable Students and Ideal Creative Workers: Exclusion and Inequality in Higher Education Work Placements [J]. British Journal of Sociology of Education, 2013, 34 (3): 431-452.

[3] Asia Development Bank: Finance for the Poor: Microfinance Development Strategy, 2000.

[4] Banerjee A V, Newman A F. Occupational Choice and the Process of Development [J]. Journal of Political Economy, 1993, 101 (2): 274-298.

[5] Beck T, Demirgüç - Kunt A, Honohan P. Access to financial services: Measurement, impact, and policies [M]. World Bank Research Observer, 2009.

[6] Bruhn, M., and I. Love. The Real Impact of Improved Access to Finance: Evidence from Mexico [J]. The Journal of Finance, 2014, 69 (3): 1347-1376.

[7] Burgess, R., and R. Pande, Do Rural Banks Matter? Evidence from the Indian Social Banking Experiment [J]. American Economic Review, 2005, 95 (3): 780-795.

[8] Conroy, J. APEC and Financial Exclusion: Missed Opportunities for

Collective Action? [J] . Asia Pacific Development Journal, 2005, 12 (1): 53 - 80.

[9] European Commission: Financial Services Provision and Prevention of Financial Exclusion. March 2008.

[10] Financing SMEs and Entrepreneurs 2022: An OECD Scoreboard.

[11] GPFI (Global Partnership for Financial Inclusion). Global Standard - Setting Bodies and Financial Inclusion for the Poor: Toward Proportionate Standards and Guidance. A white paper prepared by CGAP on behalf of the G - 20's Global Partnership for Financial Inclusion. GPFI/CGAP, Washington, D. C. 2011.

[12] Greenwood J., and B. Jovanovic. Financial Development, Growth, and the Distribution of Income [J] . Journal of political Economy, 1990, 98 (5, Part 1): 1076 - 1107.

[13] Hannig A, Jansen S. Financial inclusion and financial stability: Current policy issues [R] . Tokyo: ADBI (Asian Development Bank Institute), 2010.

[14] Kempson, E. and Whyley, C. Understanding and Combating Financial Exclusion. Insurance Trends (The Association of British Insurers), (2010): 18 - 22.

[15] King R, and Levine R. Entrepreneurship and Growth: Theory and Evidence [J] . Journal of Monetary Economics, 1993 (32): 513 - 542.

[16] Lavinia Mitton. Financial inclusion in the UK: Review of policy and practice. 2008. First Published by Joseph Rowntree Foundation, www. jrf. org. uk.

[17] Leyshon, A. and Thrift, N. Geographies of Financial Exclusion: Financial Abandonment in Britain and the United States [J] . Transactions of the Institute of British Geographers, 1995: 312 - 341.

[18] Leyshon, A. and Thrift, N. The Restructuring of the UK Financial Services in the 1990 [J]. Journal of Rural Studies, 1993, 9: 223-241.

[19] Maurer N, Haber S, Related Lending and Economic Performance: Evidence from Mexico [J]. The Journal of Economic History, 2007, 67 (3): 551-581.

[20] Paramasivan, C. and Ganeshkumar, V., Overview of Financial Inclusion in India [J]. International Journal of Management and Development Studies, 2013, 2: 45-49.

[21] Rajan R G, Zingales L.. The Road to Prosperity: Saving Capitalism from Capitalists [J]. Transition, 2003, 14 (7-9): 1-3.

[22] 贝多广. 新起点——构建普惠金融生态体系 [M]. 北京: 中国金融出版社, 2022.

[23] 陈鸿富, 蔡朝阳, 陈代权, 俞莉莉. 农村互助担保体系建设的地方实践与思考——基于福建沙县村级融资担保基金模式 [J]. 福建金融, 2019 (11): 69-73.

[24] 国务院扶贫开发领导小组办公室开发指导司, 中国人民银行扶贫办, 研究局 (所), 金融市场司. 金融助力脱贫攻坚实践成果 [M]. 北京: 中国金融出版社, 2020.

[25] 胡联, 卢杨, 张小雨, 沈鹏程. 贫困治理中精英俘获研究综述 [J]. 山西农业大学学报 (社会科学版), 2019 (5).

[26] 黄益平, 陶坤玉. 中国的数字金融革命: 发展、影响与监管启示 [J]. 国际经济评论, 2019 (6).

[27] 焦瑾璞, 王爱俭. 普惠金融: 基本原理与中国实践 [M]. 北京: 中国金融出版社, 2015.

[28] 焦瑾璞. 普惠金融导论 [M]. 北京: 中国金融出版社, 2019.

[29] 孔凝. 互助担保盘活农村贷款 [J]. 中国金融, 2017 (5): 100.

［30］李建军，彭俞超，马思超．普惠金融与中国经济发展：多维度内涵与实证分析［J］．经济研究，2020，55（4）：37－52.

［31］李实．共同富裕的目标和实现路径选择［J］．经济研究，2021，56（11）：4－13.

［32］刘桂平．关于中国普惠金融发展的几个问题［J］．中国金融，2021（16）：9－12.

［33］马绍刚，冯丝卉．普惠金融国际实践的主要模式比较［J］．上海金融，2018（1）：43－46.

［34］世界银行与中国人民银行．全球视野下的中国普惠金融：实践、经验与挑战［R］. 2018.

［35］孙世选．从年报看银行金融科技资金投入和人员数量哪家强［J］. 清华金融评论，2022.

［36］王建平，陈柏峰．区域性股权市场创新发展［J］．中国金融，2022（4）：43－46.

［37］王去非．对小微金融“台州模式”的认识［J］．中国金融，2019（20）：39－41.

［38］王曙光，等．普惠金融——中国农村金融重建中的制度创新与法律框架［M］．北京：北京大学出版社，2013.

［39］王小华，韩林松，温涛：惠农贷的精英俘获及其包容性增长效应研究［J］．中国农村经济，2021（3）：106－127.

［40］王修华，赵亚雄．数字金融发展与城乡家庭金融可得性差异［J］. 中国农村经济，2022（1）：44－60.

［41］星焱．改革开放 40 年中国金融扶贫工具的演化［J］．四川师范大学学报（社会科学版），2018，45（6）：36－44.

［42］徐瀚．引金融科技活水服务乡村振兴［J］．中国金融，2022（19）：33－34.

［43］叶兴庆．以提高乡村振兴的包容性促进农民农村共同富裕［J］.

中国农村经济，2022（2）：2－14.

［44］尹志超，彭嫦燕，里昂安吉拉．中国家庭普惠金融的发展及影响［J］．管理世界，2019，35（2）：74－87.

［45］尹志超，蒋佳伶，严雨．数字鸿沟影响家庭收入吗？［J］．财贸经济，2021，42（9）：66－82.

［46］俞勇．保险＋期货与乡村全面振兴［J］．中国金融，2022（5）：28－30.

［47］张金海．以科技赋能助推乡村振兴［J］．中国金融，2022（19）：37－38.

［48］张韶华，张晓东．普惠金融：一个文献的综述［J］．比较，2015（1）.

［49］张晓晶．金融发展与共同富裕：一个研究框架［J］．经济学动态，2021（12）：25－39.

［50］张勋，杨桐，汪晨，万广华．数字金融发展与居民消费增长：理论与中国实践［J］．管理世界，2020，36（11）：48－63.

［51］中共中央组织部组织编写．贯彻落实习近平新时代中国特色社会主义思想在改革发展稳定中攻坚克难案例（经济建设）［M］．北京：党建读物出版社，2019.

［52］中国互联网金融协会 & KMPG. 2021 中国金融科技企业首席洞察报告［R］.

［53］中国互联网金融协会 & KMPG. 2022 中国金融科技企业首席洞察报告［R］.

［54］中国人民银行，中国银行保险监督管理委员会．中国小微企业金融服务报告：2018［M］．北京：中国金融出版社，2019.

［55］中国人民银行，中国银行保险监督管理委员会．中国小微企业金融服务报告：2019—2020［M］．北京：中国金融出版社，2021.

［56］中国人民银行《中国征信业发展报告》编写组．中国征信业发

展报告 2003—2013［R］.

［57］中国人民银行金融消费权益保护局. 消费者金融素养调查分析报告 2021［R］.

［58］中国人民银行金融消费权益保护局. 中国普惠金融指标分析报告［R］. 2017—2021.

［59］中国人民银行金融研究所. 新金融时代［M］. 北京：中信出版集团，2015.

［60］中国人民银行农村金融服务研究小组. 中国农村金融服务报告［M］. 北京：中国金融出版社.

［61］中国人民银行征信管理局. 中国征信报告：2020［M］. 北京：中国金融出版社，2021.

［62］中国支付清算协会. 中国支付清算行业社会责任报告 2020［R］.

［63］中国支付清算协会. 中国支付产业年报［M］. 北京：中国金融出版社.

后　　记

本书的素材主要来自我在中国人民银行金融研究所工作期间的积累。2011 年，我的工作和研究转向农村金融领域。此后十几年间，我一直从事普惠金融领域的政策研究和制定工作，亲身经历了很多重要文件和改革的出台，也多次深入各地实地调研。这些工作经历让我非常熟悉普惠金融的政策和实践，对一些问题也有所思考，这为本书的写作打下了坚实的基础。

在中国人民银行金融研究所工作期间，我得到了多位领导的指导和帮助，很多同事的关心和支持，一些场景和片段时常萦绕在脑海中。为免挂一漏万，恕不将名字一一列出，在此对各位领导和同事表示衷心的感谢！

清华大学五道口金融学院的张健华教授是我进入普惠金融领域的引路人，他在担任中国人民银行研究局局长期间，指导我开始农村金融研究。在本书完稿之际，张健华教授欣然拨冗作序，在此深表谢意！

北京市社会科学院大力支持学术科研工作并提供良好的科研环境，这使本书的写作得以从规划到实现。本书的出版得到了中国金融出版社的大力支持，在此对第三图书编辑部主任李融女士和编辑李林子女士的辛苦付出表示感谢！